KB242808

안양대HK+
동서교류문헌연구총서
07

동·서 디지털 인문학, 구축·활용·번역

안양대학교 신학연구소
안양대HK+ 동서교류문헌연구총서 **07**

동·서 디지털 인문학, 구축·활용·번역

초판인쇄 2026년 2월 20일
초판발행 2026년 2월 26일

지은이 고부열 김병준 남지만 박철우 신원철 안광호
전현주 정진한 최형근 허인영 허 철 (가나다 순)

펴낸곳 동문연
등 록 제2107-000039호
전 화 02-705-1602
팩 스 02-705-1603
이메일 sukjookim182@gmail.com
주 소 서울시 용산구 청파로 40, 1602호 (한강로3가, 삼구빌딩)
제 작 (사)동서지행포럼

값 25,000원 (＊파본은 바꾸어 드립니다.)

ISBN 979-11-24374-04-7 (94900)
ISBN 979-11-990374-3-4 (세트)

• 이 저서는 2019년 대한민국 교육부와 한국연구재단의 HK+사업의 지원을 받아 수행된 연구임
 (NRF-2019S1A6A3A03058791).

안양대HK+
동서교류문헌연구총서
07

동·서 디지털 인문학, 구축·활용·번역

고부열 김병준 남지만 박철우 신원철 안광호
전현주 정진한 최형근 허인영 허　철 함께 지음

동 문 연

발간에
즈음하여

안양대학교 신학연구소의 인문한국플러스(HK+) 사업단은 소외·보호 분야의 동서교류문헌 연구를 2019년 5월 1일부터 수행하고 있다. 다시 말하여 그동안 소외되었던 연구 분야인 동서교류문헌을 집중적으로 연구하면서, 동시에 연구자들의 개별 전공 영역을 뛰어넘어 문학·역사·철학·종교·언어를 아우르는 공동연구를 진행하고 있다. 서양 고대의 그리스어, 라틴어 문헌이 중세 시대에 시리아어, 중세 페르시아어, 아랍어 등으로 어떻게 번역되었고, 이 번역이 한자문화권으로 어떻게 수용되었는지를 추적 조사하고 있다.

또한 체계적으로 연구하기 위해서 동서교류문헌을 고대의 실크로드 시대(Sino Helenica), 중세의 몽골제국 시대(Pax Mongolica), 근대의 동아시아와 유럽(Sina Corea Europa)에서 활동한 예수회 전교 시대(Sinacopa Jesuitica)로 나누어서, 각각의 원천문헌으로 실크로드 여행기, 몽골제국 역사서, 명청시대 예수회 신부들의 저작과 번역들을 연구하고 있다. 이제 고전문헌학의 엄밀한 방법론에 기초하여 비판 정본을 확립하고 이를 바탕으로 번역·주해하는 등등의 연구 성과물을 순차적으로 그리고 지속적으로 총서로 출간하고자 한다.

본 사업단의 연구 성과물인 총서는 크게 네 가지 범위로 나누어 출간될 것이다. 첫째는 "동서교류문헌총서"이다. 이 총서는 동서교류에 관련된 원전을 선정한 후 연구자들의 공동강독회와 콜로키움 등의 발표를 거친 다음 번역하고 주해한다. 그 과정에서 선정된 원전 및 사본들의 차이점을 비교 혹은 교감하고 지금까지의 연구에 있어서 잘못 이해된 것을 바로잡으면서 번역작업을 진행하여 비판 정본과 번역본을 확립한다. 그런 다음 최종적으로 그 연구 성과물을 원문 대역 역주본으로 출간하는 것이다.

둘째는 "동서교류문헌언어총서"이다. 안양대 인문한국플러스 사업단은 1년에 두 차례 여름과 겨울 동안 소수언어학당을 집중적으로 운영하고 있다. 이 소수언어학당에서는 고대 서양 언어로 헬라어와 라틴어, 중동아시아 언어로 시리아어와 페르시아어, 코카서스 언어로 아르메니아어와 아제르바이잔어와 조지아어, 중앙아시아 및 동아시아 언어로 차가타이어와 만주어와 몽골어를 강의하고 있는데, 이러한 소수언어 가운데 우리나라에 문법이나 강독본이 제대로 소개되어 있지 않은 언어들의 경우에는 강의하고 강독한 내용을 중점 정리하여 동서교류문헌언어총서로 출간할 것이다.

셋째는 "동서교류문헌연구총서"이다. 이 총서는 동서교류문헌을 번역 및 주해하여 원문 역주본으로 출간하는 과정과 우리나라에 잘 소개되지 않는 소수언어의 문법 체계나 배경 문화를 소개하는 과정에서 깊이 연구된 개별 저술들이나 논문들을 엮어 출간하려는 것이다. 이 본연의 연구 성과물을 통해서 동서교류의 과거·현재·미래를 가늠해 볼 수 있고 궁극적으로 '그들'과 '우리'를 상호 교차적으로 비교해 볼 수 있을 것이다.

넷째는 "동서교류문헌고중세총서"이다. 이 총서는 서양의 고대 및 중세 원전 자료를 번역하고 주해하여 출간하는 데 목적이 있다. 주요 자료는 본 사업단이 주관하고 지원한 강독회를 통해 연구된 문헌들로, 그리스어와 라틴어로 기록된 서양 고전과 중세 문헌이 중심을 이룬다. 우선 헬레니즘 시대의 종교, 철학, 과학 등과 관련된 주요 저작들을 선정하여 출판할 예정이며, 이는 동서교류문헌 연구의 기초 자료로서 중요한 역할을 할 것이다. 이 총서는 향후 동서 문명의 사상적, 과학적, 문화적 교류를 심층적으로 이해하기 위한 토대를 제공하며, 고중세 서양 사상의 수용과 변용 과정을 조망할 수 있는 소중한 기회를 마련할 것이다.

안양대학교 신학연구소 인문한국플러스 사업단

곽문석

차례

발간에 즈음하여 /5

책머리에 /8

제1부 동·서 디지털 인문학의 구축

1. 디지털 인문학 연구를 위한 특화 언어 모델과 RAG의 필요성 | 김병준 /15

2. 아랍어 문헌의 디지털화 현황과 인문학적 활용 | 정진한 /39

3. 전근대 일본의 한일 대역 학습서 DB 구축에 대한 구상 | 허인영 /65

4. 한국고전 데이터 댐을 위한 시론 | 남지만 /99

제2부 동·서 디지털 인문학의 활용

1. 디지털 인문학 연구자를 위한 도메인 특화 sLM 모델 생성 및 활용 방법 | 고부열 /123

2. Can I write a thesis with AI?(AI로 논문을 쓸 수 있을까?) — 논문 작성자 관점에서 바라본 도구로서의 AI | 신원철 /157

3. 한자 문헌 관련 인재 양성과 '디지털문해력'에 관한 논의 | 허 철 /183

4. 한국어 분석 구문 표상 방안 재검토 | 박철우 /229

제3부 동·서 디지털 인문학과 번역

1. 디지털 전환 시대, 번역가와 AI는 어떻게 공존할 것인가? | 전현주 /261

2. 생성형 AI를 활용한 중세 라틴어-영어 번역 고찰 | 최형근 /291

3. 한국의 한문고전 자동번역 프로그램 개발과 그 의미 — 한국고전번역원의 '한문고전 자동번역 서비스'를 중심으로 | 안광호 /319

책머리에

지식은 더 이상 고요히 쌓이는 사유의 집적체가 아니다. 그것은 끊임없이 이동하고, 복제되고, 회로 속을 순환하는 정보의 흐름이 되었다. 리오타르의 말처럼, 지식은 이제 정보량으로 번역될 수 있을 때에만 시스템 안으로 진입하고, 새로운 언어의 회로 속에서 유통된다.[1] 지식의 존재 방식, 나아가 인간이 세계를 이해하는 방식 자체가 변형되고 있는 것이다.

인류는 끊임없이 자신이 사용하는 매체를 바꾸어 왔다. 파피루스에서 코덱스로, 코덱스에서 인쇄본으로, 그리고 이제 디지털 글쓰기로 이어지는 매체의 변천은, 단순한 기술의 진보가 아니라 인간의 감각과 사고의 구조를 재편한 '재매개(remediation)'의 역사였다.[2]

이 과정은 기술적 계승이 아니라 사유의 형식이 갱신하는 변환이었다고도 할 수 있을 것이다. 자식의 확산을 가져온 이러한 변환이 인류를 반드시 더 나은 방향으로 이끌었다고 할 수는 없다. 기억과 구술이 감당했던 영역의 뚜렷한 퇴보, 인간과 인간의 직접 만남과 상호작용의 감소는 앞으로도 계속될 것이다. 특히 지금의 디지털 환경이 어떤 미래로 우리를 이끌지는 누구도 확언할 수 없다. 그러나 디지털시대의 변화는 피할 수 없는 현실이 되었고, 인문학은 그것을 적극적으로 고민해야 하는 상황이다. 이러한 조건에서 인문학이 무엇을 할 수 있는지를 탐색한 것이 이번 책의 기획이었다.

---

1   장 프랑수아 리오타르(2014), 이현복 역, 『포스트모던적 조건』, 서광사, p.19.
2   제이 데이비드 볼터(2010), 김익현 역, 『글쓰기의 공간』, 커뮤니케이션북스, p.35.

기계는 인간의 사유를 대체하는 것이 아니라, 인간이 사유를 표현하고 기억하는 방식을 바꾸고 있다.

오늘날의 학문 생태계는 인공지능(AI), 데이터베이스, 자동화된 언어모델(LLM) 등 디지털 기술의 비약적 발전에 따라 급속히 재편되고 있다. 연구와 교육의 전 과정이 디지털화되며, 인문학 또한 종이와 텍스트에만 머물러 있을 수 없게 되었다. 이제 인문학은 기술과의 융합 속에서 새로운 형태의 사유와 실천을 모색해야 하는 시점에 이르렀다.

이러한 변화 속에서, 안양대학교 HK+사업단 동서교류문헌 연구팀과 인문과학연구소는 "디지털 인문학과 번역"이라는 주제 아래 2024년 12월, 2025년 2월과 6월, 총 세 차례에 걸쳐 학술대회를 개최하였다. 이 학술대회에서는 인공지능과 데이터베이스를 활용한 번역 연구, 디지털 인문학 교육의 현재와 미래, 그리고 동서 문헌 연구의 새로운 방향을 다루었다. 디지털 도구들이 인문학 연구와 번역 작업에 중요한 역할을 하고 있는 만큼, 도구들의 활용 사례를 소개하고 분석하는 장을 마련하여 연구자와 학생들이 보다 쉽게 디지털 인문학에 접근할 수 있도록 돕고 융합학제나 교육과정 기획에 기여하려는 의도였다. 이번 연구서의 간행은 그 성과를 정리하고 확장하려는 노력의 결실이다. 이는 단순한 학술대회 발표문 모음이 아니라, 디지털 전환기 인문학이 자기 정체성을 새롭게 구성해 가는 과정을 기록한 문헌적 실천의 산물이다.

번역이라는 행위는 동서 교류의 핵심 매개이며, 동시에 인문학과 기술이 만나는 접점이다.

동서교류문헌 연구 사업단이 이 주제로 연구서를 간행하는 일은, 그 자체로 인문학의 방법론적 갱신을 의미한다. 그동안 본 사업단은 우리말 뿐만 아니라 라틴어·중국어·한문 등 다언어 문헌을 바탕으로, 사상과 종교, 과학과 언어의 동서 교류를 연구해 왔다. 이번 연구서는 이러한 문헌학적 성과를 디지털 기술과 결합함으로써, '동서 교류'의 연구를 디지털 지식 생태계로 이행시키는 시도라 할 수 있다.

이 책의 구성은 디지털 인문학의 전개 과정을 단계적으로 보여주는 데 초점을 두었다. 제1장 「디지털 인문학의 구축」은 인문학적 자원들이 어떻게 디지털 환경에서 구축되었는지를 소개한다. 데이터의 전산화, 병렬 코퍼스 구축, 언어 자원의 정비 등은 모두 인문 자료를 새로운 언어, 즉 데이터의 형식으로 옮기는 일이다. 제2장 「디지털 인문학의 활용」은 이렇게 구축된 자원들이 실제 연구와 교육 속에서 어떻게 작동하는지를 탐구한다. AI, 통계, 디지털 플랫폼 등을 인문학 연구자가 어떻게 활용할 수 있는지, 그리고 그것으로 무엇을 할 수 있는지 방법을 모색하였다. 마지막으로 제3장 「디지털 인문학과 번역」은 앞선 논의들이 번역 현장에서 구체적으로 실현된 사례들을 다룬다. AI 번역, 고전 자동번역의 실례를 제시하여 교육과 연구의 현장에서 디지털 도구들이 어떻게 작동하는지를 보여준다.

　이 책은 디지털 도구가 인문학적 질문을 어떻게 다시 열어젖히는가, 그리고 연구자와 교육자, 학생들이 기술과 사유를 어떻게 함께 작동시킬 수 있는가를 물은 실험의 기록이다. 연구서의 간행이 인문학 연구자들에게는 새로운 방법론의 지침으로, 학생들에게는 디지털 시대의 인문학을 배우는 실천서로, 그리고 우리 사회에는 기술 속 인간학의 회복을 모색하는 계기로 자리하길 바란다.

제 1 부

동·서 디지털 인문학의 구축

디지털 인문학 연구를 위한 특화 언어 모델과 RAG의 필요성
_ 김병준

아랍어 문헌의 디지털화 현황과 인문학적 활용
_ 정진한

전근대 일본의 한일 대역 학습서 DB 구축에 대한 구상
_ 허인영

한국고전 데이터 댐을 위한 시론
_ 남지만

디지털 인문학 연구를 위한 특화 언어 모델과 RAG의 필요성

—

김 병 준

한국학중앙연구원 한국학대학원 인문정보학 조교수

—

Ⅰ. 머리말

Ⅱ. 디지털 인문학을 위한 새로운 도구의 구축

Ⅲ. 검색 증강 생성(RAG)

Ⅳ. 양질의 데이터셋과 기계가독형/표준화된 포맷의 중요성

Ⅴ. 데이터셋 구축의 학문적 가치와 의의

Ⅵ. 맺음말

I. 머리말: 디지털 인문학에서 상용 LLM의 한계와 문제점

상용 대규모 언어 모델(Large Language Models, 이하 LLM)은 그 범용성과 강력한 텍스트 생성 능력으로 많은 분야에서 주목받고 있지만, 인문학 연구의 독특하고 엄밀한 요구사항 앞에서는 마치 모든 손님을 자신의 침대에 맞추려 했던 그리스 신화 속 프로크루스테스의 침대처럼 작용할 수 있다. 즉, 인문학적 데이터와 질문의 다양성 및 복잡성을 범용 모델의 틀에 억지로 끼워 맞추려 할 때 여러 심각한 한계에 직면하게 된다.

ChatGPT로 대표되는 LLM은 자연어 처리 및 생성 능력에서 획기적인 발전을 보여주며 인문학 연구자들에게도 새로운 가능성을 제시했다. 실제로 생성형 AI가 연구 발상부터 연구 보조, 논문 평가, 연구 대중화에 이르기까지 연구의 전 과정에 영향을 미치며 인문학 연구의 본질과 방법론을 변화시키고 있다는 분석이 있다.[1] LLM을 활용한 글쓰기 지원은 학술 분야를 포함한 다양한 전문 영역에서 ChatGPT 출시 이후 급증하는 추세를 보였다.[2] 2023

---

1   김병준, 노대원, 「생성형 AI는 인문학 연구를 어떻게 바꿀까?」, 『영주어문』 59, 203-227면, 2025.

2   Liang, W., Zhang, Y., Codreanu, M., Wang, J., Cao, H., & Zou, J. The widespread adoption of large language model-assisted writing across society. (2025) *arXiv preprint arXiv:2502.09747.*

년 한국연구재단 설문조사에 따르면 응답자의 10.9%가 생성형 AI 도구를 연구 활동에 활용한 경험이 있다고 답했으며,[3] 이는 학계에서도 LLM의 영향력이 점차 가시화되고 있음을 시사한다. 이러한 광범위한 확산으로 LLM 사용은 더 이상 선택이 아닌, 학문 공동체 내 규범으로 자리잡고 있다. 따라서 디지털 인문학 분야에서 LLM을 어떻게 개발하고 활용할 것인가에 대한 논의는 단순히 이론적인 차원을 넘어, 이러한 통합 과정을 책임감 있게 이끌어가기 위한 시급한 실천적 과제가 된다.

그러나 초기 열광에도 불구하고, 범용 LLM을 인문학 연구에 본격적으로 적용하는 데에는 여러 한계와 문제점이 있다. 인문학 연구는 단순히 정보를 검색하거나 텍스트를 생성하는 것을 넘어, 맥락에 대한 깊이 있는 이해, 비판적 분석, 다층적 해석, 그리고 출처에 대한 엄밀한 검증을 요구한다. 범용 LLM의 주요 한계점들은 다음과 같다.

1. 환각 현상과 사실적 신뢰성 문제

LLM은 종종 '환각(hallucination)'이라 불리는 현상을 보이는데, 이는 제공된 출처와 무관하거나 심지어 모순되는 내용, 또는 완전히 허구적인 정보를 마치 사실인 것처럼 생성하는 것을 의미한다.[4] 검증 가능한 증거와 출처의 정확한 표기를 생명으로 하는 인문학 연구에서 이러한 환각 현상은 치명적인 결함이다.

환각은 크게 '내재적 환각'과 '외재적 환각'으로 구분될 수 있는데, 전자는 제공된 입력 소스와 모순되는 내용을 생성하는 것이고 후자는 입력 소스로는 확인할 수 없으나 모델의 학습 데이터나 일반 지식과 일치하지 않는 내

---

3   한국연구재단, 「생성형 AI 도구 활용 연구윤리 가이드라인 안내」, 『연구재단 웹진』, 2024년 3월.
4   Bang, Y., Ji, Z., Schelten, A., Hartshorn, A., Fowler, T., Zhang, C., … & Fung, P. Hallulens: LLM hallucination benchmark. (2025) *arXiv preprint arXiv:2504.17550*.

용을 생성하는 것이다.[5] 두 유형 모두 학문적 신뢰성을 심각하게 훼손한다. 예를 들어, 임상 기록 생성과 관련된 한 연구에서는 LLM이 생성한 내용 중 1.47%가 환각이었으며, 그중 44%는 임상적으로 '중대한(major)' 오류로 평가되었다.[6] 이는 구조화된 전문 분야에서조차 환각의 위험이 상당함을 보여 준다.

LLM은 표면적으로는 사실에 부합하는 것처럼 보이는 진술을 생성할 수 있지만, 분석 대상이 되는 특정 역사 문서나 문학 텍스트의 내용과는 전혀 다른 이야기를 할 수 있다. 이러한 환각은 연구자의 모델에 대한 신뢰를 저해하고 LLM을 연구 도구로 활용하는 것을 주저하게 만드는 주요 원인이 된다.[7]

2. 문체적 부조화와 학문적 글쓰기의 도전

LLM은 인간의 글쓰기와 구별되는 독특한 문체적 특징을 보이는 경우가 많으며, 예를 들어 현재분사 구문이나 명사화를 과도하게 사용하거나, 특정 어휘를 인간 저자보다 훨씬 높은 빈도로 사용하는 경향이 관찰된다.[8] 이러한 'LLM 스타일(LLM-ese)'은 인문학 분야에서 요구되는 섬세하고 학문 분야별로 특화된 전문적인 글쓰기 방식과 부조화를 이룰 수 있다.

숙련된 전문 작가는 LLM이 생성한 결과물을 특정 스타일에 맞게 수정할 수 있겠지만, 아직 자신만의 학문적 목소리를 형성해 가는 과정에 있는 학생이나 연구자들은 LLM의 결과물을 자신의 것으로 소화하는 데 어려움을 겪

---

5   Bang, Y., Ji, Z., Schelten, A., Hartshorn, A., Fowler, T., Zhang, C., … & Fung, P. *ibid.*

6   Asgari, E., Montaña-Brown, N., Dubois, M., Khalil, S., Balloch, J., Yeung, J. A., & Pimenta, D. A framework to assess clinical safety and hallucination rates of LLMs for medical text summarisation. *npj Digital Medicine*, 8(1), p. 274 (2025).

7   Ji, Z., Lee, N., Frieske, R., Yu, T., Su, D., Xu, Y., … & Fung, P. Survey of hallucination in natural language generation. *ACM Computing Surveys*, 55(12), pp. 1-38. (2023) https://doi.org/10.1145/3571730

8   Reinhart, A., Markey, B., Laudenbach, M., Pantusen, K., Yurko, R., Weinberg, G., & Brown, D. W. Do LLMs write like humans? Variation in grammatical and rhetorical styles. *Proceedings of the National Academy of Sciences*, 122(8). (2025) e2422455122.

을 수 있으며, 이는 오히려 학문적 글쓰기 능력의 발전을 저해할 수도 있다.

3. 피상적 지식 대 깊이 있는 전문성

범용 LLM은 방대한 양의 일반적인 데이터를 학습하지만, 특정 역사 시대, 문화적 맥락, 복잡한 이론적 프레임워크 등에 대한 깊이 있고 특화된 전문 지식은 부족한 경우가 많다. 이들의 지식은 학습 데이터에 나타난 통계적 패턴에 기반한 것이지, 인간과 같은 진정한 이해나 비판적 추론 능력에서 비롯된 것이 아니다. 따라서 심층적인 해석, 복잡한 아이디어의 종합, 학문적 논쟁에 대한 참여 등을 요구하는 인문학 연구 과제를 수행하기에는 역부족이다.

4. 알고리즘 편향과 인간 문화 및 역사 재현의 문제

LLM은 학습 데이터에 존재하는 편향을 그대로 학습하고 심지어 증폭시킬 수 있다.[9] 이러한 편향은 문화, 역사, 정체성, 권력과 같은 민감한 주제를 다루는 인문학 분야에서 특히 위험하다는 지적이 제기된다. LLM은 특정 인구 집단이나 정체성 그룹을 왜곡하거나 단순화하여 재현할 수 있으며, 종종 해당 집단 내부의 진정한 목소리보다는 외부 집단의 고정관념을 반영하는 경향을 보인다.[10] 이는 다양하고 소외된 목소리를 복원하려는 현대 인문학 연구의 목표와 정면으로 배치된다. 또한, LLM 결과물에서 '기본 페르소나(default persona)' 편향이 나타나 특정 인구 집단에 대해서는 낮은 품질의 응답을 생성할 위험도 있으며,[11] 심지어 특정 인구 집단의 정체성을 프롬프트로

---

9   Anthis, J. R., Liu, R., Richardson, S. M., Kozlowski, A. C., Koch, B., Evans, J., … & Bernstein, M. Llm social simulations are a promising research method. (2025) *arXiv preprint arXiv:2504.02234.*

10   Wang, A., Morgenstern, J., & Dickerson, J. P. Large language models that replace human participants can harmfully misportray and flatten identity groups. (2024) *arXiv preprint arXiv:2402.01908.*

사용하는 행위 자체가 해당 정체성을 본질화(essentialize)할 수 있다는 지적도 있다.

5. 불투명성과 '블랙박스': 해석 가능성과 학문적 검증의 어려움

대형 상용 LLM의 의사 결정 과정은 종종 불투명하여 모델이 특정 결과물을 생성한 이유를 이해하기 어렵다. 이러한 '설명 가능한 AI(explainable AI)'의 부재는 방법론과 출처에 대한 투명성 및 비판적 평가를 요구하는 학술 연구에 큰 걸림돌이 된다. 추론 과정을 이해할 수 없다면, 학술적 목적으로 그 결과물을 신뢰하기 어렵고 오류나 편향의 원인을 파악하기도 힘들다.

6. 문제의 상호작용과 '이해의 착각'

범용 LLM의 환각, 문체 문제, 편향, 불투명성 등은 인문학 연구 맥락에서 상호작용하며 문제를 심화시킨다. 예를 들어, 편향된 LLM은 해로운 고정관념을 강화하는 '사실'을 환각으로 생성할 수 있고, 이는 비판적으로 검토하기 어려운 독특한 문체로 작성되며, 그 내부 추론 과정은 불투명하게 남아있을 수 있다.

이러한 상황은 특정 소수 집단의 역사적 재현을 분석하는 인문학 연구 과제를 생각해보면 더욱 명확해진다. 편향된 역사적 텍스트로 학습된 범용 LLM은 기존의 고정관념에 부합하는 사건이나 특징을 환각으로 생성할 수 있다(편향 + 환각). 이러한 결과물은 일반적이고 미묘한 차이가 없는 'LLM 스타일'로 제시되어, 연구자가 편향이 작동하는 섬세한 방식을 파악하거나 정교한 학문적 논증에 통합하기 어렵게 만든다. 모델의 불투명성은 연구자가

---

11 Tan, B. C. Z., & Lee, R. K. W. Unmasking Implicit Bias: Evaluating Persona-Prompted LLM Responses in Power-Disparate Social Scenarios. (2025) *arXiv preprint arXiv:2503.01532*.

왜 이 특정 (편향되고 환각된) 결과물이 생성되었는지 추적할 수 없게 만든다.

더 나아가, LLM이 생성하는 텍스트의 유창함은 그것이 피상적이거나 부정확하거나 편향되었음에도 불구하고 일관성 있고 지식이 있는 것처럼 보이는 '이해의 착각(illusion of comprehension)'을 불러일으킬 수 있다. 이는 특히 AI 전문가가 아닌 인문학 연구자들에게 중요한 방법론적 함정이 될 수 있는데, 충분한 비판적 검토 없이 결과물을 액면 그대로 받아들일 위험이 있기 때문이다.

LLM은 유창하고 인간과 유사한 텍스트를 생성하는 데 뛰어나지만, 이러한 유창함은 진정한 이해 부족이나 사실적 부정확성(환각), 또는 편향과 같은 근본적인 문제를 가릴 수 있다. 인문학 연구는 단순한 표면적 일관성이 아니라 깊이 있는 해석과 비판적 분석에 의존한다. LLM의 한계에 익숙하지 않은 연구자는 잘 작성되었지만 결함이 있는 결과물을 받고 그것이 진정한 이해나 정확성을 반영한다고 착각할 수 있다.

이러한 '이해의 착각'은 연구에 오류나 편향된 정보를 통합하거나, LLM이 만족스러운 답변을 제공한 것처럼 보이기 때문에 비판적 탐구를 조기에 중단하게 만들 수 있다. 결과적으로 이러한 문제점들은 결과물의 신뢰성 부족, 잠재적 유해성, 정제 및 개선의 어려움, 출처의 모호함 등 연쇄적인 문제를 야기하여 엄밀한 학술 연구에 부적합하게 만들 수 있다. 이는 인문학자들의 비판적 디지털 리터러시 함양의 필요성과 함께, LLM 주장의 근거를 투명하게 만드는 도구의 중요성을 강조한다. 특히 검색 증강 생성(Retrieval Augmented Generation, 이하 RAG)과 같이 출처 검증 기능을 갖춘 시스템이 주목받고 있다.

Ⅱ. 디지털 인문학을 위한 새로운 도구의 구축: 소규모 거대 언어 모델(sLLM)의 필요성

범용 LLM이 인문학 연구의 복잡하고 미묘한 요구를 충족시키지 못한다는 인식이 확산되면서, 연구자들은 보다 정밀하고 통제 가능하며 신뢰할 수 있는 대안을 모색하기 시작했다. 그중 하나가 바로 특정 인문학 분야의 데이터와 연구 질문에 맞춰 개발된 소규모 거대 언어 모델(small Large Language Models, sLLMs)이다.

1. sLLM의 정의: 인문학 데이터와 연구 질문에 대한 모델 맞춤화

sLLM은 일반적으로 LLM보다 적은 수의 매개변수를 가지며, 특정 사용 사례나 전문 분야에 맞춰 선별된 데이터셋으로 미세조정되거나 처음부터 학습된 모델을 지칭한다. 여기서 '소규모'는 범용 LLM 대비 상대적으로 작은 매개변수 규모를 의미하지만, 여전히 수억에서 수십억 개의 매개변수를 가진 '거대' 언어 모델임을 명확히 할 필요가 있다. 디지털 인문학(DH) 맥락에서 이는 범용 LLM 학습에 사용되는 방대한 웹 크롤링 데이터 대신, 역사 문헌, 문학 작품, 철학 논고, 특정 문화유산 데이터 등 정제된 인문학 코퍼스를 기반으로 모델을 개발하는 것을 의미하며, 이러한 접근의 목표는 인문학 각 분과의 미묘한 어투, 전문 용어, 특정 맥락을 '이해'하고 그에 맞는 결과물을 생성하는 모델을 만드는 것이다.[12] 특히 DH 연구에서 자주 접하게 되는 고문서나 특정 시대의 방언, 또는 데이터가 부족한 소수 언어 자료를 다룰 때 sLLM의 효용성은 더욱 커진다.

---

12 Splunk. (n.d.). *LLMs vs. SLMs: The differences in large & small language models*. Retrieved May 11, 2025, from https://www.splunk.com/en_us/blog/learn/language-models-slm-vs-llm.html.

2. sLLM의 장점: 정밀성, 통제성, 투명성, 효율성, 그리고 적실성

sLLM은 DH 연구에 여러 가지 중요한 이점을 제공한다. 특정 분야 데이터로 학습된 sLLM은 해당 분야의 DH 연구 과제에 대해 보다 정확하고 맥락에 부합하는 결과물을 생성할 가능성이 높으며, 해당 분야 내에서의 깊이 있는 '맥락적 이해'를 보여줄 수 있다. 또한 연구자들은 학습 데이터를 직접 선별하고 관리함으로써 모델에 내재될 수 있는 편향을 적극적으로 완화하거나, 연구 분야에 적합한 특정 문체적 특징을 학습하도록 유도할 수 있는 통제성을 확보한다. 상대적으로 작은 규모의 모델은 작동 방식이 덜 불투명할 수 있으며, 연구 공동체에 의해 개발될 경우 독점적인 상용 모델보다 방법론과 데이터 출처에 대한 투명성을 높일 수 있다. 더불어 sLLM은 LLM에 비해 학습과 운영에 필요한 자원이 적어, 제한된 전산 예산을 가진 학술 연구 그룹에게 보다 접근성이 높은 효율적인 대안이 될 수 있다.

연구자와 학술단체의 주체적 역할 재정립이 AI 시대 인문학 연구의 중요한 과제로 강조되는 가운데, sLLM의 개발과 활용은 이러한 주체성 확보의 구체적 방안이 될 수 있다.

3. 정제된 데이터셋의 핵심적 역할과 sLLM 개발의 도전 과제

효과적인 sLLM 및 RAG 시스템의 근간은 고품질의 해당 분야 특화 데이터이다. 인문학 데이터는 종종 희소하거나, 모호하거나, 비일관적이거나, 정보가 누락된 특징을 보인다. 따라서 sLLM 개발은 DH 분야에 특화된 고품질의 잘 주석 처리된 데이터셋을 구축하고 정제하는 과정을 필수적으로 수반하며, 이 과정에는 텍스트 인코딩을 위한 TEI(Text Encoding Initiative)나 구조화된 데이터를 위한 CIDOC CRM(Conceptual Reference Model)과 같은 표준을 활용하는 것이 포함될 수 있다.[13] (이는 원고의 섹션 4에서 더 자세히 논의된다.)

그러나 DH 분야를 위한 sLLM 개발에는 몇 가지 중요한 도전 과제가 따른다: 저자원 분야의 데이터 부족/품질 문제[14], 자원 집약성, 학제 간 협업의 필요성,[15] 그리고 윤리적 데이터 소싱 문제 등이다.

4. sLLM 개발의 방법론적 성찰과 장단점

DH를 위한 sLLM 구축 과정, 즉 데이터셋 정제, 주석 스키마 정의, 모델 미세조정 등은 단순한 기술적 작업을 넘어 인문학 내에서의 방법론적 성찰과 혁신을 촉진하는 기폭제가 될 수 있다. 이는 인문학적 지식과 해석의 구조에 대한 명시적인 참여를 강제하기 때문이다. sLLM을 개발하기 위해서는 정제된 분야 특화 데이터셋이 필요하며, 이러한 데이터셋을 만드는 과정에는 관련된 데이터를 정의하고, 이를 구조화하며, 모델이 학습해야 할 중요한 특징이 무엇인지 결정하는 작업이 포함된다. 이 과정은 인문학자들이 암묵적인 지식과 해석적 틀을 보다 형식화된 방식으로 표현하도록 만든다. 예를 들어, 18세기 편지글의 감정 분석을 위한 sLLM을 학습시키려면, 학자들은 해당 역사적, 언어적 맥락에서 '감정'이 무엇을 의미하는지 정의하고, 적절한 텍스트 증거를 선택하며, 잠재적으로 주석 지침을 개발해야 한다. AI 개발의 필요성에 의해 주도되는 이러한 형식화와 방법론적 명료화 작업은 원자료와 연구 과정 자체에 대한 새로운 통찰로 이어질 수 있으며, 보다 엄밀하고 자기

---

13 Austrian Academy of Sciences. (n.d.). *Modelling humanities data.* ACDH-CH. Retrieved May 11, 2025, from https://www.oeaw.ac.at/acdh/research/dh-research-infrastructure/activities/modelling-humanities-data.

14 Zhang, Y., Saxena, M., Jurafsky, D., & Paşca, M. *Mind the (language) gap: Mapping the challenges of LLM development in low-resource language contexts* (2023). Stanford HAI. https://hai.stanford.edu/policy/mind-the-language-gap-mapping-the-challenges-of-llm-development-in-low-resource-language-contexts.

15 INSHS CNRS., *Unlocking the potential of DH+AI: Opportunities, challenges, and recommendations for research policy in France* (2024, February 12).

인식적인 인문학 방법론을 육성할 수 있다.

동시에, sLLM이 특정 DH 작업에 대해 정밀성과 적실성을 제공하는 반면, 그 고유한 전문화는 범용 LLM에 비해 다양한 인문학 하위 분야에 걸친 확장성이나 적용 가능성을 제한할 수 있다는 점을 인지해야 한다. 이는 DH 연구자들이 AI 도구를 선택하거나 개발할 때 탐색해야 하는 근본적인 장단점을 부각시킨다. sLLM은 특화된 학습으로 인해 선택된 영역에서 탁월한 성능을 보이지만, 예를 들어 고전 라틴 시 분석을 위해 학습된 sLLM은 현대 소셜 미디어 게시물 분석에는 유용하지 않을 수 있으며, 그 반대의 경우도 마찬가지이다. 범용 LLM은 결함에도 불구하고 방대하고 다양한 학습 데이터로 인해 여러 다른 텍스트 유형과 작업에 걸쳐 더 넓은 적용 가능성을 제공한다. DH는 매우 다양한 분야로, 여러 다른 시대, 언어, 문화 및 방법론을 포괄한다. 따라서 sLLM은 깊이를 제공하지만 폭이 부족할 수 있으며, DH 프로젝트에는 여러 sLLM 제품군이나 sLLM과 다른 도구의 조합이 필요할 수 있다. 이는 DH에 대한 전략적 결정을 의미한다: 매우 구체적이지만 잠재적으로 덜 광범위하게 적용 가능한 도구(sLLM)에 투자할 것인가, 아니면 정확도는 낮지만 더 다재다능한 일반 도구를 사용할 것인가? 다음 섹션에서 논의할 RAG는 일반 생성 모델에 특정 지식을 보강할 수 있도록 함으로써 중간 지점을 제공한다.

특징	범용 상용 LLM (예: ChatGPT 유사 모델)	DH 특화 sLLM	DH 특화 RAG 시스템
주요 학습 데이터	방대한 일반 웹 데이터	선별된 DH 분야별 전문 데이터 (텍스트, 이미지 등)	외부 DH 전문 지식베이스 (문서, 데이터베이스, KG 등)
분야 특수성	낮음 (범용적)	높음 (특정 DH 분야에 최적화)	높음 (연결된 지식베이스에 따라 결정)
DH 과제에서의 사실 정확도	다양함 (환각 위험 높음)	중간~높음 (학습 데이터 품질에 의존)	높음 (검색된 근거 자료에 기반)
맥락 및 뉘앙스 이해도	제한적	중간~높음 (분야 내)	높음 (검색된 맥락 내)

환각 위험	높음	낮음~중간	낮음 (근거 제시로 완화)
통제성 및 해석 가능성	낮음 (주로 블랙박스)	중간~높음 (모델 구조 및 데이터 통제 가능)	높음 (검색 과정 및 근거 추적 가능)
편향 완화 잠재력	제한적 (학습 데이터 편향 답습)	중간~높음 (선별된 데이터로 편향 제어 시도)	중간~높음 (지식베이스 품질 및 검색 알고리즘에 따라)
자원 요구량 (개발/운영)	매우 높음	중간	중간~높음 (LLM + 검색 시스템)
특화된 DH 코퍼스 적합성	낮음	높음	매우 높음 (특정 코퍼스를 직접 지식베이스로 활용)

〈범용 LLM 대 DH 특화 LLM (sLLM/RAG) 비교 분석〉

이러한 sLLM의 한계를 보완하면서도 그 장점을 극대화할 수 있는 방법이 바로 다음 절에서 논의할 RAG 시스템이다. RAG는 sLLM의 전문성을 활용하면서도 외부 지식베이스를 통해 검증 가능성과 최신성을 확보할 수 있어, 디지털 인문학 연구에 최적화된 통합 솔루션을 제공한다.

Ⅲ. 검색 증강 생성(RAG): DH를 위한 검증 가능한 지식에 LLM을 접목하다

범용 LLM의 한계를 극복하고 sLLM 개발의 어려움을 일부 완화할 수 있는 강력한 대안으로 검색 증강 생성(Retrieval Augmented Generation, RAG)이 부상하고 있다. RAG는 LLM이 응답을 생성하기 전에 외부 지식베이스에서 관련 정보를 검색하여 그 정보를 바탕으로 답변을 생성하도록 하는 프레임워크이다.[16] 이는 LLM의 출력을 특정하고 검증 가능한 출처에 기반하게

---

16 Gao, Y., Xiong, Y., Gao, X., Jia, K., Pan, J., Bi, Y., … & Sun, H. *Retrieval-augmented generation for large language models: A survey.* (2023) arXiv. https://arxiv.org/abs/2312.10997.

함으로써, 인문학 연구에서 요구되는 신뢰성과 깊이를 더할 수 있는 핵심적인 방법론이다.

1. RAG의 기본 구조 및 발전 과정

Gao 등(2023)에 따르면, RAG 시스템의 핵심 아키텍처는 인덱싱(Indexing), 검색(Retrieval), 생성(Generation)의 세 단계로 구성된다. 문서를 의미 있는 단위로 분할하고 벡터 임베딩으로 변환하여 저장한 후(인덱싱), 사용자 질의와 의미적으로 유사한 단위를 검색하고(검색), 원본 질의와 검색된 단위를 LLM에 입력하여 답변을 생성하는(생성) 방식이다. RAG는 그 발전 과정에 따라 단순 RAG(Naive RAG), 고급 RAG(Advanced RAG), 모듈형 RAG(Modular RAG) 등으로 구분할 수 있으며, 각 패러다임은 검색 전후 처리, 모듈화 등에서 차이를 보인다. RAG는 모델에게 최신 정보를 '개방형 교재'처럼 제공하여 실시간 지식 업데이트와 해석 가능성을 높이는 반면, 미세조정(Fine-tuning)은 지식을 내재화하는 방식이어서 업데이트에 재학습이 필요하고 자원 소모가 크다는 점에서 대조된다.

2. RAG의 장점: 환각 및 지식 노후화 방지와 출처 투명성

RAG의 가장 큰 장점 중 하나는 LLM의 고질적인 문제인 환각 현상을 크게 줄일 수 있다는 점이다. 외부의 최신 지식을 참조함으로써 RAG는 사실과 다른 내용의 생성을 효과적으로 억제하며,[17] LLM이 정적인 학습 데이터 너머의 정보에 접근할 수 있도록 하여 '오래된 지식(outdated knowledge)' 문제

---

[17] Ma, Q., Wang, J., Tan, M., Xie, Y., & Li, Y. Hallucination mitigation for retrieval-augmented large language models in fuzzy Q&A. *Mathematics*, 13(5), p.856. (2025). https://doi.org/10.3390/math13050856.

도 해결한다. 이는 새로운 연구 결과나 새로 디지털화된 자료를 다루는 DH 연구에 매우 중요하다. 또한 RAG는 출처를 명시할 수 있게 함으로써 투명성을 높여 사용자가 제공된 정보를 추적하고 검증할 수 있도록 지원한다.[18]

3. 디지털 인문학 분야에서의 RAG 응용

RAG는 디지털 인문학의 다양한 연구 영역에서 혁신적인 도구로 활용될 잠재력을 지니고 있다.

● **역사 문헌 분석 및 해석 강화**: RAG는 방대한 역사 문서 코퍼스에 대한 질의, 관련 구절 검색, 해당 텍스트에 기반한 요약 또는 특정 질문에 대한 답변 생성 등에 활용될 수 있다.[19] 특히, 다회차 대화를 위해 동적 역사적 맥락을 통합하는 DH-RAG 모델[20]은 대화 시스템용으로 설계되었지만, 그 동적 맥락 업데이트 원리는 역사적 텍스트나 일련의 문서 내에서 변화하는 서사나 주장을 분석하는 데 응용될 수 있다.

● **문화유산 연구 및 접근성 증진**: 국제 학술지 IJHAC(International Journal of Humanities and Arts Computing)의 특별호 논문 공모에서는 RAG의 활용 가능성을 명시적으로 언급하고 있으며,[21] iREAL 프로젝트는 호주 원주민 학교 관련 역사 기록 탐구를 위한 RAG 시스템

18　Lin, B., Chen, Z., Zhao, H., Tang, Y., Yang, Z., Chen, X., … & Gui, T. *A multi-agent hybrid framework for reducing hallucinations and enhancing LLM reasoning through RAG and incremental knowledge graph learning integration.* (2025) arXiv. https://arxiv.org/abs/2503.13514.

19　King's Digital Lab. *Prototyping a RAG system for Digital Humanities: Exploring AI/ML with Indigenous data.* (2024, March 7) https://kdl.kcl.ac.uk/blog/ireal-rag/.

20　Cao, M., Liu, Q., Mondal, S. K., Yang, M., Li, R., Zhang, Q., … & Wang, Q. *DH-RAG: A dynamic historical context-powered retrieval-augmented generation method for multi-turn dialogue.* (2025) arXiv. https://arxiv.org/abs/2502.13847.

21　Edinburgh University Press. (2024, May 8). *Call for papers: October 2025 special issue - "Artificial intelligence and the digital humanities".* https://www.euppublishing.com/doi/story/10.3366/news.2024.05.08.500502.

프로토타입을 개발하여 AI 생성 응답을 원본 기록과 연결함으로써 투명성과 유용성을 보여주었다. 또한, Repertorium Academicum Germanicum (RAG) 프로젝트[22]는 지식 그래프(KG) 기반 RAG 시스템을 통해 구조화된 데이터셋을 효과적으로 질의하는 예시가 될 수 있다.

● **문학 연구 및 전산 문헌학 지원**: RAG는 데이터 추출, 요약, 경향 파악 등을 자동화하여 체계적인 문헌 검토를 지원하고,[23] 대규모 문학 코퍼스 분석에서 특정 서사 증거를 검색하는 데 도움을 줄 수 있다.

4. 고급 RAG: DH에서의 심층 추론을 위한 지식 그래프(KG) 통합

지식 그래프(Knowledge Graphs, KGs)는 구조화된 영역 지식을 제공하며, 이를 RAG와 통합하면 LLM의 일관성, 이해 깊이, 추론 능력을 향상시킬 수 있다. RAG-KG-IL과 같은 프레임워크는 KG를 사용하여 구조화된 맥락을 제공하고, 환각을 줄이며, 전체 재학습 없이 지속적인 지식 업데이트를 가능하게 하여 추론 정확도에서 향상된 성능을 보여준다. 이는 구조화된 데이터셋, 온톨로지(예: CIDOC CRM), 또는 인물 정보 데이터베이스를 기반으로 하는 DH 프로젝트에 매우 적합하며, 복잡하고 관계 인식적인 질의를 가능하게 한다.

---

22 EADH. (n.d.). *Repertorium academicum germanicum (RAG)*. European Association for Digital Humanities. Retrieved May 11, 2025, from https://eadh.org/projects/repertorium-academicum-germanicum-rag

23 Haman, M., & Školník, M. Automating systematic literature reviews with retrieval-augmented generation: A comprehensive overview. *Applied Sciences, 14*(19), p.9103. (2024) https://doi.org/10.3390/app14199103

RAG 패러다임/ 기법	대규모 역사 아카이브 질의	문학 코퍼스 주제 분석	1차 자료 기반 해석 검증	인물 정보 데이 터 연결망 탐색	다중 양식 문화 유산 객체 분석
단순 RAG (Naive RAG)	기본	기본	기본	제한적	제한적
고급 RAG: 질의 재작성	중간	중간	중간	중간	중간
고급 RAG: 검색 후 재순위화/ 압축	중간	중간	높음	중간	중간
모듈형 RAG	높음	높음	높음	높음	높음
RAG + 지식 그래프 (KG)	높음 (구조화 데이터 필요)	중간 (관계형 분석 시)	높음 (사실 검 증 강화)	매우 높음	중간 (메타데 이터 활용 시)

〈RAG 아키텍처와 디지털 인문학 과제 적합성〉

RAG, 특히 지식 그래프와 결합된 RAG는 연구자들이 방대하고 복잡한 데이터셋에 대해 전산 능력을 활용하면서도 그 결과를 특정하고 인용 가능한 출처에 근거하도록 함으로써 DH에서 중요한 가교 역할을 할 수 있다. 이는 해석을 대체하는 것이 아니라 해석을 위한 증거를 제공함으로써 해석학적 과정을 지원한다. DH는 종종 텍스트와 유물의 정독 및 해석(질적)을 포함하며, 대규모 데이터셋 분석을 위해 전산 방법(양적/전산적)도 사용한다. 이두 접근 방식을 의미 있게 연결하는 것이 과제인데, RAG는 질의에 응답하여 특정 텍스트 조각이나 구조화된 데이터를 검색하며, 인용 가능한 이 검색된 정보는 직접적인 증거로 작용하여 LLM이 이에 기반한 응답을 생성하도록 한다. 이를 통해 연구자들은 대규모 데이터셋에 복잡한 질문을 던지고(전산적 규모), 질적으로 해석하고 검증할 수 있는 특정 증거에 기반한 답변을 받을 수 있다. 따라서 RAG는 단순히 답을 제공하는 것이 아니라 답의 근거를 제공하여 인간의 해석을 대체하기보다는 지원한다.

단순 RAG에서 고급 및 모듈형 RAG로의 발전은 DH에서 연구 질문과 데이터 유형의 복잡성이 증가하는 것을 반영한다. 초기 DH는 단순한 키워드 검색으로도 충분했을 수 있지만, 현대 DH는 미묘한 의미론적 검색, 이질적 데이터 처리, 반복적 개선을 필요로 하며, 이는 모두 보다 발전된 RAG 아키텍처가 제공하는 기능들이다. 단순 RAG는 기본적인 검색-생성 파이프라인을 제공하지만, 고급 RAG는 관련성 개선 및 노이즈 감소를 위해 다양한 계층을 추가하고, 모듈형 RAG는 유연하고 적응 가능한 파이프라인을 허용한다. 디지털 인문학 연구 질문은 점점 더 복잡해지고 있으며, 역사적 언어의 모호성 이해, 다양한 데이터 통합, 반복적 탐색을 허용하는 도구를 필요로 한다. 따라서 RAG 기술의 발전은 보다 정교한 정보 검색 및 지식 종합 도구에 대한 DH의 진화하는 요구와 잘 부합한다.

IV. 양질의 데이터셋과 기계가독형/표준화된 포맷의 중요성

1. 고품질 인문학 데이터셋의 필요성

효과적인 sLLM 및 RAG 시스템의 근간은 고품질의 해당 분야 특화 데이터이다. 앞서 논의했듯이(섹션 2.3), 인문학 데이터는 종종 희소성, 모호성, 비일관성, 정보 누락 등의 특징을 가지며, 과거 자료는 텍스트나 스프레드시트 같은 비구조화된 형태로 존재하여 변환 작업이 필요한 경우가 많다.

2. 오픈액세스와 AI 시대의 연구 데이터

한국 현대문학 분야에서도 오픈액세스 전환과 AI 학습 데이터 활용에 대한 논의가 시작되고 있다. 학술지 편집인들은 오픈액세스 전환의 필요성을 인식하는 한편, AI 데이터 활용에 따르는 저작권 문제에 대한 우려도 표명하고 있다.[24] 예를 들어, KISTI의 김완종 박사는 국내 학술지의 다수가 명확한 저작권 정책이나 라이선스 정보를 제공하지 않고 있으며, 특히 셀프 아카이빙 개념에 대한 이해가 부족해 프리프린트나 포스트프린트 정책이 불분명한 경우가 많다고 언급했고, 어문연구학회의 김화선 편집위원장은 저자가 저작권을 보유하는 모델에서 개별 저자들로부터 어떻게 동의를 얻을 것인지, 학회가 이를 어떻게 조율할 것인지에 대한 고민이 필요하다고 지적한 바 있다.

이러한 현실은 AI 시대에 학술 데이터의 체계적 관리와 활용을 위한 기반 구축이 시급함을 시사한다. 접근 가능한 데이터에만 의존하여 학습한 AI가 편향된 지식을 생산할 위험은 AI 시대의 심각한 문제로, 특히 인문사회과학 분야에서 그 우려가 크다.[25]

2025년 1월 기준으로 Gold/Green OA 학술지는 총 413종에 불과하며, 전체 학술지 3,111건 중 약 77%인 2,401건의 학술지가 Creative Commons (CC) 라이선스가 없거나 표기가 불명확한 상태다. RAG와 같은 시스템은 학술 데이터의 오픈액세스 필요성을 더욱 부각시킨다. 품질 높은 검색 결과를 위해서는 접근 가능한 정제된 학술 데이터가 필수적이기 때문이다.

3. 기계가독형/표준화된 포맷의 중요성

인문학 데이터의 특수성을 고려한 표준화된 포맷의 사용은 데이터의 상호운용성, 지속가능성, 검색 가능성을 크게 향상시키며, 이는 sLLM과 RAG 시스템의 효과적인 개발과 활용을 위한 필수 조건이다. 데이터셋 구축 과정 자체가 연구자들이 자신의 데이터 내 개념과 관계를 명시적으로 정의하도록 강제함으로써 귀중한 학문적 활동이 될 수 있다.

---

24 김병준, 유인혁, 김화선, 최성민, 허민석, 배하은, 김완종.「분업과 연대, 학술 공공성의 새로운 형식들: 한국현대문학 편집인의 열린 대화」,『한국학』48(1), 107-131면, 2025. https://doi.org/10.25024/ksq.48.1.202503.107

25 김병준, 노대원, 앞의 논문, 215면.

주요 표준과 형식의 예는 다음과 같다:

1. **텍스트 인코딩 이니셔티브(TEI)**: 인문학 텍스트를 위한 가장 포괄적인 마크업 언어로, 문학 작품, 역사 문서, 필사본 등 다양한 유형의 텍스트에 대한 정교한 인코딩을 가능하게 한다.
2. **CIDOC 개념 참조 모델(CIDOC CRM)**: 문화유산 정보를 위한 온톨로지로, 박물관, 도서관, 아카이브의 문화적 객체와 그 관계를 형식화하는 표준이다.
3. **지식 그래프(Knowledge Graphs)**: 엔티티와 그들 간의 관계를 네트워크 형태로 표현하는 데이터 구조로, 인문학 연구에서 인물, 장소, 사건, 작품 등의 복잡한 관계망을 모델링하는 데 유용하다.

4. 고품질 DH 데이터셋 구축 및 큐레이션 방법론

효과적인 특화 LLM 및 RAG 시스템의 기반이 되는 고품질 인문학 데이터셋을 구축하고 큐레이션하는 과정은 다음과 같은 구체적인 방법론을 포함할 수 있다.

- **데이터 생성 및 수집:**
  - **수동 생성/큐레이션**: 해당 분야 전문가가 직접 모델 학습에 필요한 대표적인 데이터를 작성하거나 선별한다.[26] 이는 데이터의 질을 보증하는 중요한 초기 단계이다.
  - **기존 데이터 활용**: 역사적 기록물, 디지털화된 아카이브 자료, 기존 디지털 인문학 프로젝트의 결과물 등을 적극적으로 활용하며,

---

26 Evidently AI. *How to create LLM test datasets with synthetic data.* (2024, March 1) https://www.evidentlyai.com/llm-guide/llm-test-dataset-synthetic-data

이 경우 데이터의 형태나 품질이 다양하므로 사용 전 면밀한 정
제 및 정규화 과정이 필수적이다.[27]

○ **합성 데이터 생성**: LLM을 활용하여 기존 데이터의 변형, 새로운
입력 데이터 또는 입출력 쌍을 생성할 수 있다. 이는 특히 RAG
시스템의 평가용 데이터셋 구축 시 유용하게 사용될 수 있는데,
예를 들어 지식베이스에서 핵심 사실을 추출하고, 이를 바탕으로
다양한 질의를 생성하며, 관련 맥락, 질의, 답변을 기록하는 방식
이다. 다만, 합성 데이터 생성 과정에서는 결과물의 품질과 적절
성을 확보하기 위해 인간 전문가의 세심한 검토가 반드시 수반되
어야 한다.

● **데이터 주석**:

○ **주석 스키마 정의**: 데이터에 정보를 부가하는 주석 작업은 명확
하고 일관된 주석 스키마(annotation schema)를 사전에 정의하는
것에서 시작하며,[28] 필요시 여러 명의 주석가를 활용하고 합의점
을 도출하여 품질을 관리한다.

○ **인간 참여형**(Human-in-the-Loop) 방식: 주석 작업의 효율성과
정확성을 높이기 위해 AI가 초벌 주석을 달고 인간 전문가가 이
를 검토·수정하는 인간 참여형 방식의 도입도 적극적으로 고려
할 수 있다.[29]

---

27 Toloka. (n. d.). *The backbone of large language models: Understanding training datasets.* Retrieved May 11, 2025, from https://toloka.ai/blog/the-backbone-of-large-language-models-understanding-training-datasets/

28 Washington, P., Kalaria, S., Changa, A., Hu, M., Valgus, J. M., Stockham, A. L., & Guttag, J. V. Developing a scalable annotation method for large datasets that enhances alarms with actionability data to increase informativeness: Mixed methods approach. *JMIR Formative Research, 9.* (2025) e65961. https://doi.org/10.2196/65961

29 Jaillant, L., & Aske, K. AI and Medical Images: Addressing Ethical Challenges to Provide Responsible Access to Historical Medical Illustrations. *Digital Humanities Quarterly,* 018(3). (2024)

● 데이터 관리 및 표준화:

　　○ 표준 형식 및 버전 관리 활용: 텍스트 자료에는 TEI, 구조화된 데이터에는 CIDOC CRM(RDF 형식 등)과 같은 국제적으로 인정된 표준을 사용하여 데이터의 상호운용성을 확보하고, Git과 같은 버전 관리 시스템을 통해 체계적으로 관리한다. 더 나아가 GitHub Actions와 같은 자동화된 도구를 활용하여 데이터의 접근성과 활용성을 높일 수 있다.

이러한 체계적인 데이터셋 구축 및 큐레이션 과정은 단순히 기술적인 준비 작업을 넘어, 그 자체로 중요한 학술 활동이며 디지털 인문학 연구의 질을 한 단계 높이는 데 기여한다.

V. 데이터셋 구축의 학문적 가치와 의의

1. 방법론적 성찰과 혁신의 촉매제

디지털 인문학을 위한 sLLM 구축 과정, 즉 데이터셋 정제, 주석 스키마 정의, 모델 미세조정 등은 단순한 기술적 작업을 넘어 인문학 내에서의 방법론적 성찰과 혁신을 촉진하는 기폭제가 될 수 있다. 이는 인문학적 지식과 해석의 구조에 대한 명시적인 참여를 강제하기 때문이다.

2. 생성형 AI와 학술 윤리

AI 시대의 학술 윤리와 관련하여 학계에서는 중요한 논의가 이루어지고 있다. 예를 들어, 생성형 AI의 등장으로 연구 윤리의 범위가 확장됨에 따라, AI 활용의 허용 범위에 대한 가이드라인 정립의 필요성이 제기되고 있다.[30] 이는 특화된 LLM 및 RAG 시스템의 개발과 활용에 있어서도 핵심적인 고려 사항이 될 것이다.

또한 AI 시대의 학술 공공성에 대해 단순히 이상적인 공공성이나 AI 발전을 위해 데이터를 제공하라는 요구보다는, 연구자들이 피부로 체감할 수 있는 직접적인 혜택이 필요하다는 의견도 제시되었다. 이는 AI 시대의 학술 공공성이 연구자들의 자발적 참여와 적절한 보상 체계, 그리고 민주적 거버넌스를 통해 실현될 수 있음을 시사한다.

VI. 맺음말: 디지털 인문학과 AI의 미래

디지털 인문학 분야에서 AI의 미래는 인문학자들이 외부에서 개발된 AI 도구의 수동적인 소비자에서 벗어나, 인문학적 가치와 연구 목표에 본질적으로 부합하는 AI 방법론 및 시스템의 적극적인 설계자이자 창조자로 전환하는 데 달려 있다.

AI는 인문학 연구에 효율성과 창의성을 더할 잠재력을 지니지만, 연구 주체성 및 비판적 성찰 약화의 위험 또한 내포한다. 이러한 도전에 맞서기 위해 연구자와 학술단체의 주체적 역할 재정립, 오픈액세스 및 연구 데이터 공유를 통한 학술 공공성 강화, 인간-AI 협력 모델 개발 등의 방향이 제시되고 있다.

현재 지배적인 LLM은 주로 상업적 목표를 가진 기술 기업에 의해 개발

---

30 김병준, 유인혁, 김화선, 최성민, 허민석, 배하은, 김완종, 위 논문, 122면. https://doi.org/10.250 24/ksq.48.1.202503.107

되고 있으며, 반드시 학문적 목표와 일치하지는 않는다.[31] 디지털 인문학이 이러한 도구에만 의존한다면, 연구 의제가 이러한 외부 도구의 기능과 한계에 의해 미묘하게 형성될 수 있다. 특화 LLM(sLLM, RAG)에 대한 요구는 디지털 인문학이 자체 AI 도구 키트에 대한 주도권을 잡으라는 요청이다.

따라서 디지털 인문학을 위한 AI 개발은 기술을 인문학에 적용하는 일방적인 과정이 아니라, AI의 도전 과제가 인문학 내에서 새로운 지적 발전을 촉진할 수 있는 대화적 과정이다. 정밀하고 신뢰할 수 있는 전문 분야 특화 언어 모델과 구조화된 데이터셋에 기반한 검색 증강 생성 시스템의 개발은 단순히 더 나은 AI 도구를 만드는 것을 넘어, 인문학 자체의 방법론적 혁신과 깊이 있는 성찰을 촉진하는 중요한 학문적 활동이 될 수 있다. 그러나 이러한 비전이 선언적 수준에 머물러서는 안 되며, 구체적이고 실행 가능한 계획으로 구현되어야 한다.

이러한 비전을 실현하기 위해 다음과 같은 단계별 실행 로드맵을 제안한다:

1단계(1-2년): 기반 구축

- 한국학중앙연구원, 국사편찬위원회 등 주요 인문학 연구기관의 디지털 자료를 표준화된 형식으로 전환
- TEI, CIDOC CRM 등 국제 표준에 맞춘 데이터 변환 가이드라인 수립
- 파일럿 프로젝트로 특정 분야(예: 조선왕조실록, 승정원일기)의 sLLM/RAG 시스템 구축

2단계(3-4년): 협력 체계 구축

---

31 Adams, R., Lerman, K., Wilkinson, D., Bar-Yam, S. A., Chitlangia, S., Companion, B., … & McCoy, R. T. *Provocations from the humanities for generative AI research.* (2025) arXiv. https://arxiv.org/abs/2502.19190

- 학계-정부-산업 협력 모델 확립: 대학의 연구 역량, 정부의 재정 지원, 기업의 기술력 결합
- 한국연구재단 연구지원 사업을 활용한 '디지털 인문학 AI 플랫폼' 구축
- 인문학 분야별 특화 데이터셋 구축을 위한 학회 간 협력 네트워크 형성

3단계(5년 이후): 확산과 고도화
- 다양한 인문학 분야별 특화 sLLM 개발 및 공유 생태계 구축
- 국제 협력을 통한 다언어 디지털 인문학 AI 모델 개발
- 연구자 AI 리터러시 교육의 정규 교육과정 편입

향후 연구 과제로는 첫째, AI 생성 콘텐츠의 학술적 인용 및 검증 체계 확립, 둘째, 데이터 기여자의 권리 보호와 공정한 보상 체계 마련, 셋째, 한국학 특화 벤치마크 데이터셋 구축을 통한 모델 성능 평가 기준 수립 등이 시급하다.

이러한 구체적 실천 방안을 통해 디지털 인문학은 AI 기술의 수동적 수용자에서 벗어나 인문학적 가치를 구현하는 AI 도구의 적극적 창조자로 자리매김할 수 있을 것이다. 이는 한국 디지털 인문학이 우리 고유의 인문학적 자산을 디지털 시대에 적합하게 재창조하고, 학문적 주체성을 확보하는 중요한 전환점이 될 것이다.

아랍어 문헌의 디지털화 현황과 인문학적 활용*

정 진 한

안양대학교 신학연구소 HK+사업단 HK교수

Ⅰ. 머리말

Ⅱ. 아랍 문헌의 디지털화 현황

Ⅲ. 온라인 아랍 사전의 편찬

Ⅳ. 아랍 문헌의 해독과 분석·관리에 사용 중인 디지털 툴

Ⅴ. 맺음말

* 본고는 2025년 6월 13일에 개최된 '디지털 기술 환경의 고전번역과 데이터 관리'라는 주제로 개최된 학술대회에서 안양대 HK+사업단에 보조연구원으로 참여하고 있는 정예은 선생님과 공동발표한 발제문을 기반으로 작성되었다. 본고를 이 책에 수록하도록 양해해 주신 정예은 선생님께 감사드린다.

I. 머리말: 아랍어 문헌의 특수성이 유발한 세계 연구 동향의 특이점

아랍어는 22개 아랍 국가들의 공식어[1]이다. 이에 한중일처럼 단일 국가가 아랍어 문헌의 디지털화를 전담하지 않는다. 또한, 아랍어는 20억에 달하는 전 세계 무슬림들이 평생 동안 매일 종교생활에 사용하는 이슬람의 언어이다. 무슬림 중 20% 가량만이 아랍인들이기에 아랍 국가들끼리만 아랍 문헌의 디지털화를 전적으로 주도하는 것도 아니다. 게다가 아랍어는 UN의 6대 공용어로서, 아랍도 이슬람도 아닌 지역에 교류를 통해 지대한 역사적 영향을 준 세계어의 하나이다. 특히 이들의 항구적 이웃 유럽은 자신들의 역사와 문화를 파악하기 위해서라도 아랍 문헌의 디지털화에 누구 못지 않은 관심과 투자를 진행해왔다.

아랍 전체에서, 또 57개 이슬람 국가[2] 및 그 밖의 국가와 민간에서 진행되는 아랍 문헌의 디지털화 프로젝트 일체를 전수조사해서 분석할 수는 없다. 다만 본

---

1 아랍 연맹(Arab League)에 가입한 이라크, 시리아, 레바논, 요르단, 팔레스타인, 사우디, 쿠웨이트, 바레인, 카타르, 오만, 예멘, 이집트, 리비아, 알제리, 튀니지, 모로코, 모리타니아, 수단, 소말리아, 지부티, 코모로는 아랍어를 단독 또는 공동의 공식어로 지정했다.

2 이슬람협력기구(Organization of Islamic Cooperation, OIC)에는 57개국이 가입되어 있다. 가입국 중 무슬림들이 인구 과반이 못되는 곳도 있고, 미가입국 중 인구 과반에 육박하는 곳 역시 있다. OIC 가입국 기준 대신, 총인구 중 무슬림이 과반인 국가나 총 종교인구 중 무슬림이 과반인 국가로 분류하더라도 50여 개 국가는 이슬람 국가에 해당한다.

고는 지금까지 개발되었던 아랍 문헌의 디지털화 관련 프로그램과 프로젝트 중 대표적인 사례들을 개괄적으로 소개하고 각각의 차별화된 특징과 기여분을 분석해서, 아랍 문헌의 디지털화 현황과 그 인문학적 활용 실태 전반을 진단하고 앞으로의 발전 방향을 전망한다.

1. 아랍어의 사회적 특수성

먼저 본고는 아랍 문헌의 디지털화 진행 과정이 지나온 특수한 맥락을 이해하기 위해 아랍어의 네 가지 사회적 특성을 간략하게 짚는다. 왜냐하면 아랍 문헌의 디지털화를 온전하게 파악하기 위해서는 아랍어의 특수성 – 아랍인들의 말, 이슬람이라는 종교의 공식어, 널리 수용된 문자 체계, 역사 속 지식의 매개 – 라는 개별 층위를 우선 이해해야 하기 때문이다.

1) 세계 각지로 진출한 아랍인들의 말

현재 아랍어를 모국어로 사용하는 인구는 약 4억 5천만으로 세계에서 4번째로 많은 모국어 화자를 보유한 언어다. 이들 중 약 4억 명은 아랍 지역에, 나머지는 비아랍국[3]에 체류 중이다. 대서양, 지중해, 인도양, 사하라 사막, 이란 사이에 자리한 이 광범위한 지역이 아랍 지역으로 분류되는 이유는 이곳에 속한 국가의 국민 대다수가 아랍어를 모국어로 구사하는 화자들이기 때문이다.

다른 주변 민족들이 일찍이 거대 제국을 이루는 와중에도 아랍인들은 대체로 그들 주변에서 소수 부족집단이나 군소 왕국을 이루는 수준에 머물렀다. 하지만 610년 이슬람의 발흥과 함께 아랍인들은 사방의 이민족들을 제압해 나가며 역사상 가장 거대한 '아랍·이슬람' 제국을 세우고 '아랍어'라는 언어와 '이슬람'

---

3   아랍과 육지와 땅으로 경계를 맞대고 있는 사하라 사막 인근의 아프리카(소위 사헬지역)와 서아시아의 비아랍 지역(이란, 터키, 이스라엘등), 그리고 홍해 건너의 동아프리카와 지중해 건너의 유럽에 가장 많이 분포한다.

이라는 종교를 전파해 갔다. 불과 한 세기 만에 아프리카대륙 서쪽 끝까지 점령하곤 곧 유럽에 상륙해 그곳에 이슬람 왕국들을 세웠다. 반대 방향으로도 서아시아와 중앙아시아를 석권한 후 점진적으로 남아시아도 이슬람화 했다.

물론 이 지역들은 아랍화, 이슬람화 되는 과정에 긴 시간이 걸렸고, 상당 지역은 여전히 아랍어와 이슬람이 도래하기 전의 고유 언어와 종교를 유지, 복원하고 있다. 또한 초기 이슬람 세력권 전체가 아랍인의 관할이었던 것과 달리 후대의 이슬람권은 아랍어 외의 언어를 사용하는 이민족들의 국가가 대다수를 차지하면서 이들 이슬람 영역의 아랍화 역시 제동이 걸렸다. 그럼에도 불구하고 오늘날 북아프리카 전부와 서아시아 대부분, 그리고 동아프리카 해안과 나일강 일대에는 아랍국가들 및 이들과 인접한 국가들로 구성된 아랍어 통용 지대가 펼쳐져 있다.

아랍인은 유목과 상업을 대표하는 민족들 중 하나이다. 이를 반영하듯 아랍인들은 세계 전역에 걸쳐 드넓고 촘촘하게 디아스포라와 아랍어 사용권 네트워크를 구축해 아랍어의 세계적 확산과 정착을 크게 증진했다. 한곳에 정주해 농사를 지으며 장기간 기반을 깊이 뿌리내리는 동아시아의 구심적 문화 원형과 달리 아랍의 문화 DNA는 대규모 상단을 꾸려 사막과 바다 건너 낯선 땅에 집단으로 정착하는 원심적이다. 아랍 대규모 거상들의 활동은 그들과 교류하는 현지의 경제활동 관련 용어를 아랍어 위주로 바꾸었다. 또한, 남성들이 이주해 현지 여성들과 결혼하며 아랍의 문화 용어들을 현지어 사이에 침투시켰다. 그리고 이들 혼혈 가정은 점차 아랍 본위의 종교 활동과 문화 — 용어, 경전, 예배, 순례, 축제 등 — 를 통해 아랍어로 본인들의 정체성을 각인해 나간다.

2) 이슬람을 담는 유일한 그릇, 아랍어

아랍어의 전파에 있어 아랍어 말보다 더 강한 힘을 부여한 것은 이슬람이라는 종교이다. 모든 종교는 특정 언어 또는 언어군과 어느 정도의 상관성을 지니지만 이슬람과 아랍어의 관계는 일반적인 종교와 언어 관계를 아득히 넘는 특수성을 지니고 있기 때문이다.

우선 전 세계의 모든 무슬림들은 처음 입교할 때부터 반드시 아랍어로 신앙 고백을 해야 무슬림이 된다. 그 즉시 이들은 모국어의 종류나 아랍어 구사능력과는 무관하게 죽는 날까지 매일 최소 5차례 아랍 땅에 있는 메카 방향을 찾아 자리를 잡고 아랍어로 된 경전의 구절을 암송하며 아랍어로 예배를 올려야 한다. 또 일생에 한 번 이상 이슬람의 심장 메카를 방문해 전 세계에서 몰려든 다른 무슬림들과 함께 아랍어 구절을 암송하며 순례 의식을 치른다.[4] 그 외에도 이슬람은 여타 대부분의 종교에 비해 유독 아랍어만으로 종교생활을 보존하려 한다.

왜냐하면 모든 무슬림들은 아랍어를 통해서만 이슬람이 온전할 수 있다고 믿기 때문이다. 이슬람은 완벽한 존재인 하나님(알라)의 완전무결한 말씀이 꾸란이고, 이 꾸란은 아랍어를 통해 원형 그대로 인간에게 계시되었다고 믿는다. 이들은 완전체인 꾸란을 불완전한 존재인 인간이 다른 언어로 번역하는 순간 그 완전무결함이 훼손된다고 여긴다. 따라서 그들은 꾸란이 반드시 아랍어로만 낭송되어야 하며, 다른 언어로 번역된 꾸란은 그저 의미를 이해하기 위한 보조 수단에 지나지 않는다고 간주한다.

때문에 신의 섭리이자 인간이 살며 따라야 할 도리라고 믿고 있는 이슬람을 이해하고 가르치기 위해서는 정확무오한 아랍어의 구사가 필수적이다. 이에 무슬림들은 최대한 아랍어로 된 꾸란 구절을 그대로 전파하고 받아들이려 해왔다.

꾸란에 이어 이슬람의 두 번째로 중요한 '준경전'격인 하디스(예언자의 언행록) 역시 아랍어의 확산에 큰 영향을 주었다. 무슬림들의 생활 지침서로 작동하는 하디스 역시 원문은 아랍어로 작성되었고, 내용도 예언자 무함마드가 살던 당시 아랍의 자연, 사회, 문화 양식을 풍부하게 담아 모든 무슬림들에게 전달하고 있다. 무슬림들은 여기 나오는 말과 생활양식을 공부하고 그와 닮은 삶을 이상적으로 여기며 살아왔다.

---

4   단, 이슬람은 재정적으로나 건강상 순례가 어려울 경우 이 종교적 의무를 이행하지 않아도 무방하다고 가르치고 있다.

이렇게 아랍의 말과 문화를 담아 그대로 이식하려는 성질을 지닌 이슬람은 군사적 점령뿐 아니라 무역, 여행, 선교, 이주와 같이 다양한 형태의 비군사적 수단을 통해서도 아랍의 국경에 직접 맞닿은 지역 너머까지 전파되었다. 이는 아랍이나 중동의 범위보다 훨씬 더 넓은 권역에 해당하고 신도 수 역시 각각 5억을 넘지 않는 아랍과 중동 인구의 4배에 육박한다. 단적으로 세계에서 가장 무슬림이 많은 다섯 개 국가[5]들은 모두 아랍국가가 아니고 중동에 자리하지도 않는다.

이들은 모두 아랍어의 직접 영향권에 놓여 있고 그 중 다수는 아랍 문헌 연구 및 디지털화에 아랍 못지 않은 투자와 사업을 진행 중이다. 무엇보다도 신과 종교라는 최상위 지식과 계층의 영역을 최근까지 아랍어가 독점하여 온 역사는, 비아랍어 이슬람권의 종교와 법률 관련 용어와 표현의 대부분과 가장 흔한 남성의 이름을 아랍어가 점유하는 결과를 초래했다.

3) 아랍 문자와 문헌의 작성

이슬람은 아랍 말보다 문자를 훨씬 널리 확산했다. 아랍 군대가 서쪽으로 진출한 북아프리카 전부와 북쪽으로 진출한 레반트 지역 전체가 극소수를 제외하고는 말과 글을 통째로 아랍어로 바꾼 반면, 이란부터 그 동쪽 너머의 세계는 이슬람화 되었음에도 자신들의 말을 아랍어로 바꾸지 않았다. 또한 군사 정벌 없이 비군사적 수단으로 이슬람이 전파된 지역 어디에서도 아랍어를 모국어로 채택한 곳은 없다.

하지만 이 지역의 태반은 말은 고유어를 지키면서도 글자는 아랍 문자를 채택했다. 대표적으로 중동 지역[6]에서 두 번째로 많은 인구를 보유한 이란[7]은 이슬

---

5 순서대로 인도네시아(동남아시아), 파키스탄(남아시아), 인도(남아시아), 방글라데시(남아시아), 나이지리아(서아프리카)다.

6 중동의 정의는 용례에 따라 유동적이지만 전통적으로 동서로는 이집트에서 이란, 남북으로는 예멘에서 이라크 사이의 지역을 지칭한다. 그리고 지리적으로 인접하고 문화 요소 대부분을 공유하는 중동(Middle East)과 북아프리카(North Africa)를 합쳐 MENA라고 통칭한다. 다만 최근, MENA 지역 전체를 중동으로 통칭하는 경우가 늘고 있다.

7 이란은 각기 다른 언어를 구사하는 10여 개 민족으로 구성된 다민족·다언어 국가다. 그중 페르시아어를 모어(母語)로 하는 이들은 전체 인구의 절반을 살짝 웃돈다.

람 공화국이지만 아랍어 대신 페르시아어를 공식어로 채택했다. 다만, 아랍어에 종교적으로 성스러운 권위를 부여하고 의무교육에 포함했다. 또한, 페르시아어의 기록 역시 고유의 문자가 아닌 아랍 문자를 사용 중 이다.

페르시아어 외에도, 많은 이슬람 국가들은 쿠르드어, 파슈툰어, 위구르어 등과 같은 자신들의 언어를 아랍 문자로 기록하고 있다. 이들 중 일부는 아랍 문자의 채택 이전에 자신들의 고유한 문자를 가진 적이 없었지만, 나머지는 이미 사용하던 고유의 문자 사용을 중지하고 아랍 문자를 채택했다. 다만, 자국어의 일부 음가는 아랍어에 없기 때문에, 이들을 표기할 별도의 문자를 추가해서 사용 중이다.

다만 이들 지역 일부는 근대 유럽 세계의 약진과 함께 서구의 식민지가 되면서 자의 또는 타의에 의해 기존의 아랍 문자 표기를 중단하고 라틴이나 키릴 계통의 문자로 자국어를 표기하기 시작했다. 여기에는 구소련에서 독립한 국가들처럼 아랍 문자 표기를 완전히 포기한 곳도 있고, 나이지리아 북부의 하우사어나 동아프리카의 스와힐리어처럼 라틴 문자와 아랍 문자 표기를 병행하는 경우도 있다.

해당 지역들은 오랜 기간 자신들의 말로 의사소통을 하면서도 특히 엘리트층을 중심으로 지식을 아랍어로만 기록하거나, 자국어와 아랍어를 병행해서 기록했다. 따라서 이들 지역에는 아랍 지역 못지않게 많은 아랍 고문헌들이 산재해 있고, 이 저술들은 자신들의 역사를 이해하는 기초 자료로 역할 하고 있다.

4) 역사 속 지식의 매개

아랍 문헌 연구는 현전하지 않는 비아랍권의 지식을 복원하는 것에 있어 중요하다. 후술하는 예에서 보듯 많은 과거의 지식은 아랍어 문헌 외의 형태로는 원전이 남아있지 않다. 일부 띄엄띄엄 전수된 문헌들도 그 상속 과정이 시간적 또는 공간적으로 분절되는 바람에 그 전승 사이의 공백이 있는 경우가 흔하다. 아랍 문헌 연구는 이 공백을 메우며 지식의 교류와 상속을 추적하고 원형을 복원하는 과정에서 유용하다.

　현재의 서아시아와 동아프리카 지역에는 고대로부터 다양한 셈어 계통의 언어들[8]이 분포했다. 그 중 후대에 형성된 언어 중 하나인 아랍어를 구사하는 집단, 즉 아랍인이 출현해서는 주로 아라비아반도와 그 인접 지역에 대개는 부족 단위 정치집단만을 형성했다. 이들은 드물게 국가를 출범시키기도 했지만 주변의 거대 제국에 비해 국력면에서 확연히 열세였다. 이후 이슬람을 통해 제국으로 성장한 아랍인 집단은 주변의 그리스-로마(비잔틴), 페르시아, 인도 등의 주변 거대 제국들을 흡수해가면서 고대와 당대의 다양한 문명권의 지식을 빠르게 수집·번역·비교 분석·재창조했고 마침내 중세의 가장 선진적이고 방대한 지식 체계를 형성했다. 동시에 언어, 문학, 제도, 천문, 의학, 지리, 수학 등과 같이 거의 모든 분야에서 아랍어로 된 단어와 지식은 중세 지식 체계를 선도했고 오늘날까지도 그 영향력을 발휘하고 있다.[9]

　또한 아랍 문헌들은 지식의 원산지에서는 사멸한 지식의 상당 부분을 원어 사료 또는 이웃어 자료를 대신해서 보존, 전승했다. 가령 고대 그리스 철학자 아리스토텔레스의 철학은 중세기 유럽에서 거의 잊혔으나, 이슬람 세계에서는 체계적인 연구와 주석이 생산되었다. 하여, 유럽인들이 아리스토텔레스의 학문을 연구하기 위해서는 아랍 문헌(특히 이븐 루슈드의 주석서)[10]들을 필수적으로 연구했다.

　다른 예로 아랍 문헌은 유대교와 기독교 연구사에서 매우 중요한 자료이다. 유대교와 기독교는 오늘날의 아랍 지역에서 탄생했고, 초기 문헌 역시 유럽어가 아니라 아랍어 및 같은 계통의 셈어족 언어로 대부분이 작성되었다. 또한 아랍 지역 주민 대부분은 아랍화(아랍어를 모국어로 사용하는 주민)되었지

8　여기에는 아카드어와 페니키아어처럼 사멸된 고대어도 있고, 히브리어나 아람어처럼 변형을 거치며 명맥을 유지하는 언어도 있다.

9　예를 들어 알(al-, 아랍어의 정관사에 해당한다.)로 시작하는 학술 용어의 대다수(알코올, 알고리즘, 알타이르 등)는 아랍어를 그 어원으로 둔다.

10　당시 유럽에는 이븐 루슈드(Ibn Rushd, 1126-98)의 주석학을 연구하는 아베로에스(Averroes) 학파가 결성되어 유럽의 아리스토텔레스 철학 연구를 주도했다.

만, 그 중 일부는 이슬람화 되지 않았다. 가령 레바논인의 약 1/3과 이집트인의 약 10% 가량은 기독교를 믿고 있다. 이들을 포함한 아랍의 여러 지역들은 유대교와 기독교 연구에 필수적인 고중세 시기 원사료와, 이 두 종교에 관한 연구물을 오늘날까지도 아랍어로 제공하고 있다.

또 아랍어 외의 언어를 사용하는 민족(북아프리카의 베르베르인이나 이집트의 누비아인 등)들 역시 대부분 아랍어를 제1 또는 제2언어로 자유롭게 구사하고 있으며, 자국어문헌보다 많은 아랍어 문헌들을 생산해 왔고 보존 중이다. 이스라엘 역시 공식어로 히브리어를, 특별 지위의 언어로 아랍어[11]를 채택했고 그들 조상들이 남긴 아랍 문헌 연구를 위해 다수의 아랍어 연구기관들과 협력 중이다.

즉 아랍 문헌의 연구는, 아랍인들을 이해하는 것뿐 아니라 아랍어로 보존된 과거의 지식을 추적하고, 아랍어를 통해 연결된 세계 사이의 관계를 파악하며 동서양의 지식 교류를 연구하는 포털이자 허브로 기능 하고 있다. 그러기에 아랍인들 뿐 아니라 많은 비아랍인들 역시 자신들의 역사적 문헌을 정리하고 스스로의 역사를 이해하기 위해서라도 아랍어 문헌의 디지털화를 수행하고 있다.

---

11 요르단강 서안 지구와 가자 지구, 동예루살렘을 제외한 이스라엘 내 아랍인 인구수는 총인구의 약20%에 해당한다. 여기에 이스라엘이 사실상 통제하고 있는 요르단강 서안 지구와 가자 지구, 동예루살렘의 아랍인을 합치면 이스라엘과 팔레스타인 전체에서 아랍인 숫자는 이미 유대인 인구를 넘어섰다.

Ⅱ. 아랍 문헌의 디지털화 현황

상기 여러 이유 등으로 인해 아랍 대부분의 국가는 물론 여러 이슬람 국가들도 아랍 문헌의 디지털화를 진행 중이다. 또한, 여러 서구 국가들 역시 자체적으로, 또는 아랍국가, 그 중에서도 대규모 재정적 자금 동원과 필사본 공유가 가능한 걸프 왕정국가들[12]과의 다양한 협력을 통해 이를 진행 중이다.

한정된 지면에서 그 모든 활동을 다 다룰 수는 없지만 본고는 그 중 가장 많이 사용되는 대표적 디지털 아랍 문헌 제공 사이트들과 아랍 문헌의 디지털화에 획기적 진전을 가져온 주요 사례들을 선정해서 그 현황과 추이를 제시하려 한다.

1. 필사본 DB

1) 알-마크타바 알-샤밀라(المكتبة الشاملة, Al-Maktabat al-Shāmila)

아랍 대중에게 가장 널리 알려져 사랑받고 있는 아랍어 디지털 도서관 소프트웨어, 알-마크타바 알-샤밀라는 2005년 출시되었다. 당시 대부분의 사용자들이 그랬듯 필자 역시 CD에 담겨 유통된 이 프로그램을 처음 접했을 때의 그 충격과 감동을 잊을 수 없다.

아랍과 이슬람 학문의 역사 전체가 그래왔듯 이 프로그램 역시 처음에는 꾸란과 하디스[13]를 위시한 종교 관련 주요 문헌 백여 권만을 담은 DB로 제작되었다. 이후 온라인 디지털 도서관화를 통해 소프트웨어와 데이터를 다운

---

12 아라비아반도의 동부 해안을 공유하는 6개 국가들(사우디아라비아, 아랍에미리트, 오만, 카타르, 바레인, 쿠웨이트)로, 걸프협력회의(Gulf Cooperation Council, GCC)를 출범해 공조하고 있다.

13 하디스는 이슬람의 예언자 무함마드의 말과 행동을 수집해서 정리해 둔 책이다. 하디스는 꾸란에는 나오지 않는 방대한 사례들에 관해 예언자 무함마드가 어떻게 해석하고 대처했는지를 구체적이고 상세하게 제시함으로써 무슬림들의 말, 생각, 행동, 지식의 판단 기준을 제공하는 규범으로 기능하고 있다.

로드 받을 수 있는 포맷으로 개량했고, 업그레이드를 거듭하며 사용자가 직접 디지털 텍스트를 업로드 할 수 있는 기능도 추가했다. 또 포괄 분야 역시 종교 관련 문헌에서 아랍 고전 전반(역사, 문학, 예술, 사전 등)으로 확장했다.

2012년 공식 웹사이트를 출시하면서 이 도서관은 사우디 정부의 후원을 받아 무려 17,000권이 넘는 저서를 담았다.[14] 이후 서지 사항에 관한 기능을 확장하고 상세한 해제를 보강했으며, 종종 나타나던 인쇄본과 온라인본 사이의 괴리를 점검할 수 있는 기능도 추가했다. 또, 고전 문헌에 치중하던 경향 역시 점차 현대 문헌을 포함하는 형태로 개량해 나가고 있다.

2) 갈리시아 프로젝트(Gallicia Project, of BnF)

세계 최대 디지털 도서관 프로젝트 중 하나인 갈리시아 프로젝트는 프랑스 국립도서관(BnF)과 그 협력기관들이 소장 중인 문헌 전체를 디지털화해서 대중에게 제공하는 디지털 도서관 사업이다. 모든 시대와 매체를 포괄한 자료를 공개해 무료로 접근이 가능한 서비스 제공을 목표로한 이 사업은, 1997년부터 도서관의 개방을 시작해, 수백 개의 협력 기관에서 제공하는 소장 자료를 비치하면서 장서를 늘리는 중이다.

2024년 기준 무려 1천만건이 온라인을 통해 공개되었다. 여기에는 대략 약 86만권의 도서, 19만건의 필사본, 20만장의 지도와 같이 전통적 문헌 자료와 사진, 신문, 잡지, 악보, 음성, 영상, 유물과 같이 다른 다양한 형태의 자료도 포함하고 있다.

프랑스는 '이집트학(Egyptology)'이라는 근대 유럽 동양학의 시초를 열었던 세계 아랍학과 이슬람학의 대국이다. 또 영국과 함께 100년 넘게 아랍과 이슬람권에 가장 많은 식민지를 경영했고, 세계에서 가장 많은 현지 문화유

---

14 가장 많은 원문 자료 수를 제공한 것은 2018년 버전의 17,000여 권이지만, 후대로 가며 감수 기능을 강화하는 대신 권수는 일부 줄었다. 최신 공식 감수 버전(Al-Rajhi Foundation본)은 3,102명의 저자의 8,238권의 데이터를 제공 중이다. https://en.tohed.com/threads/maktabah-shamila-arabic-full-guide-and-features-for-urdu-readers.6245/

산을 기부, 구매, 탈취, 밀수 등의 다양한 형태로 수집해 연구해 온 국가군에 속한다. 때문에 세계에서 가장 많은 아랍어 필사본과 관련 유물을 보유한 대표 국가 중 하나이자, 이에 대한 연구 역시 세계 최고 수준으로 평가 받는다.

갈리시아 프로젝트는 단순히 이 필사본들을 수집하는 데 그치지 않고 이 대부분을 OCR (Optical Character Recognition, 광학문자인식) 처리한 후 이를 다양한 형태로 활용할 수 있도록 하는 서비스까지 완비했다. 구체적으로, 온라인으로 저서의 OCR이미지를 확인하고 다운 받을 수 있을 뿐 아니라 이용자의 목적, 편의, 상황에 맞는 다양한 형태의 파일(CHOCR, DAISY, EPUB, Full Text, HOCR, Item tile, OCR page index, OCR search text, Page number JSON, Pdf, Pdf with text, Single page processed JP2 Zip, Torrent 등)로 다운로드 하는 옵션을 제공하고 있다.

로열티를 청구하지 않는 이 도서관의 운영 방침은[15] 여타 해외 저명 도서관의 디지털화와 개방정책에 지대한 영향을 주었다고 평가 받는다.

3) Qatar Digital Library (QDL)

카타르 디지털 도서관은 카타르 재단과 카타르 국립도서관이 영국국립도서관(British Library)과 합작투자해 2014년 출범시킨 2중 언어(영어, 아랍어) 온라인 도서관(https://www.qdl.qa/en)이다. 이곳은 아랍과 이슬람 역사를 담은 각종 문화유산 자료(이슬람 필사본 문서, 사진, 지도, 도표, 도면, 음원, 삽화, 스케치, 엽서, 판화 등)를 디지털화해서 이를 대중에게 온라인을 통해 무료로 공개하고 있다.

2025년 200만에 가까운 사용자가 등록해 이용중인 QDL은 장서량 기준 전 세계 최대의 도서관이자 아랍어 필사본 최대 보유 기관 중 하나인 영국국립도서관과 소장품을 공유함으로써 무려 200만 쪽 이상의 자료를 보유하고

---

15   단, 일부 자료는 여전히 비공개 중이며, 저작권 역시 비상업적 용도의 재사용의 경우에는 출처를 명시하는 조건하에서만 무료 사용이 가능하다. https://gallica.bnf.fr/accueil/en/html/about-us

있다.

그 중 다수의 소장품은 독보적인 역사적 가치를 인정받고 있다. 대표적으로 500점이 넘는 중세 아랍어 과학(의학, 수학, 천문학, 공학 등) 필사본이 있다. 여기에는 프톨레마이오스, 히포크라테스, 아리스토텔레스과 같은 고대 그리스의 저작을 중세기 아랍어로 기록한 희귀 필사본 등이 포함되어 있다. 이 같은 사료는 고대 중동-지중해 지역의 지식이 중세기 이슬람권으로 수용된 후 새로운 발전을 거쳐 훗날 유럽으로 다시 전파되는 과정을 이해하는데 매우 귀중한 자료로 평가받고 있다.

동시에 QDL은 근대 아랍에 관한 다양한 역사적 기록을 가장 많이 보유하고 있다. 아랍-이슬람권에 가장 많은 식민지를 보유했던 영국은 인도 사무국 기록(India Office Records)을 비롯한 영국의 각종 기관과 개인이 생산한 기록물들을 현재 영국국립도서관에 보유 중이다. 그 덕분에 18세기부터 20세기 전반까지의 걸프 지역 역사 관련 자료 47만여 쪽과, 2만 5천여 쪽의 중세 및 현대 아랍어 필사본 등을 비치하고 있다.

Ⅲ. 온라인 아랍 사전의 편찬

1. (언어) 사전(辭典, Dictionary, قاموس/معجم)

1) 알-마아니(alMaany)

알-마아니는 최초의 범용 온라인 디지털 아랍어 사전 중 하나로 이 분야의 대명사격에 해당한다고 볼 수 있다. 웹브라우저들의 아랍어 단어 검색 시 자동으로 최상단에 이 사이트로의 연결 링크가 제시될 정도로 높은 접근성을 보유하고 있어, 수많은 아랍어 온라인 사전 시장에서도 항상 독보적인 인지도와 조회수를 놓치지 않고 있다.

사전은 각 제시어에 대한 설명을 여러 종의 권위 있는 사전의 각기 다른 해설에서 수합하고 이를 병렬해서 제시하고 있다. 기본서인 아랍어-아랍어 사전은 검색어의 꾸란과 하디스 속 용례를 최상단에 제시하고, 이어 일반적 용례와 특정 전문분야에서의 활용까지 세분해서 정렬해 제시한다.

외국어 사전으로는 아랍어와 10가지 외국어(영어, 스페인어, 포르투갈어, 프랑스어, 터키어, 페르시아어, 인도네시아어, 독일어, 우르드어, 러시아어) 사이의 양방향 언어 사전을 제공 중이다. 그 밖에도 47개 분과별(이슬람, 꾸란, 인명, 군사, 방송, 농업, 경제, 기술, 행정 등) 색인과 Q&A, 오늘의 명언과 같은 다양한 부가 콘텐츠도 제공 중이다.

데스크탑으로는 모든 언어 사전을 무료로 제공 중이지만, 모바일 서비스는 아랍어-아랍어 사전을 비롯한 특정 사전만을 무료 제공 중이다. 그 밖의 사전들은 한화 약 2,300원의 이용료를 받고 있기 때문에 이용자 수가 훨씬 적다.

2) 아랍딕트(ArabDict)

아랍딕트는 아랍어-아랍어 사전과 더불어 6개의 외국어(영어, 독일어, 프랑스어, 스페인어, 이태리어, 터키어)와 아랍어 사이의 양방향 사전을 제공한다. 이 사전은 단어의 뜻을 알려주는 기능 외에도 각 언어별 번역, 교정, Q&A 서비스를 제공하고 있다. 또 단어 연습과 명예의 전당, 히스토리 기능과 같이 차별화되는 교육 콘텐츠를 제공하고 있다. 또한, 텍스트와 더불어 아랍어 음성 지원 기능도 제공한다.

사전	번역 쌍(이상)	문장
영어-아랍어	55만	3000만
독일어-아랍어	22만	750만
프랑스어-아랍어	17.5만	2500만
스페인어-아랍어	16.5만	1500만
이태리어-아랍어	15만	1200만
터키어-아랍어	15만	1200만

〈ArabDict에서 제공하는 번역 쌍과 예문 숫자〉[16]

3) 아라빅 렉시콘(Arabic Lexicon)

아라빅 렉시콘은 알마아니를 비롯한 대부분의 사전들이 제공하지 않는 특정 기능, 즉 각 단어의 용례별 출처를 제공한다. 세계에서 가장 크고 종합적인 아랍어 사전을 목표로 229,437개의 표제어를 수록한 이 사전은, 7세기부터 20세기까지 아랍세계가 발간한 대표적인 아랍어 사전 47개 모두를 수록하되, 각각의 단어가 서로 다른 뜻이나 용례로 사용된 경우를 출처별로 제시하여 구분하는 기능을 부가했다. 덕분에 사용자는 한 단어가 서로 다른 뜻과 용례를 가질 경우 특정 뜻과 용례가 어느 사전에만 수록되었는지를 확인할 수 있다.

또한 시대별로 사전을 배열하고 각각의 사전에 대한 간단한 해제를 기본 화면에 제시함으로써 검색자가 자신이 필요로 하는 특정 사전만을 골라 그 사전 만을 대상으로 단어를 검색하는 기능을 부여했다.

이 기능은 특정 시기의 사료를 연구하는 학자들이 해당 사료보다 후대의 사전을 참조함으로써 사료를 오독하는 경우를 미연에 방지해 준다. 또, 해당 사료가 발간된 지역과 시대에 가장 가까운 사전과, 사료의 저자가 참고하였

---

16 https://www.arabdict.com/?__cf_chl_tk=80ulUF4SJBXwHnwbDHhdUSYqULwd6VAe6Lumasrpo08-1756562374-1.0.1.1-dRwuQocb_Zw56psKjYGynNQdIzxnrsQHs83MTh0OoSc#google_vignette

을 확률이 가장 높은 사전이 제시한 뜻부터 우선적으로 검색하는 작업에도 유용하다.[17]

반면 이 사전은 어근으로만 단어 검색이 가능해 파생어를 통한 검색이 불가하다.[18] 즉 전통적 아랍어 사전 검색 방법에 익숙하지 않은 이에게 접근성이 떨어지고, 어근을 확인하기 어려운 단어를 찾는 경우 불편이 있다.

4) 더 리빙 아라빅 프로젝트(The Living Arabic Project)

살아있는 아랍어 사전을 표방한 더 리빙 아랍어 프로젝트는 대상이 되는 아랍어의 범주면에서 상기 모든 사전들과 차별화된다. 앞서 소개한 사전들이 표준 아랍어(Classical Arabic, *Fuṣḥā*)만을 서비스의 제공대상으로 한정하는 것과 달리, 이 사전은 표준 아랍어에 더해 다양한 지역의 아랍어 방언 사전(레반트, 이집트, 북아프리카, 걸프, 이라크, 수단, 예멘)을 제공한다. 특이하게 이 중 레반트 아랍어 사전만큼은 레반트 아랍어-아랍어 사전과 레반트 아랍어-영어 사전의 두 가지 서비스를 제공한다. 이 사전은 검색한 표제어의 어근과 영어 뜻, 그리고 예문도 함께 제공한다.

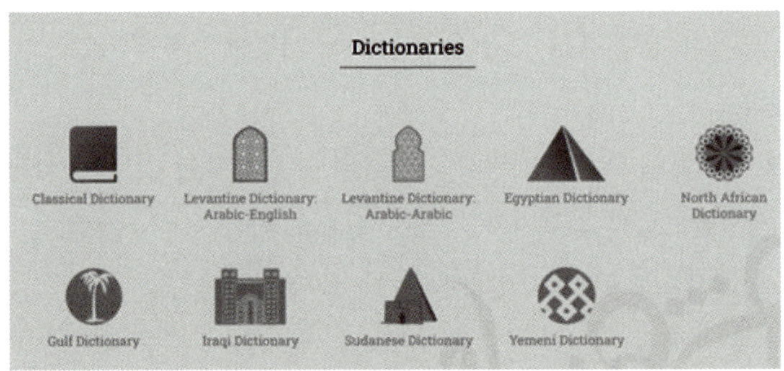

〈Living Arabic Project가 제공하는 사전 목록〉[19]

---

17 https://arabiclexicon.hawramani.com/
18 한자어의 부수 검색과 유사한 원리이다.
19 https://www.livingarabic.com/

5) 네이버 아랍어 사전

대한민국에도 다양한 종류의 아랍어 웹 사전이 온라인 서비스를 제공 중이다. 그 중 가장 많은 이용자를 보유 중인 사전은 네이버 아랍어사전이다. 네이버는 2003년 4가지 언어(국어, 영어, 일본어, 중국어)의 어학사전을 필두로 2025년 현재 18종의 한국어-아시아·아프리카어[20] 사전과 20종의 한국어-유럽·아메리카어 사전[21] 및 8종의 영어-외국어 사전[22]을 서비스 하고 있다. 그리고 부수적으로 단어 퀴즈, 파파고(번역기), 오픈사전, 참여번역 등의 서비스도 제공 중이다.[23]

그 중 아랍어 사전은 문화콘텐츠 기금의 후원으로 네이버 문화재단이 『한국어-아랍어 사전』[24], 『아랍어-한국어 사전』[25], 『한국어-아랍어 학습사전』[26]을 종합해 제작했다. 이 사전은 단어의 뜻, 예문, 숙어, 음성서비스(발음)를 제공한다.

이 사전들은 한국 사전의 장점을 살려 한국어 어휘와 표현이 풍부하게 담겨 있기 때문에 한국어와 관련된 사용에 특화되어 있다. 즉 한국인의 아랍어 검색뿐 아니라 아랍인의 한국어 학습, 연구, 번역 등에도 활발히 활용되고 있다.

---

20 네팔어, 라오스어, 몽골어, 미얀마어, 스와힐리어, 아랍어, 우르두어, 우즈베크어, 인도네시아어, 캄보디아어, 타갈로그어, 태국어, 테툼어, 페르시아어, 하우사어, 히브리어(현대), 히브리어(고대), 힌디어

21 그리스어(현대), 그리스어(고대), 네덜란드어, 노르웨이어, 덴마크어, 라틴어, 러시아어, 루마니아어, 스웨덴어, 알바니아어, 우크라이나어, 이탈리아어, 조지아어, 체코어, 크로아티아어, 튀르키예어, 포르투갈어, 폴란드어, 핀란드어, 헝가리어

22 영어-러시아어, 영어-베트남어, 영어-스페인어, 영어-인도네시아어, 영어-일본어, 영어-중국어, 영어-태국어, 영어-포르투갈어

23 네이버사전&지식백과 공식 블로그, https://blog.naver.com/dic_master/90122705391

24 송경숙·김능우, 『한국어-아랍어 사전』 한국외국어대학교 지식출판원, 2011.

25 박재원·김능우·김동환·윤은경·최진영, 『아랍어-한국어 사전』, 한국외국어대학교, 2011.

26 대한민국 정부 문화체육관광부 산하 국립국어원은 아랍어 외에도 10종의 외국어(러시아어, 몽골어, 베트남어, 스페인어, 영어, 인도네시아어, 일본어, 중국어, 타이어, 프랑스어) 학습사전과(https://www.korean.go.kr/front/page/pageView.do?page_id=P000014&mn _id=193) 6종의 한국어 사전(우리말샘, 표준국어대사전, 한국어기초사전, 근현대국어사전, 한국수어누리사전, 한국수어사전)을 온라인으로 제공 중이다. https://www.korean.go.kr/

2. 백과사전 (事典, Encyclopedia, دائرة المعارف)

1) 아랍백과사전(The Arabic Encyclopedia, الموسوعة العربية)

아랍연맹은 1950년대부터 아랍권이 공동으로 백과사전을 제작하는 구상을 추진했지만 그 과정은 순탄치 않았다. 결국 가장 적극적 행보를 보인 시리아가 1981년 아랍 백과사전 위원회(Institute of the Arabic Encyclopedia, هيئة الموسوعة العربية)를 출범시켜 단독으로 추진한 결과 1998년 제1권 발간을 시작으로, 총 24권의 백과사전을 완간했다. 이 중 22권은 표제어를 다룬 본 권으로, 한 권은 3가지 언어(아랍어, 영어, 프랑스어)로 된 용어집으로, 나머지 한 권은 색인으로 구성되어 있다.

위원회는 주로 외국의 시각과 입장에서 평가되어 온 아랍과 이슬람 문명의 주요 인물과 사건들을 사실에 근거한 온당한 평가로 대체하기 위해, 엄선된 객관적이고 과학적 정보에 기반한 이 백과사전을 편찬한다고 밝혔다. 이를 위해 백과사전은 아랍과 이슬람의 시각에서 정보를 수집하고 편집했으며, 위원회는 발간에 병행해 학술활동과 전시, 교육 활동을 병행하고 이와 관련한 연구기관 간의 협력 등의 활동을 펼쳤다.[27] 2016년, 이 백과사전의 공식 웹사이트가 개설되며 모든 항목에 무료로 온라인 접속이 가능해졌다.[28]

2) 이슬람 백과사전(Encyclopaedia of Islam)

이슬람은 아랍과 많은 부분을 공유하지만 엄연히 다른 개념임에도 불구하고, 이슬람을 알기 위해서는 아랍에 관한 일정 수준의 이해가 필수적이다. 마찬가지로 아랍에 관한 다양한 정보 역시 아랍 관련 백과사전보다 훨씬 더 많은 연구가 진척되어 있고 보다 광범위한 지역에 관한 지식을 보다 거시적

---

27 هدفها جمع التراث العربي والاسلامي، صدور المجلد الاول من الموسوعة العربية بدمشق
https://web.archive.org/web/20171226020839/http://www.albayan.ae/five-senses/1999-09-11-1.1032808

28 https://arab-ency.com.sy/

인 관점에서 포괄하는 이슬람 백과사전을 통해 습득이 가능하다.

특히, 이슬람학의 분야에서 세계적 권위를 지닌 Brill이 온·오프라인으로 발간하는 이슬람 백과사전은 세계 이슬람학 연구의 기준서 중 하나로 정평이 나 있다. 이 사전은 표제어별로 본문 내용에 대한 정확한 출처가 제시되어 있다.

무려 110여 년 전인 1913년부터 간행을 시작한 초판은 1938년에야 완간했고, 2판은 1954년부터 2005년까지, 3판은 2007년부터 현재까지 작성 중이다. 백과사전은 과거 발행한 1판과 2판의 전부와 3판에서 지금껏 작성된 항목 일체를 디지털화해서 온라인으로 공개 중이다. 이 방대한 백과사전은 현재 파키스탄의 펀잡(Punjab) 대학교에서 우르드어로 번역 중이다.

3) 위키시아(WikiShia)

위키시아는 시아파와 관련한 내용을 시아파의 시각과 자료를 담아 22개 언어(페르시아어, 아랍어, 영어, 우르드어, 터키어, 스페인어, 프랑스어, 인도네시아어, 러시아어, 중국어, 힌디어, 스와힐리어, 독일어, 벵골어, 타직어, 아제르바이잔어, 이태리어, 포르투갈어, 하우사어, 파슈툰어, 타이어, 미얀마어)로 제공하고 있다.[29]

이 사이트는 대부분의 온·오프라인 이슬람 관련 연구자료들이 이슬람 세계의 주류인 순니파의 자료와 관점을 대변하고 있는 현실에 대항해 시아파의 세계관과 해석을 제공하고자 발간했다. 이에 시아파 집단의 최대 후원자인 이란 이슬람 공화국 내의 종교도시이자 신학자 양성의 전당인 꼼(Qom)의 신학자들에 의해 2013년부터 준비에 착수해 이듬해 대통령에 의해 공식 출범했다. 이 백과사전은 이란의 종교기관인 아흘 알-바이트[30] 세계총회[31]에

---

29 한국에서 시아파를 이란의 종교처럼 집중 조명하는 것과 달리 시아파 인구 자체는 아랍과 이란에 비슷하게 분포한다. 아랍 제3의 인구 대국인 이라크 인구의 3분의 2가 시아파이고, 바레인 역시 70% 가까이가 시아파 신자다. 또 이란과 인접한 쿠웨이트, 사우디, 까타르 등에도 많은 시아파가 있다. 또, 예멘과 레바논 등지에는 이란과는 다른 분파의 시아파가 많다. 또 여타 아랍국가들과, 아랍과 이란을 제외한 국가들 여럿 역시 다수의 시아파 신도를 보유 중이다.

30 Ahl al-Bayt는 아랍어로 예언자의 가문이란 뜻이다. 즉 시아파가 이맘으로 추종하는 가문을 기관명으

소속되어 시아파의 사료, 전승, 연구자료, 의견을 적극적이고 광범위하게 포괄해서 현재 3만개 이상의 콘텐츠 페이지(페르시아어 약 2만5천개, 영어 약 4천개 등)로 제공하고 있다.

아흘 알-바이트라는 기관명과 시아라는 타이틀이 말해주듯 이 사전은 우선 시아파 신학자들이 연구한 시아파의 열두 명의 이맘들에 관한 모든 지식을 최우선으로 전하고, 이를 기반으로 한 세계사와 통치 원리(정치, 법학, 제도, 신학 등)를 비롯한 시아 관련 제반 사항에 관해 설명한다.

다만, 이 백과사전이 순니파와 의견을 달리하는 시아파의 견해만을 담은 것은 아니며, 두 종파가 의견을 같이하는 내용도 포함하고 있다.

4) 이란 백과사전(Encyclopedia Iranica)

이란 백과사전은 선사 시대부터 현대까지 이란 민족의 역사, 문화, 문명에 관한 포괄적이고 권위있는 정보를 제공하기 위해 영어로 제작된 백과사전으로 이란학 분야의 대표적 백과사전으로 간주된다. 사전은 이란 자체에 관한 지식 뿐 아니라 이란과 다른 문명권 사이의 교류에 관한 정보도 풍부히 담고 있기 때문에, 아랍처럼 이란 이외의 지역을 연구하는 연구자들 사이에서도 널리 활용되고 있다.

1973년부터 제작에 착수해 1,300명 이상의 저자가 참가한 이 프로젝트는 1985년부터 출간을 시작해 지금까지도 개정을 거듭하고 있다. 미국 콜럼비아 대학 이란학 센터가 주축이 되어 발간 중인 이 사전은 주로 이란계 학자들이 편집진의 주축을 이루고 있지만, 미국 대학의 기관이 발간에 참여하고, 미국 인문학 기금(NEH), 미국 학술 학회 협의회(American Council of Learned Societies) 등의 후원을 받는 등의 이유로 그 공정성에 의문을 가하는

로 내세운 기관이다.
31 이 기관은 이란에서 자행된 이슬람 혁명을 세계로 수출하고 이스라엘을 세운 시오니즘 세력을 팔레스타인으로부터 축출하는 등을 강령에 포함한다.

집단도 있다. 이에 반대하는 측에서는 미국과 관련이 없는 수많은 개인과 기관의 지속적인 대규모 후원을 받아 사전을 제작하고 있다는 사실을 근거로 제시해 공정성 시비에 반박하고 있다.

2015년 기준, 온라인에 공개된 항목은 약 7,300개에 해당하며, 그 중 약 1,100개 항목은 인터넷으로만 발간되었다.

Ⅳ. 아랍 문헌의 해독과 분석·관리에 사용 중인 디지털 툴

아랍 문헌의 디지털화는 문헌의 디지털화, 언어사전과 백과사전의 개발 외에도 다양한 인문학 연구 목적에 부합하는 툴을 개발 중이다. 그 중 가장 빠른 발전을 보이고 있는 분야는 필사본 연구 분야다. 본고는 그 중 가장 대표적인 두 사례를 제시한다.

1. OpenITI (Open Islamicate Texts Initiative)

OpenITI는 2016년 다양한 지역의 연구기관(런던 아가 칸 대학교 무슬림 문명 연구소, 메릴랜드 대학교 칼리지 파크 캠퍼스 로샨 페르시아 연구소, 함부르크 대학교)이 협력해서 이슬람 문화 연구에 필요한 디지털 인프라를 구축하고자 설립한 기관이다. 1단계 과제로 아랍어 문자의 광학 문자 인식(OCR), 필기 텍스트 인식(HTR, Handwritten Text Recognition), OCR과 HTR 출력 및 텍스트 인코딩에 적합한 아랍어 문자 표준의 개발, 이슬람 텍스트 코퍼스 개발과 같은 다양한 과제를 추진해왔다. 2단계는 기존 연구에 더해 페르시아어, 오스만 튀르크어, 우르드어와 같은 이슬람권의 주요 언어를 포함한 이슬람 문헌 코퍼스를 구축 중이다. 지금껏 개발한 다양한 결과물의 일부는 OpenITI 코퍼스 프로젝트 페이지를 통해 이용 가능하다.

　OpenITI 산하 사업의 하나인 eScriptorium은 애초에 히브리어와 라틴어 문헌 연구를 위해 2016년 프랑스에서 출범했다. 하지만, 2020년부터는 미국 기관과 협업 아래 아랍어를 포함한 여타 언어로 그 범위를 확장했다. 이 프로젝트는 문헌의 디지털화 자체와 함께, 이 데이터를 효율적으로 정확하게 축적, 정리, 관리하는 분야에서 큰 성과를 거두고 있다.

　구체적으로 필사본의 훼손된 부분이나 가독성이 떨어지는 부분[32]의 해독과 데이터화 과정에서 발생하는 오류를 해결, 필사본 안의 단어 검색, 글씨의 자동 분할과 인식 등의 기술을 활용해 각 문헌을 연구에 적합하도록 구조화하고, 접근성과 활용도를 향상시켰다. 특히 eScriptorium이 사용중인 OCR 소프트웨어 Kraken은 수기로 제작된 필사본의 처리와, 우횡서 언어 지원에 강하다는 장점이 있다.

2. 키탑 프로젝트(Kitab Project)

　키탑 프로젝트 역시 8세기부터 15세기 사이에 생산된 다양한 언어의 이슬람 필사본을 디지털 판독해서 축적하고 분석하는 다양한 기술 개발을 수행 중인 연구 사업이다.[33] 이 프로그램 역시 eScriptorium과 마찬가지로 여백 주석이나 다중 텍스트처럼 필사본을 편집해 인쇄할 때 포함하지 않는 여러 정보도 분석 대상에 포함했다.[34]

　키탑 프로젝트의 가장 차별화된 기능은 아랍어 텍스트 코퍼스(말뭉치)를 개발해서, 이를 문헌의 다면 분석에 활용하는 것이다. 일명 마일스톤으로도 부르는 300단어 단위의 코퍼스 passim을 제작하고, 이를 문헌별로 비교 분

32　독특한 필체, 비정렬적 텍스트의 배치, 여백 부분의 필기, 발췌문, 주석, 후대에 삽입 또는 제거한 내용 등
33　아가 칸 대학이 주도하고, 영국 학술원, 카타르 국립도서관, Andrew W. Mellon 재단 등이 후원 중이다.
34　알-키탑 프로젝트의 OCR분야에는 OpenITI도 참여하고 있다.

석하는데 활용해 그 결과를 시각 자료로 제공한다. 개발한 10,000개 이상의 코퍼스는 온라인으로 무료 개방되어 있다.

분석 결과를 통해 사용자는 비교하는 텍스트 간의 차이점과 공통점, 또 다른 위치에서 공유하는 부분 등을 각각 다른 색상의 하이라이트를 통해 한 눈에 확인할 수 있다. 이 프로젝트에 참여중인 Allen은 유튜브 영상을 통해서 이 프로그램이 각 저작물의 저자가 어떤 작품들을 얼마나 참조 또는 인용했는지를 보여줌으로써 텍스트 사이의 순환과 관계를 보여주고 이를 통계로 정리하고 있음을 강조한다.[35]

3) 휴메인(HUMAIN)

휴메인은 사우디아라비아의 국부펀드(Public Investment Fund, PIF)가 차세대 데이터 센터, AI 인프라 및 클라우드 기술, 첨단 AI 모델 및 솔루션, 세계 최강의 멀티모달 아랍어 대규모 언어 모델(LLM) 등의 개발을 목표로 설립한 AI기업이다.[36]

휴메인의 출범식에서 사우디의 왕세자 무함마드 빈 살만은 휴메인을 통해 사우디가 AI 혁신과 인프라 분야의 선도 국가가 될 것이라고 천명하며 직접 이 기금의 의장직에 올랐다. 당시 발표회에는 도널드 트럼프 미국 대통령과 일론 머스크, 샘 알트만, 아빈드 크리슈나, 앤디 제시, 젠슨 황과 같은 AI분야 거물들이 참석해서 18,000대 이상의 Blackwell GPU 1차 공급 및 향후 추가 공급, AMD의 공동 AI 인프라 프로젝트 100억 달러 투자, Amazon Web Services의 50억 달러 규모 AI 존을 설립을 비롯한 대규모 계약을 체결했다.

휴메인의 주요 목표에는 디지털 아랍어 생태계를 구축하고, 디지털 문화

---

35   Allen, Jonathan Parks, Arabic Script Manuscript Digitization Talk, https://youtu.be/s5hzq70Wg00?si=fBtPTQeg_vZ-shsh

36   Humain, https://www.humain.ai/en/?ref=https%253A%252F%252Fwww.google.com%252F

콘텐츠의 활용도를 극대화시키는 것이 포함되어 있다. 때문에 이에 대한 투자와 기술 발전은 향후 아랍어 고전과 인문학의 디지털화와 산업화 분야에 신기원을 이룩할 잠재력을 내포한다. 즉 아랍 고전 텍스트의 발굴과 수집, 해석과 연구, 보존과 축적 뿐 아니라 이를 유통하고 대중화하는 동시에 문화콘텐츠 형태로 전환시키는 단계로 발전시킬 동력이 되리라는 기대를 받고 있다.

무엇보다 휴메인은 사우디가 추진 중인 탈석유 국가산업구조 개조 프로젝트인 비전2030의 주요 분야 가운데 하나이다. 즉 휴메인은 사우디 왕실이 자국의 AI 인프라 구축과 서비스를 제공하는 창구로써, 장차 사우디가 글로벌 AI 혁신을 주도하는 선도 국가로 발돋움시키기 위해 추진중인 과제다. 즉 사우디는 휴메인이 자국 산업 구조를 석유제조업에 치우친 경제 구조를 지식 경제로 전환해가는 과정에서 첨단 기술 분야의 산업 생태계와 일자리를 창출하는 핵심 추진체로 역할하리라는 기대와 전망을 내놓고 있다.

V. 맺음말: 결론과 전망

아랍 문헌의 디지털화는 아직 진행 초기단계이고 관련된 기술의 개발과 시장의 동향 역시 안정기에 안착하기 이전의 유동적 상태이다. 그럼에도 불구하고 본고는 다음과 같은 몇 가지 현황과 전망을 도출할 수 있었다.

첫째, 아랍어 문헌의 디지털화 연구는 모든 아랍국가들의 사업일 뿐 아니라 더 많은 이슬람국가들과, 구미권을 위시한 비이슬람권의 공공과 민간이 의욕적으로 추진 중인 과제이다. 이들은 개별 단위에서도 사업을 진행 중이지만, 보다 많은 경우 기관 간의 협력을 통해 프로젝트를 추진하고 있다.

둘째, 아랍 문헌의 아카이빙은 특정 종교나 분야에 한정되지 않고 전 분야에 걸쳐 급속도로 발전 중이다. 다수의 전문가들은 지금까지의 OCR/HTR 발전속도 등을 볼 때 향후 2035년 전까지는 대부분의 아랍어 문헌에 대한 디저털화가 완료될 것이라고 예측하고 있다. 이와 함께 아카이빙 대상도 초기의 문서 위주에서 점차 비문자적 문화 유산으로 확장 중이다.

셋째, 디지털화된 결과물에 대한 관리와 활용분야 역시 빠르게 발전 중이다. 여기에는 디지털 필사본의 관리, 관련 문화 컨텐츠물의 개발, 가상현실과 가상인격의 개발 및 관련 윤리적 사항의 정리와 표준화 및 법제화 등이 포함된다.

넷째, 아랍 문헌의 디지털화는 AI 기술의 발전과 함께 더 가속화되고 있다. 또한 AI 기술과 함께 발달한 디지털 아랍 문헌은 AI의 시장성 신장에 크게 기여할 것으로 기대된다. 이런 선순환 구조는 아랍 세계의 발전에 그치지 않고, 이슬람권 및 여타 문명의 역사와 교류 및 발전 과정에 대한 이해에 크게 도움을 줄 전망이다. 이는 다시 인문학 전체와 문화컨텐츠, AI 분야 등의 다른 산업과의 선순환적 파생 승수효과를 야기할 것으로 기대된다.

마지막으로, 한국은 디지털 아랍어사전의 개발과 같은 부분적 시도와 성취를 이루었음에도 아직 해당 분야에 대한 전략과 체계적 준비가 부족하다. 아랍어 전문가 풀의 규모도 작은 데다가, 세부적으로 아랍어의 OCR/HTR를 개발하고 서체 자료를 수집하거나 필사본 해독을 전문적으로 할 수 있는 인력의 확보와 양성도 미진하다.

이를 해소하기 위해서는 기간별 로드맵을 설정하고 지휘할 기관을 설립하면서 국제 연구 협력을 확대하는 시도가 필요하다고 본다. 이 분야에서 뒤처지는 것은 향후 인문학과 문화콘텐츠 분야 등의 발전에 필요한 큰 기회를 놓치는 것이자, 다가오는 인공지능화 시대의 주요한 국가 경쟁력 확보에 필요한 중요한 고리를 빠뜨리는 패착이기 때문이다.

전근대 일본의 한일 대역 학습서 DB 구축에 대한 구상

—

허 인 영

인하대학교 한국어문학과 조교수

—

Ⅰ. 머리말
Ⅱ. 전근대 일본의 한국어 교육과 한일 대역 학습서
Ⅲ. 한일 대역 학습서의 DB 구축 방안
Ⅳ. 맺음말

I. 머리말

이 글의 목적은 전근대 시기 일본에서 만들어진 한일 대역 학습서의 편찬 배경과 자료에 대해 소개하고, 디지털 인문학적 관점에서 해당 자료들을 데이터베이스(DB)로 구축하기 위한 방안에 대한 예비적인 구상을 제시해 보는 것이다.

오늘날 전 세계의 많은 나라들에서는 외국인을 위한 자국어 학습서와 자국민을 위한 외국어 학습서가 편찬된다. 그러나 지금처럼 국가 간의 교류가 활발하지 않아 국경을 넘는 일이 쉽지 않았던 전근대 시기에는 외국인을 위한 자국어 학습서가 거의 만들어지지 않았다. 외교나 무역 등 실용적인 필요에 의해 자국민을 위한 외국어 학습서가 만들어지는 경우가 대부분이었다. 한국과 일본 또한 마찬가지였다. 지리적으로 인접해 있어 고대로부터 교류가 이어져 온 한반도와 일본 열도의 국가들은 상대방의 언어를 이해하기 위해 노력할 수밖에 없었다. 특히 한국과 일본에서 자국의 문자인 한글과 가나(假名)가 발달한 이후에는 이러한 문자들로 상대방의 언어를 표기하는 경우도 생기게 된다. 특히 일본에서 가나로 한국어를 표기한 자료는 가장 멀리는 고려시대까지 거슬러 올라갈 수 있을 정도인데, 본격적으로 기록되기 시작한 것은 16세기 무렵부터이다. 수십~수백 개의 어휘를 수록한 어휘집이나 이야기 또는 대화를 바탕으로 한 회화서가 만들어지면서, 일본에서 한국어 학습서는 19세기 말까지 적지 않은 양이 편찬되었다.

이러한 자료들의 존재 자체는 근대적인 한국어 연구 초기부터 알려져 있었으나, 본격적으로 다루어지지는 못했다. 여기에는 여러 가지 이유가 있겠으나, 일본에서 편찬된 자료에 대한 접근성이 낮다는 점과 함께 한글이 아닌 가나로 한국어가 표기된 자료가 적지 않아 이들 자료의 한국어를 복원하는 데 어려움이 있다는 것이 난점으로 작용한 것으로 보인다. 그러나 이들 자료는 당시의 한국어, 특히 구어(口語)로서의 한국어가 어땠는지를 알기 위해 매우 소중한 자료이다.[1] 그러나 아직까지는 영인본이나 연구 논저를 통해 간접적으로만 자료를 접할 수 있어 접근성이 지나치게 떨어진다.

바로 이러한 접근성의 한계와 자료 자체의 복잡성 때문에 디지털 인문학적 접근 방식의 필요성이 대두된다. 단순히 자료를 이미지나 텍스트 파일로 만드는 것을 넘어, 구조화된 데이터베이스로 구축하는 것은 이러한 장벽을 극복하는 핵심적인 방법론이다. 잘 설계된 데이터베이스는 흩어져 있는 자료에 대한 통합적인 접근을 가능하게 하고, 전체 자료의 체계적인 분석과 함께 다양한 자료 간의 비교 연구를 용이하게 한다. 즉, 이 자료들의 잠재력을 최대한 살리는 연구 기반을 조성하기 위해 디지털 데이터베이스 구축은 선택이 아닌 필수이다. 다만 사용된 언어와 문자 또한 기존의 한국어학에서 중심으로 삼아왔던 국한혼용문 또는 한글 전용으로 된 언해문이나 원국문본(原國文本)과는 다르다. 이 자료들의 DB 구축을 구상할 때에는 반드시 이러한 점을 염두에 두어야 할 것이다.

---

1   전근대 시기 일본에서 만들어진 한국어 학습서가 한국어의 역사적 연구에 기여할 수 있는 바에 대해서는 다음의 연구 성과를 참고하기 바란다. 허인영, 「전근대 일본 자료에 나타나는 한국어의 구어와 문어」, 『韓國語文敎育硏究會 第238回 全國 學術大會: 구술성과 문자성, 구어와 문어 사이』 발표자료집, 11-29면, 2022.; 허인영, 「가나 전사 자료 연구의 회고와 전망」, 『2024년 국어학회·조선어연구회 공동 학술대회 발표자료집』, 119-136면, 2024.

본고에서는 먼저 전근대 일본에서 한국어 학습 체계가 성립된 역사적 배경과 자료의 유형 및 특징을 개괄한다. 이어서 데이터베이스 구축의 핵심적인 고려 사항들을 논의하고, 자료의 유형(어휘집과 회화서)에 따라 적합한 데이터베이스 모델(관계형 데이터베이스와 TEI-XML)을 평가하고 선택하는 과정을 제시한다. 나아가 각 모델에 따른 구체적인 데이터 구조화 방안과 인코딩 전략을 예시와 함께 상세히 제안할 것이다. 마지막으로 구현 시 고려할 사항과 데이터베이스의 활용 가능성을 논하며 결론을 맺고자 한다.

Ⅱ. 전근대 일본의 한국어 교육과 한일 대역 학습서

1. 전근대 일본의 한국어 교육

1880년대 이전, 전근대 시기 한반도와 일본 간의 교류는 상당히 제한적인 형태로 이루어졌다. 역사 기록상으로는 12세기 중엽부터 조선과 일본 사이에 있는 쓰시마(對馬)에서 고려로 진봉무역(進奉貿易)이 이루어졌다. 이러한 무역 관계는 고려 후기로 가면서 깨지기 시작해 13세기부터는 왜구의 출몰이 빈번해졌다. 한편 조선시대에 들어와서는 초기에 쓰시마를 정벌하기도 하였으나, 점차 상황이 안정되면서 쓰시마를 통하여 주로 중개 무역이 이루어졌다.

조선 전기 쓰시마의 조선어 교육은 그야말로 주먹구구식으로 이루어졌던 것 같다. 田代和生(1991)에 따르면, 쓰시마에는 15세기까지 거슬러 올라가는 사무라이 집단이 있었다. 이들은 쓰시마 땅이 좁고 척박하여 번주(藩主)로부터 따로 토지를 하사받지 않는 대신에 통역과 무역에 종사하는 특권을 부여받게 되었다. 나중에 이들은 '고로쿠주닌(古六十人)'으로 불리게 되었는

데, 대대로 쓰시마에서 조선어 통역과 대(對)조선 무역에 종사하였다. 고로쿠 주닌의 후예들은 임진왜란 때 통역으로 차출되기도 하였다. 그런데 이들의 통역과 무역 종사는 세습되었으므로 교육 역시 구전(口傳)과 도제식 교육에 의존할 수밖에 없어 통역의 질적 향상을 기대하기는 어려웠다. 즉, 초기 한국어 학습은 당장의 무역과 외교 실무라는 기능적 요구에 의해 주도되었으며, 체계적인 교육 시스템과는 거리가 멀었다.

쓰시마의 조선어 교육은 18세기 들어 중요한 전환점을 맞이한다. 그 계기는 유학자 아메노모리 호슈(雨森芳洲, 1668-1755)의 등장이었다.[2] 호슈는 교토의 의사 집안 출신으로, 당대의 유명한 유학자인 기노시타 준안(木下順庵) 문하에서 공부한 뒤 1692년 쓰시마에 부임하였다. 이후 사절단의 한 사람으로 부산에 건너갔다가 통역들의 한국어 실력이 지나치게 부족함을 통감하고 직접 2년 동안 부산 왜관에 머무르며 한국어를 습득하였다. 쓰시마로 돌아간 이후에는 1711년과 1719년의 통신사행을 수행하며 신유한(申維翰, 1681-1752) 등 조선 학자들과 교류하기도 했다. 호슈는 체계적인 한국어 교육을 위해 1720년 쓰시마번에 「韓學生員任用帳」을 제출하였다. 그의 제안이 받아들여져 1727년에는 최초의 한국어 통역관 양성소인 한어사(韓語司)가 설립되었다. 이는 조선어 교육이 실용적 필요를 넘어 학문적 체계를 갖춘 교육으로 나아가는 중요한 발걸음이었다.

한어사에서는 9세부터 17세까지의 학생들을 대상으로 하여, 오전에는 전날의 복습과 회화, 강독과 작문, 회화, 점심식사 이후로는 새로운 내용의 학습이 이루어졌다. 수업은 학생들의 수준에 따라 달리 이루어졌다. 이러한 교육과정은 메이지 시대까지 이어지다가, 조선과의 외교 창구가 메이지 신 정부로 단일화된 이후에는 통역관 양성 과정 또한 메이지 정부로 넘어갔다.

---

2   아메노모리 호슈의 삶에 대해서는 다음의 연구 성과를 참고하기 바란다. 上垣外憲一, 『雨森芳洲: 元禄享保の国際人』(講談社学術文庫), 東京:講談社, 1989/2005.; 허인영, 「아메노모리 호슈(雨森芳洲), 『전일도인(全一道人)』」, 『개념과 소통』 24, 193-194면, 한림대학교 한림과학원, 2019.

메이지 정부의 외무성은 1872년 쓰시마에 한어학소(韓語學所)를 설치했다가 이듬해 부산으로 이전하여 초량관어학소(草梁館語學所)로 개칭하였으며, 이 기관은 1880년에 폐지되었다.[3] 이처럼 전근대 일본의 한국어 교육은 초기 실용적 필요에 따른 비체계적 학습에서 출발하여, 아메노모리 호슈와 같은 학자의 노력으로 점차 제도화되고 체계화되는 과정을 겪었다. 이러한 교육 시스템의 발전은 이후 살펴볼 한일 대역 학습서 편찬의 중요한 배경이 되었다.

2. 전근대 일본의 한일 대역 학습서 개관

데이터베이스 구축의 실제를 다루기 전에, 이 글에서 구축 대상으로 삼는 '전근대 일본의 한일 대역 학습서'의 범위를 명확히 할 필요가 있다. 이 용어는 다음과 같은 네 가지 기준으로 정의된다.

① 전근대: 구체적으로는 19세기 말 이전, 더 좁히면 17세기부터 19세기 중반까지 약 250여 년 가량의 시기를 가리킨다.

② 일본: 해당 자료가 쓰시마를 중심으로 하여 일본 열도 내에서 편찬되었음을 의미한다. 이는 한국에서 편찬된 일본어 학습서[倭學書]와는 편찬 목적, 내용, 언어 표기 방식 등에서 뚜렷한 차이를 보이므로 구분된다.[4]

③ 한일 대역: 학습 대상 언어인 한국어 원문과 일본어 번역문이 함께 실려 있음을 의미한다. 현대의 '번역(translation)'이라는 용어는 그 과정에서 원문은 사라지고 결과물만 남는 경우를 연상시키기 때문에 오해의 소지가 있

---

3 쓰시마에서의 한국어 교육의 역사에 대해서는 다음의 연구 성과를 참고하기 바란다. 정승혜, 「對馬島에서의 韓語 敎育」, 『어문연구』 34-2, 37-58면, 한국어문교육연구회, 2006.; 박진완, 「초량관어학소의 조선어 교육방식 연구」, 『한국어교육』 26-2, 97-124면, 국제한국어교육학회, 2015.

4 왜학서의 개념과 한국어학적 연구 성과에 대해서는 다음의 연구 성과를 참고하기 바란다. 허인영, 「왜학서에 대한 한국어학적 연구의 회고와 전망」, 『국어사연구』 34, 69-102면, 국어사학회, 2022.

다. 따라서 이 글에서는 원문과 번역문이 공존하는 자료의 특징을 강조하기 위해 '대역(對譯)'이라는 용어를 사용한다.

④ (한국어) 학습서: 일본인이 한국어를 학습하기 위한 목적으로 만들어진 교재임을 명시한다. 한국에서 편찬된 일본어 학습서에 대해서도 DB가 구축될 필요가 있으나, 자료의 성격이 상당히 다르므로 현 단계에서는 일본에서 편찬된 한국어 학습서로 범위를 한정한다.

이러한 기준에 해당하는 전근대 한일 대역 학습서는 크게 두 가지 유형으로 나눌 수 있다.[5]

● **어휘집**: 이 유형의 자료들은 대체로 특정 주제나 분류 체계에 따라 한자 표제어를 제시하고, 그 아래에 해당 어휘의 한국어 표기(가나 또는 한글)와 일본어 대응어 또는 간단한 뜻풀이를 병기하는 형식을 취한다. 상세한 정의나 용례는 부족한 경우가 많아 현대적인 의미의 '사전'보다는 '어휘집'이라는 명칭이 더 적합하다. 대표적인 예로는 「高麗詞之事」(1660 이전), 『朝鮮人來朝義式』, 『和漢三才圖會』(1712), 『朝鮮物語』(1750), 「韓語覺書」(18세기 전반), 『物名』(18세기 후반?) 등이 있다.

● **회화서**: 이 유형은 실제 대화 상황을 상정한 문답, 이야기, 특정 상황별 표현 등을 담고 있는 자료를 포괄한다. 어휘 수준을 넘어 문장 단위의 텍스트를 통해 의사소통 능력을 향상시키려는 목적을 가진다. 엄밀한 의미의 회화문만 있는 것은 아니지만, 문장 수준의 텍스트를 포함한다는 점에서 넓은 의미의 회화서로 분류할 수 있다. 대표적인 예로는 아메노모리 호슈가 편찬한 『全一道人』(1729 서문)와 함께 『朝鮮語譯』(1750 필사), 다양한 이본이 존재하는 『講話』, 『交隣須知』, 『隣語大方』 등이 있다.

---

5   허인영, 『전사 자료를 통해 본 한국어 전설모음의 형성 과정』(民族文化硏究叢書 163). 67-74면, 고려대학교 민족문화연구원, 2021/2023.

이들 전근대 일본의 한일 대역 학습서는 그 수가 방대하지는 않지만, 상당한 양이 현존하며 지속적으로 발굴·연구되고 있다.[6] 물론 일본인 학습자가 편찬한 자료이므로 오류가 포함되었을 가능성을 배제할 수 없으며, 한국인이 한글로 기록한 국내 문헌 자료에 비해 양과 질 모든 면에서 뛰어나다고 단언하기는 어렵다. 그러나 외국인 학습자의 시각은 오히려 모어 화자가 당연하게 여겨 간과할 수 있는 언어적 특징, 특히 발음이나 구어적 표현을 포착하는 데 유리할 수 있다는 점에서 이 자료들의 중요성은 결코 작지 않다.[7]

자료의 형태적 측면에서 볼 때, 어휘집과 회화서는 그 구조적 특징에서 명확한 차이를 보인다. 어휘집은 대개 '한자 표제어-한국어 대응어-일본어 대응어/뜻풀이' 또는 '한국어 표제어-일본어 대응어/뜻풀이'라는 비교적 정형화된 구조를 반복하는 반면, 회화서는 이야기나 대화의 흐름에 따라 내용이 전개되며, 이야기 내부에서도 단락이 나뉘는 등 더 복잡하고 계층적인 구조를 가질 수 있다. 또한, 한국어 표기 방식의 차이(가나 또는 한글)와 일본어 번역문의 존재 등 여러 층위의 텍스트 정보가 공존한다. 이러한 자료 형식상의 차이는 후술할 데이터베이스 설계 방식에 직접적인 영향을 미친다. 즉, 어휘집의 정형성은 관계형 데이터베이스 모델에 적합한 반면, 회화서의 복잡하고 다층적인 구조는 TEI-XML과 같은 마크업 기반 모델링에 더 유리함을 시사한다.

---

6   岸田文隆, 「早稲田大学服部文庫所蔵の「朝鮮語訳」について: 「隣語大方」との比較」, 『朝鮮学報』199· 200, 1-35면, 朝鮮学会, 2006.; 岸田文隆, 「韓国国会図書館所蔵「(秘書)朝鮮通言国字」の朝鮮語かな表記について」, 『譯學과 譯學書』4, 47-82면, 譯學書學會, 2013.; 岸田文隆, 「富山市立図書館山田文庫所蔵「朝鮮口聞書」解題ならびに翻刻」, 『ユーラシア諸言語の動態 Ⅲ: 言語の多様性と類型と混成言語』, 21-48면, 神戸市看護大学 / ユーラシア言語研究コンソーシアム, 2019.; 箕輪吉次, 「江戸時代通俗書における朝鮮語假名書き」, 『일어일문학연구』76-1, 39-65면, 한국일어일문학회, 2011.

7   허인영, 앞의 책, 54-58면.

Ⅲ. 한일 대역 학습서의 DB 구축 방안

1. 디지털화의 당위성과 핵심 과제

전근대 한일 대역 학습서의 데이터베이스 구축은 단순히 자료를 디지털 형태로 옮기는 것을 넘어선다. 이는 흩어져 있는 자료에 대한 접근성을 획기적으로 개선하고, 기존의 연구 방법론으로는 어려웠던 새로운 분석 가능성을 여는 핵심적인 작업이다. 단순한 이미지 스캔이나 원문 텍스트 파일 제공만으로는 자료의 내용을 체계적으로 검색·비교·분석하는 데 한계가 있다. 구조화된 데이터베이스는 이러한 한계를 넘어, 자료를 검색 가능하고 분석 가능한 데이터로 변환함으로써 양적 분석, 자료 간 상호 비교, 복잡한 언어학적 질의 등을 가능하게 한다.

그러나 이러한 자료들을 효과적으로 디지털화하고 데이터베이스로 구축하는 데에는 선결되어야 할 몇 가지 중요한 과제가 존재한다.

● **자료의 이질성**: 앞서 살펴보았듯이, 이 자료군은 구조가 비교적 단순하고 정형화된 어휘집과, 내용이 복잡하고 계층적인 구조를 지닌 회화서로 나뉜다. 이처럼 서로 다른 성격의 자료를 단일한 틀 안에서 효과적으로 처리하기 위해서는 유연하고도 복합적인 데이터 모델링 전략이 요구된다.

● **문자 체계의 복잡성**: 이 자료군에는 한자, (옛)한글, 가나가 혼용되어 나타난다. 특히 가나 표기는 당시 한국어 음운에 대한 중요한 정보를 담고 있지만 해석과 복원 과정이 필요하다. 또한 이를 데이터베이스 내에서 어떻게 표현하고 관리할 것인지가 중요한 문제이다.

● **다층적 텍스트 정보**: 많은 자료들이 원본 한국어 표기(특히 가나 표기), 연구자에 의해 복원된 한글 표기, 일본어 대역문, 그리고 경우에 따라서는

『全一道人』처럼 한국어 표기의 원문에 해당하는 한문 텍스트까지 여러 층 위의 텍스트 정보를 동시에 포함한다. 데이터베이스는 이러한 다양한 텍스트 층위 간의 관계를 명확하게 표현하고 관리할 수 있어야 한다.

● **주석 정보의 필요성**: 단순한 텍스트 전사를 넘어, 언어학적 분석(예: 가나 표기에 반영된 음운 정보, 형태소 분석), 서지 정보(저자, 연대, 소장처 등), 자료의 구조적 요소(장, 절, 항목 등)에 대한 상세한 주석(annotation)을 부가하고 이를 데이터베이스에 통합해야 자료의 활용 가치를 극대화할 수 있다.

● **오류 가능성 처리**: 일본인 학습자가 편찬한 자료이므로, 한국어 표기나 내용에 오류가 포함될 수 있다. 데이터베이스는 원문의 정보를 충실히 반영하되, 필요한 경우 이러한 오류 가능성을 표시하거나 관련 주석을 추가할 수 있는 방안을 고려해야 한다.

이러한 과제들을 해결하기 위해서는 자료의 특성을 면밀히 분석하고, 각 특성에 가장 적합한 데이터베이스 모델과 인코딩 방식을 신중하게 선택하는 것이 필수적이다.

2. 데이터베이스 모델 평가 및 선정

복잡한 인문학 데이터를 구축하기 위해 사용 가능한 모델로는 관계형 데이터베이스(Relational Database, RDB), 문서지향 데이터베이스(Document-Oriented Database), 그래프 데이터베이스(Graph Database), 시맨틱 데이터베이스(Semantic Database) 등이 있다. 각 모델은 고유한 장단점을 가지므로, 대상 자료의 특성과 데이터베이스 구축 목적에 가장 부합하는 모델을 선택해야 한다.

1) **관계형 데이터베이스**: 데이터베이스의 주류로, 데이터를 행(row)과 열(column)로 구분하여 일종의 표 형태로 저장된다. 이렇게 저장된 데이터는 흔히 SQL(Structured Query Language)과 같은 일종의 프로그래밍 언어로 관리된다.[8] 역사가 오래되어 안정성과 신뢰성이 높고, 정형화된 데이터를 효율적으로 처리하는 데 강점이 있다. 그러나 미리 정의된 스키마(schema) 구조를 변경하기 어렵고, 데이터가 2차원의 표 형태이므로 텍스트의 계층 구조나 가변적인 정보를 유연하게 처리하는 데는 한계가 있다. 이러한 특성상, 항목별 구조가 비교적 일정하고 규칙적인 어휘집 데이터를 관리하는 데는 매우 적합하지만, 내용과 구조가 복잡한 회화서 텍스트 전체를 담기에는 부적합하다.

2) **문서지향 데이터베이스**: XML(Extensible Markup Language)이나 JSON(JavaScript Object Notation) 등 문서 형식의 데이터를 저장·검색·관리하는 데 특화되어 있다. 각 문서가 독립적인 데이터 단위로 취급되며, 관계형 데이터베이스처럼 엄격한 스키마를 요구하지 않아 유연성과 확장성이 높다. 반정형(semi-structured) 데이터를 다루기에 용이하여 회화서와 같은 텍스트 자료 처리에 활용될 수 있다. 그러나 문서들마다 구조가 상이할 경우 여러 문서를 통합하여 분석하기 어려울 수 있으며, 특히 텍스트 내의 세밀한 인라인 주석이나 여러 텍스트 층위 간의 정교한 연계 표현에는 TEI-XML과 같은 특화된 표준을 사용하는 것이 더 효과적일 수 있다.

3) **그래프 데이터베이스**: 데이터를 노드(node), 에지(edge), 속성(property)으로 구성된 그래프 구조로 표현한다. 그래프 데이터베이스에서는 노드들이 에지를 통해 연결되는 관계와 노드나 에지가 지니는 속성이 중요하다. 데이터들이 연결되는 관계를 표상하는 데 유리하므로, 인물 관계망, 사건 연관성, 개념 지도 등을 구축하는 데 유용하다. 한일 대역 학습서 자료군 내의 저

---

8   Elmasri, Ramez, and Shamkant B. Navathe. *Fundamentals of Database Systems* (7th edition), pp. 149-157. (Pearson, 2016)

자, 문헌, 등장인물 간의 관계나 특정 언어 현상의 문헌 간 분포 등을 탐색하는 데 활용될 잠재력은 있으나, 회화서 텍스트 자체의 복잡한 내부 구조나 다층적 텍스트 정보를 표현하는 데는 최적의 모델이라고 보기 어렵다. 주 데이터베이스를 보완하는 형태로 활용될 수 있다.

4) **TEI-XML**: TEI(Text Encoding Initiative)는 인문학 분야에서 텍스트 자료를 디지털 형태로 인코딩하기 위한 사실상의(de facto) 국제 표준이다 (TEI P5 Guidelines). XML 기반의 마크업 언어로 텍스트의 복잡한 계층 구조, 다양한 주석 정보(언어학적, 서지적, 해석적), 여러 버전의 텍스트 병렬 표시 등을 매우 효과적으로 표현할 수 있다. 회화서와 같이 구조가 복잡하고 여러 텍스트 층위와 주석 정보가 결합된 자료를 인코딩하는 데 가장 적합한 방식으로 평가된다. TEI 문서는 그 자체로 파일 시스템에 저장하거나, Native XML Database(문서지향 DB의 일종)에 저장하여 관리할 수 있다.[9]

5) **시맨틱 데이터베이스**: 데이터를 '주어-서술어-목적어'의 트리플(triple) 형태로 표현하는 RDF(Resource Description Framework)와 온톨로지(ontology)를 기반으로 데이터의 의미 관계를 명시적으로 정의하고 연결한다. 데이터베이스 내부의 정보뿐만 아니라 외부의 Linked Open Data 자원과의 연결을 통해 지식 네트워크를 확장하는 데 강점이 있다. 특정 언어 현상이나 역사적 맥락에 대한 형식화된 지식 그래프를 구축하는 데 유용할 수 있으나, 텍스트 자체의 구조를 상세하게 표현하는 것이 주 목적이라면 TEI-XML에 비해 구현이 복잡할 수 있다.

각 모델의 특성을 고려할 때, 전근대 한일 대역 학습서 자료의 이질적인 특성을 가장 효과적으로 반영하는 방안은 단일 모델을 고집하기보다는 하이브리드(hybrid) 접근 방식을 채택하는 것이다. 즉, 구조가 정형화된 어휘집

---

9   Elmasri, Ramez, and Shamkant B. Navathe. *Ibid.*: 제17장.

자료는 관계형 데이터베이스(RDB)로 구축하고, 구조가 복잡하고 다층적인 회화서 자료는 TEI-XML 표준에 따라 인코딩하여 관리하는 것이 최적의 방안으로 판단된다. 이는 각 자료 유형의 특성에 가장 적합한 기술을 적용함으로써 데이터의 정확성과 활용성을 극대화하려는 실용적인 선택이다. 인문학 연구에서 다양한 형태의 자료를 다룰 때, 각 자료의 특성에 맞는 최적의 도구를 선택하여 조합하는 것은 데이터의 손실을 최소화하고 연구 효율성을 높이는 중요한 원칙이다.[10]

3. 데이터 구조화 및 인코딩 전략

3.1. 어휘집 구조화: 관계형 데이터베이스

어휘집 자료는 항목별로 정보 구조가 비교적 일정하게 반복되므로, 관계형 데이터베이스(RDB) 모델이 효율적이다. RDB는 구조화된 질의(SQL)를 통해 특정 조건에 맞는 데이터를 쉽게 검색하고 통계 처리하는 데 유리하다. RDB에서 어휘집 자료의 스키마를 설계하는 데 필요한 원칙 및 심화 방안은 다음과 같다.

● **정규화**(Normalization) **전략**: 데이터의 중복을 최소화하고 일관성을 유지하기 위해 정규화 원칙을 적용한다.[11] 예를 들어, 반복적으로 나타나는 일본어 뜻풀이나 특정 분류 정보는 별도의 테이블로 분리하고 기본 테이블과 연결할 수 있다. 그러나 역사 자료의 특성상 각 항목의 정보를 한눈에 파악하는 것이 중요할 수 있으므로, 과도한 정규화보다는 검색 및 분석 효율성을 고

---

10   Schreibman, Susan, Ray Siemens, and John Unsworth, eds. *A Companion to Digital Humanities*. (Blackwell Publishing, 2004): 제15·17장.

11   Elmasri, Ramez, and Shamkant B. Navathe. *Fundamentals of Database Systems* (7th edition), pp. 459-471. (Pearson, 2016)

려한 적절한 수준의 정규화를 목표로 한다.

● **이본**(異本) **정보 관리**: 동일 어휘집의 여러 필사본이나 판본을 관리하기 위해 메타데이터 테이블에 ManuscriptID(필사본/판본 고유 ID) 필드를 추가하고, 어휘 항목 테이블에는 이 ManuscriptID를 외래 키로 포함하여 각 항목이 어느 이본에서 유래했는지 명확히 한다. 이본 간의 주요 차이점은 별도의 비교 테이블이나 주석 필드를 통해 관리할 수 있다.

● **어휘 정보 확장성 고려**: 현재 스키마 외에도 향후 품사, 원어, 관련 어휘 링크 등 추가적인 언어 정보를 담을 수 있는 필드를 예비적으로 설계하거나, 확장 가능한 구조를 고려하여 미래의 연구 요구에 대비한다.

● **데이터 타입 및 제약 조건**: 각 정보 유형에 맞는 적절한 데이터 타입(TEXT, INTEGER 등)을 지정하고, 필수 입력 필드(NOT NULL), 고유값 제약(UNIQUE) 등을 설정하여 데이터의 무결성을 확보한다. 각 항목을 고유하게 식별할 수 있는 기본 키(Primary Key)와 문헌 및 이본 정보를 연결하기 위한 외래 키(Foreign Key) 설정이 필수적이다.[12]

한일 대역 학습서 가운데 어휘집의 가능한 유형은 사용 문자에 따라 한국어를 가나로 표기한 것, 한글로 표기한 것, 한글과 가나를 병기한 것의 세 가지이다. 그러나 세 번째 유형은 아직까지 발견된 것이 없다. 각각의 유형에 따라 본문의 외부와 내부의 구성 요소를 어떻게 모델링할 수 있을지 생각해 보자.

---

12   Elmasri, Ramez, and Shamkant B. Navathe. *Ibid.*, pp. 163-165.

1) 한국어를 가나로 표기한 것

18세기 전반에 작성된 것으로 추정되는 『韓語覺書』에는 한국어 단어가 실려 있는데,[13] 예를 들면 다음과 같이 되어 있다. 매 2행마다 첫 번째 행이 원문에 해당하고, 두 번째 행은 첫 번째 행에 있는 가나 전사를 당시의 한국어로 복원하고 현대어 번역을 괄호 안에 넣은 것이다.

虛事　ホサ　　コヲツクコシラ
　　　허사　　거:즉 거시라(거짓 것이다)
心乱　シムナン　モヲミヲヅロブタハントチラ
　　　심난　　ᄆ°미 어즈럽다 혼 뜨지라(마음이 어지럽다 한 뜻이다)
背反　ホ*イバン　ヲニヤクハント丶ルヘ*ントグハヤヲクンナノンゴシ
　　　비반　　어냑혼 뜨들 변통ᄒ야 어근나는 거시(언약한 뜻을 바꾸어 어긋나는 것이(다))
失信　シルシン　ビトンイル丶ヲクンナノンコシラ
　　　실신　　미든 이를 어근나는 거시라(믿은 일을 어긋나는 것이다)
無正　ムテ*グ　シヤグトグ
　　　무졍　　샹동(上同)
失手　シルシユ　アムイリラトクルツトヱンコシラ
　　　실슈　　아무 이리라도 그릇된 거시라(아무 일이라도 그릇된 것이다)
言約　ヲニヤク
　　　어냑(언약)
偶然　ウヱン　モツチヤラハントチラ
　　　우연　　못 쟈라 혼 뜨지라(못 자라 한 뜻이다)
蕩滌　タグテ*ク　○シクタンマリラ　　　　　　○アラウ心也
　　　탕쳑　　　식단 마리라(씻단 말이다)　　　씻는다는 뜻이다

〈『韓語覺書』의 구조〉[14]

이상에서 알 수 있듯이 『韓語覺書』는 한자어 표제어가 있고, 그 오른쪽에 해당 표제어의 한국어 발음이 가나로 적혀 있다. 그리고 표제어 다음에는 뜻풀이가 있는데, 대부분의 표제어에는 한국어 뜻풀이만 가나로 적혀 있고 드물게 '蕩滌'과 같이 일본어 뜻풀이가 적혀 있는 것이 있다. 한편 '言約'처럼 뜻풀이가 없는 것도 있다.

13　金文姫, 「近世期日朝対訳資料の研究: 「隣語大方」を中心に」, 大阪大学 박사학위논문, 2018.

14　'*'는 쓰시마의 한국어 학습서에서 한국어의 폐쇄음이나 파찰음을 나타내기 위해 특징적으로 사용된 삼점(三點)을 나타내는 것이고, '#'은 그 앞에 오는 'ブ' 등의 가나가 다른 글자보다 의도적으로 작게 쓰여 있음을 나타내는 것이다. 이하 같음.

　　『韓語覺書』의 어휘 항목 구조를 반영하여 다음과 같은 테이블 스키마를
구상할 수 있다. 여기에서는 원문의 정보뿐만 아니라 연구 과정에서 생성되
는 해석적 정보(예: 복원된 한국어, 현대어 번역)를 별도의 필드로 포함하여 활
용도를 높인다.

필드명	데이터 타입	설명	제약 조건
EntryID	INTEGER	항목 고유 ID(기본 키)	PRIMARY KEY
SequenceNo	INTEGER	원문 내 순서 번호(연번)	
Headword_Hanja	TEXT	표제어(한자)	NOT NULL
Headword_Hangeul	TEXT	표제어(한글 독음, 부가 정보)	
Pronunciation_Kana	TEXT	발음 표기(가나)	
Pronunciation_Hangeul_Restored	TEXT	발음 표기(한글 복원, 해석 정보)	
Definition_Korean_Kana	TEXT	한국어 뜻풀이(가나)	
Definition_Korean_Hangeul_Restored	TEXT	한국어 뜻풀이(한글 복원, 해석 정보)	
Definition_Korean_Modern	TEXT	한국어 뜻풀이(현대어 번역, 해석 정보)	
Definition_Japanese_Original	TEXT	일본어 뜻풀이(원문)	
Definition_Japanese_Modern	TEXT	일본어 뜻풀이(현대어 번역, 해석 정보)	
POS	TEXT	품사 정보(향후 확장용)	
Etymology	TEXT	어원 정보(향후 확장용)	
Notes	TEXT	기타 주석 사항	
ManuscriptID	INTEGER	출전 필사본/판본 ID(외래 키)	FOREIGN KEY

〈확장을 고려한 『韓語覺書』 어휘 항목 테이블 스키마 예시〉

앞에 제시한 내용 가운데 두 가지 표제어를 대상으로 예시를 만들어 보면 다음과 같다.

EntryID	1	2
SequenceNo	1	9
Headword_Hanja	虛事	蕩滌
Headword_Hangeul	허사	탕척
Pronunciation_Kana	ホサ	タグテ*ク
Pronunciation_Hangeul_Restored	허사	탕척
Definition_Korean_Kana	コヲツクコシラ	シクタンマリラ
Definition_Korean_Hangeul_Restored	거:즉 거시라	식단 마리라
Definition_Korean_Modern	거짓 것이다	씻는다는 말이다
Definition_Japanese_Original	NULL	アラウ心也
Definition_Japanese_Modern	NULL	씻는다는 뜻이다
POS	NNG	NNG
Etymology		
Notes		
ManuscriptID	101	101

〈『韓語覺書』어휘 항목 테이블 데이터 예시〉

2) 한국어를 한글로 표기한 것

『倭語類解』는 1780년대에 조선에서 간행된 일본어 학습서인데, 간행되고 얼마 되지 않아 일본으로 건너가 한국어 학습서로 필사되었다. 이 글에서 다루는 것은 19세기 전반에 쓰시마에서 필사된 이본이다.[15] 일부 예를 들면 다음과 같다.

---

15   해당 자료에 대해서는 다음 링크의 '상세정보'를 참조하기 바란다. http//kostma.korea.ac.kr/dir/list₩?uci=RIKS+CRMA+KSM-WD.1881.0000-20150331.OGURA_444.

倭語類解 上			
天文			
天	하날	텬	소라 又云 아메
月	둘	월	츠기
月蝕	월식		괄쇼구
月暈	월운		츠기노가사
老人星	로인셩		로우신셰이
參星	슴셩		신셰이

〈『倭語類解』의 구조〉

　『倭語類解』 또한 『韓語覺書』와 마찬가지로 한자(어)를 표제어로 삼지만, 문장 형식의 뜻풀이가 아니라 같은 의미를 갖는 단어를 대역 형식으로 제시했다는 점에서 차이가 있다. 또한 표제어가 '天'과 같이 한 글자일 경우에는 '하날 텬' 식으로 한자의 훈과 음을 모두 제시하지만, '月蝕'과 같이 두 글자 이상일 경우에는 음만 제시한다는 차이가 있다. 이러한 구조를 반영하여 스키마를 설계해야 하며, '又云' 등의 표시를 통해 여러 개의 일본어 대역어가 제시되는 경우를 처리할 수 있도록 필드를 분리한다.

필드명	데이터 타입	설명	제약 조건
EntryID	INTEGER	항목 고유 ID(기본 키)	PRIMARY KEY
CategoryID	INTEGER	부문 ID	
CategoryName	TEXT	부문명(한자)	
SequenceNo	INTEGER	원문 내 순서 번호(연번)	
Headword_Hanja	TEXT	표제어(한자)	NOT NULL
Headword_Hangeul	TEXT	표제어(한글 독음, 부가 정보)	
Headword_Hoon_Hangeul	TEXT	표제어 훈(한글, 한 글자 표제어의 경우)	
Headword_Eum_Hangeul	TEXT	표제어 음(한글)	
Equivalent_Japanese_1	TEXT	일본어 대역어 1	

Equivalent_Japanese_2	TEXT	일본어 대역어 2(존재하는 경우)	
POS	TEXT	품사 정보(향후 확장용)	
Notes	TEXT	기타 주석 사항	
ManuscriptID	INTEGER	출전 필사본/판본 ID(외래 키)	FOREIGN KEY

〈확장을 고려한 『倭語類解』 어휘 항목 테이블 스키마 예시〉

　　위의 예시 가운데 두 가지 표제어를 대상으로 예시를 만들어 보면 다음과 같다.

EntryID	3	4
CategoryID	1	1
CategoryName	天文	天文
SequenceNo	1	5
Headword_Hanja	天	老人星
Headword_Hangeul	천	노인성
Headword_Hoon_Hangeul	하날	NULL
Headword_Eum_Hangeul	텬	로인셩
Equivalent_Japanese_1	소라	로우신셰이
Equivalent_Japanese_2	아메	NULL
POS	NNG	NNG
Notes		
ManuscriptID	201	201

〈『倭語類解』 어휘 항목 테이블 데이터 예시〉

　　어휘집이라는 범주에 속하는 문헌은 종류가 여러 가지이므로 메타데이터 테이블을 만들 필요가 있다. 각 어휘 항목 테이블과는 별도로, 문헌 자체에 대한 정보를 담는 SourceTexts 테이블과 각 문헌의 이본 정보를 담는

Manuscripts 테이블을 설계한다.

● **SourceTexts**: SourceTextID(기본 키), Title(제목), Author(저자), Date(작성 연대 추정) 등.

● **Manuscripts**: ManuscriptID(기본 키), SourceTextID(외래 키), VersionInfo(판본/필사본 정보), Repository(소장처), CallNumber(청구기호) 등.

이를 통해 각 어휘 항목이 어떤 문헌의 어떤 이본에서 유래했는지 명확히 연결하고 관리할 수 있다.

3.2. 회화서 인코딩: TEI-XML 프레임워크

회화서 자료는 이야기, 대화, 단락 등 계층적인 구조를 가지며, 가나 표기 원문, 복원된 한국어, 일본어 대역문 등 여러 텍스트 층위가 공존하고, 방훈(傍訓)과 같은 인라인 주석 정보가 포함되는 경우가 많다. 이러한 복잡한 특성을 효과적으로 표현하기 위해서는 TEI(Text Encoding Initiative) 표준에 기반한 XML 인코딩이 가장 적합하다. TEI는 텍스트의 구조, 내용, 서지 정보 등을 상세하고 표준화된 방식으로 기술할 수 있는 풍부한 어휘(태그세트)와 가이드라인을 제공한다.[16]

회화서를 TEI-XML로 인코딩하는 데 필요한 핵심적인 TEI 구조와 그 고도화 방안은 아래와 같이 정리할 수 있다.

● **기본 구조**: TEI 문서는 일반적으로 최상위 요소인 〈TEI〉 안에 메타데

---

¹⁶ TEI Consortium. *TEI P5: Guidelines for Electronic Text Encoding and Interchange.* (TEI Consortium) URL: https://tei-c.org/guidelines/p5/; 김바로 외, 『XML(TEI) with 인문학』(디지털 인문학 시리즈), 위키독스 공개 전자책, 2024. URL: https://wikidocs.net/book/14569; 허인영, 「국어사 말뭉치의 활용 현황과 향후 과제」, 『국어사연구』 36, 121-127면, 국어사학회, 2023.

이터를 담는 ⟨teiHeader⟩와 텍스트 본문을 담는 ⟨text⟩로 구성된다.[17] ⟨text⟩ 안의 ⟨body⟩ 요소 내부에 ⟨div⟩ 태그를 사용하여 장(chapter), 절(section), 이야기(story), 항목(entry) 등 텍스트의 구조적 단위를 표현한다.[18] 각 단위 내의 단락이나 행은 ⟨p⟩(paragraph)나 ⟨l⟩(line) 태그로, 임의의 텍스트 구간은 ⟨seg⟩(segment) 태그로 표시할 수 있다.

● **다층적 텍스트 처리 및 정렬**: 원문, 번역문, 복원문 등 여러 층위의 텍스트를 표현하기 위해, 각 텍스트 단락에 @type 속성을 부여하여 구분하는 방식(예: ⟨p type="trans_ko"⟩, ⟨p type="trans_ja"⟩, ⟨p type="trans_modko"⟩)을 사용한다. 더 나아가 한국어 원문과 일본어 대역문 간의 단어, 구, 문장 단위 대응 관계를 명시적으로 표현하기 위해 TEI의 병렬 분절(parallel segmentation) 기능(⟨linkGrp⟩, ⟨link⟩)을 활용하여 두 텍스트 간의 정렬(alignment) 정보를 인코딩한다.[19] 이는 번역 양상 비교 등 심층 분석에 필수적이다.

● **인라인 주석 심화**: TEI는 텍스트 내의 특정 정보에 대한 주석을 부가하는 다양한 요소를 제공한다.[20]

- ⟨gloss⟩: 행간이나 여백에 달린 주석이나 설명을 표시한다. @target 속성으로 주석이 설명하는 대상 텍스트 부분을 연결할 수 있다.

- ⟨choice⟩, ⟨orig⟩, ⟨reg⟩: 원 표기(⟨orig⟩)와 교정/정규화된 표기(⟨reg⟩)를 함께 제시할 때 사용한다.

- ⟨supplied⟩: 편집자가 보충한 내용을 표시한다.

- ⟨gap⟩: 텍스트의 누락이나 판독 불능 부분을 표시한다.

- ⟨rs⟩(referring string): 인명, 지명, 서명, 기관명 등 고유명사(Named Entity)를 상세히 태깅하고 @type 속성으로 유형(person, place, org, title 등)을

---

17   TEI Consortium. *Ibid.*, pp. 174-176.

18   TEI Consortium. *Ibid.*, pp. 176-189.

19   TEI Consortium. *Ibid.*, pp. 603-614.

20   TEI Consortium. *Ibid.*, pp. 745-768.

지정한다. 나아가 @ref 속성에 외부 표준 데이터세트(예: 한국학 인물/지명 사전, VIAF)의 URI를 연결하여 데이터의 상호 운용성과 정보 가치를 극대화한다.[21]

- 〈w〉(word), 〈m〉(morpheme), 〈phr〉(phrase), 〈cl〉(clause): 향후 형태소 분석, 구문 분석 등 더 상세한 언어 정보를 부가할 때 활용될 수 있다. 초기에는 단어 단위(〈w〉) 태깅부터 시작하여 단계적으로 심화할 수 있다.

● **TEI 커스터마이징**(ODD 활용): 대규모 프로젝트나 특정 자료 유형에 특화된 인코딩 요구사항이 있을 경우, TEI 표준 가이드라인을 바탕으로 프로젝트 맞춤형 스키마(TEI Customization)를 정의하는 것이 권장된다. 이는 ODD(One Document Does it all) 형식을 통해 이루어지며, 필요한 요소와 속성을 명시하고 제약 조건을 설정함으로써 인코딩 작업의 일관성과 정확성을 높이고 데이터 검증을 용이하게 한다.[22]

이상의 설계에 더해, 〈teiHeader〉 태그로 표상되는 메타데이터를 추가할 필요가 있다. TEI 헤더는 단순한 서지 정보를 넘어, 문헌과 인코딩 자체에 대한 풍부한 메타데이터를 기록하는 데 사용된다.[23] 〈fileDesc〉(파일 설명: 제목, 저자, 출판 정보, 판본 정보 등), 〈profileDesc〉(자료 특성: 사용 언어, 텍스트 분류 등), 〈encodingDesc〉(인코딩 설명: 사용된 표준, 주석 규칙, 프로젝트 정보 등), 〈revisionDesc〉(수정 이력) 등을 상세히 기술하여 데이터의 신뢰성, 맥락 정보, 재사용성을 높인다.

회화서 또한 사용 문자에 따라 한국어를 가나로 표기한 것, 한글로 표기한 것, 한글과 가나를 병기한 것의 세 유형으로 나눌 수 있다. 마지막 유형은 굉장히 드물다. 각각의 유형에 따라 본문의 구성 요소를 어떻게 모델링할 수

21　TEI Consortium. *Ibid.*, pp. 103-116.
22　TEI Consortium. *Ibid.*, pp. 776-786.
23　TEI Consortium. *Ibid.*, pp. 21-27.

있을지 생각해 보자.

1) 한국어를 가나로 표기한 회화서의 예

『全一道人』(1729 서문)은 앞서 소개한 아메노모리 호슈가 편찬한 한국어 학습서 가운데 유일하게 남아 있는 것으로, 현전본은 그의 자필 원고이다. 이 책의 내용은 한국어 대화 자체를 담고 있는 것은 아니지만, 『三綱行實圖』와 유사하게 권선징악(勸善懲惡)의 이념을 담고 있는 교훈서이다.[24]

全一道人 孝部 二十六條

大孝感親

チユシゼルイ。ミンソニラ{손이라}ハノンサラミ。ソ*ノン。ソ*コニ二{ᄌ건이니}。ヒヨ.セギ。チク丶。ハト二。イルツク。サグ.モ{喪母}。ホコ。ケイ.ムイ{계뫼}。トウ{두}アトル丶。ナフ二。
(쥬 시졀의 민손이라 ᄒᄂᆞᆫ 사름이 ᄌᆞᄂᆞᆫ ᄌᆞ건이니 효셩이 지극ᄒᆞ더니 일즉 상모ᄒᆞ고 계뫼 두 아들을 낳으니)
周の時閔損といへる人 字は子騫 孝行至極にて 早く母をうしなひ 繼母ふたりの子をうみしに

ケイムイ。ホ*ンデイ。トクイ{妬忌투긔}ハヤ。モムイ{몸의}。ナンソ*シクル。ソラグホコ。ミンソヌル{손을}。ムイネキヤ{너겨}。ソ*イ{제}ソ*シクル。ソヲム{소옴}ロ。ブ#ソ{써}。二ツヒ*コ。ミンソヌン。カルコツツル{골꼿츨}。ヲスイ。トワ。二ツヒ*ト二。
(계뫼 본디 투긔ᄒᆞ여 몸의 난 ᄌᆞ식을 ᄉᆞ랑ᄒᆞ고 민손을 믜이 녀겨 제 ᄌᆞ식을 소옴으로 뼈 니피고 민손은 골꼿츨 옷의 두워 니피더니)
繼母 本よりねためるものにて その身生し子を愛し 閔損をにくみ 其子にはわたをきせ 閔損には 蘆の花をきるものにいれ きせけるに

〈『全一道人』의 구조〉

앞서 보았던 어휘집의 예와 달리 상당히 복잡하게 되어 있음을 알 수 있다. 먼저 '孝部'에 속하는 26개 이야기 중에 하나인 '大孝感親'의 내용을 몇 단락으로 나누고, 나뉘어진 단락에 대해서 한국어 원문(사실은 한문의 번역문)을 가나로 표기하고 그 아래에 해당 단락의 일본어 대역문을 싣는 식으로 구성되어 있다. 이 텍스트를 TEI-XML로 표상할 때에는 보다 풍부한 자료로 만

24　이 책에 대해서는 다음의 연구 성과를 참고하기 바란다. 허인영, 「『全一道人』의 한국어 복원과 음운론적 연구」, 고려대학교 석사학위논문, 2014.

들기 위해 원문에는 없는 한문 원문과 복원된 한글 표기까지 포함할 필요가
있다.

다음은 『全一道人』의 일부를 TEI 형식으로 인코딩한 예시이다. 원문의
가나 표기 한국어(trans_ko), 연구자가 복원한 한국어 표기(trans_modko), 일
본어 대역문(trans_ja), 그리고 원전으로 추정되는 한문(orig)까지 네 가지 텍
스트 층위를 병렬적으로 제시한다. 가나 옆의 방훈은 <gloss>로, 발음 단위
표시는 <seg type="pronunciation_unit"> (원문의 밑줄을 의미론적으로 표현)
등으로 나타낼 수 있다. 인명을 나타내는 <rs type="person"> 태깅 예시를
추가하였다.

```xml
<?xml version="1.0" encoding="UTF-8"?>
<?xml-model
href="http://www.tei-c.org/release/xml/tei/custom/schema/relaxng/
tei_lite.rng" type="application/xml"
schematypens="http://relaxng.org/ns/structure/1.0"?>
<?xml-model
href="http://www.tei-c.org/release/xml/tei/custom/schema/relaxng/
tei_lite.rng" type="application/xml"
schematypens="http://purl.oclc.org/dsdl/schematron"?>
<TEI xmlns="http://www.tei-c.org/ns/1.0">
  <teiHeader>
    <fileDesc>
      <titleStmt>
        <title>전일도인 (Zen'itsudōjin)</title>
        </titleStmt>
      <publicationStmt>
        <p>아메노모리 호슈 자필본 기반 인코딩</p>
      </publicationStmt>
      <sourceDesc>
        <p>다카쓰키 간논노사토 역사민속자료관 소장본 촬영 사진</p>
      </sourceDesc>
    </fileDesc>
    <encodingDesc>
      <projectDesc><p>전근대 한일 대역 학습서 DB 구축
프로젝트</p></projectDesc>
      <refsDecl><p>인명은 <gi>rs</gi> type="person"으로
태깅함.</p></refsDecl>
```

```xml
        </encodingDesc>
      </teiHeader>
  <text>
    <body>
      <div xml:id="hyo_1" type="story" n="1"><head>大孝感親</head>
      <div xml:id="hyo_1_1" type="section">
        <p type="orig"><rs type="place">周</rs><rs type="person">閔損</rs>,
字<rs type="person">子騫</rs>, 性至孝. 早喪母, 繼母生二子.</p>
        <p type="trans_ko"><seg type="pronunciation_unit">チュ</seg>シ<seg
type="pronunciation_unit">ゼル</seg>イ。<seg
type="pronunciation_unit">ミン</seg>ソニラ<gloss>손이라</
gloss>ハノンサラミ。ソ＊ノン。<seg
type="pronunciation_unit">ソ＊ユニ</seg>ニ<gloss>ᄌ건이니</gloss>。<seg
type="pronunciation_unit">ヒヨ</seg><seg
type="pronunciation_unit">セギ</seg>。チ<seg
type="pronunciation_unit">クヽ</seg>。ハトニ。イル<seg
type="pronunciation_unit">ツク</seg>。<seg
type="pronunciation_unit">サグ</seg><seg
type="pronunciation_unit">モ</seg><gloss>喪母</gloss>。ホユ。<seg
type="pronunciation_unit">ケイ</seg><seg
type="pronunciation_unit">ムイ</seg><gloss>계뫼</gloss>。<seg
type="pronunciation_unit">トウ</seg><gloss>두</gloss>アトルヽ。ナフニ。</p>
        <p type="trans_modko">쥬 시졀의 <rs type="person">민손</rs>이라 ᄒᄂ
사ᄅᆷ이 ᄌᄂ <rs type="person">ᄌ건</rs>이니 효셩이 지극ᄒ더니 일즉 샹모ᄒ고 계뫼
두 아들을 낳으니</p>
        <p type="trans_ja"><rs type="place">周</rs>の時<rs type="person">閔損</
rs>といへる人 字は<rs type="person">子騫</rs> 孝行至極にて 早く母をうしなひ
繼母ふたりの子をうみしに</p></div>
      <div xml:id="hyo_1_2"type="section">
        <p type="orig">母素妬愛己子而憎損, 衣己子以綿絮, 衣損以蘆花絮.</p>
        <p type="trans_ko">ケイムイ。ホ＊ンデイ。ト<seg
type="pronunciation_unit">クイ</seg><gloss>妬忌투긔</
gloss>ハヤ。モムイ<gloss>몸의</gloss>。ナンソ＊<seg
type="pronunciation_unit">シク</seg>ル。ソラグホユ。<rs
type="person">ミンソヌル</rs><gloss>손을</gloss>。<seg
type="pronunciation_unit">ムイ</seg>ネ<seg
type="pronunciation_unit">キヤ</seg><gloss>너겨</gloss>。ソ＊イ<gloss>제</
gloss>ソ＊シクル。ソヲム<gloss>소옴</gloss>ロ。<seg
type="char"subtype="small">ブ</seg>ソ<gloss>ᄡᅥ</gloss>。<seg
type="pronunciation_unit">ニツ</seg>ヒ＊ユ。<seg
type="pronunciation_unit">ミン</seg>ソヌン。カル<seg
type="pronunciation_unit">ユツ</seg>ツル<gloss>굴꼿츨</
gloss>。ヲスイ。トワ。<seg type="pronunciation_unit">ニツ</seg>ヒ＊トニ。</p>
        <p type="trans_modko">계뫼 본디 투긔ᄒ여 몸의 난 ᄌ식을 ᄉ랑ᄒ고 <rs
type="person">민손</rs>을 믜이 녀겨 제 ᄌ식을 소옴으로 ᄡᅥ 니피고 <rs
type="person">민손</rs>은 굴꼿츨 옷의 두워 니피더니</p>
```

```
    <p type="trans_ja">繼母 本よりねためるものにて その身生し子を愛し <rs
type="person">閔損</rs>をにくみ 其子にはわたをきせ <rs
type="person">閔損</rs>には蘆の花をきるものにいれ きせけるに</p></div>
      </div>
    </body>
  </text>
</TEI>
```

〈『全一道人』 TEI 인코딩 예시〉

이 글에서는 TEI의 복잡한 태그세트를 다 포함하기보다는 필요한 정보만으로 간단하게 구성되어 있는 TEI Lite를[25] 사용하였다. TEI의 목적은 물리적 텍스트의 디지털 트윈(digital twin)을 만드는 것이 아니므로, 필자가 가나 표기로부터 복원한 한국어 문장도 포함하였다. 〈div〉 태그를 이용하여 이야기와 이야기 내의 부분을 표시하고, 부분에 포함된 단락은 한국어 문장(trans_ko)과 일본어 번역(trans_ja)으로 크게 나누었다. 본래 텍스트에는 없지만 한문 원문(orig)과 가나 표기의 한국어 복원 표기(trans_modko)도 추가하였다. 한국어 문장 안에는 하나의 발음 단위임을 나타내는 밑줄을 〈pronunciation_unit〉으로, 가나 옆에 표기된 한글 방훈을 〈gloss〉로, 작은 글자는 〈subtype="small"〉로 나타내었다.

이 TEI 구조는 텍스트의 계층(이야기-단락)과 여러 텍스트 층위(한문 원문, 한국어 번역문(가나 표기), 한국어 복원문(한글 표기), 일본어 번역문)를 명확히 표현한다. 또한 〈gloss〉 태그를 사용하여 원문의 방훈 정보를 인라인으로 포함시키고, 〈rs〉 태그로 인명과 지명을 태깅하여 정보의 구조화 수준을 높였다. 향후 병렬 분절 기능을 추가하여 한국어-일본어 대역 관계를 명시적으로 연결하고, 언어 주석을 심화하는 방향으로 발전시킬 수 있다.

---

25   TEI Lite에 대해서는 https://wikidocs.net/249686를 참조.

2) 한국어를 한글로 표기한 회화서의 예

『交隣須知』는 일본에서 만들어진 한국어 학습서로, 한자 표제어 아래에 그 표제어와 관련된 문장이 나열되어 있다. 이 책 또한 아메노모리 호슈의 저작으로 알려져 있으나, 정확히 언제 처음 만들어졌는지는 알기 어렵다. 다만 18-19세기의 필사본이 굉장히 많이 남아 있고, 그처럼 광범위하게 유포된 덕분인지 19세기 말에도 당시의 한국어에 발맞추어 여러 번 수정되어 간행된 바 있다. 아래 제시한 예는 러시아 동방학연구소 상트페테르부르크 지부에 소장되어 있는 책의 일부분을 전산 입력한 것으로, 영국 출신의 외교관이자 동양학자인 애스턴(William G. Aston)의 구장서이다. 이 자료는 초량관어학소에서 한국어 통역관 양성을 위해 사용되었던 교재인 것으로 보인다.[26]

古	녯 법을 듯보외 위션 신의롤 효측ᄒᆞᆸ소 (옛 법을 듣고 보아 우선 신의를 효측(效則)하십시오) 昔ノ法ヲ　見キ丶シテ　マツ　信義ヲ　ナラハレ　マセイ
今	이제 시졀은 견혀 욕심만 ᄒᆞ니 흘 일 없ᄉᆞ외 (지금 시절은 전적으로 욕심만 내니 어쩔 수 없습니다) 今ノ時節ハ　專ラ　慾心ハカリデ　シカタナイ丁テコサル
今日	오늘은 총〃ᄒᆞ기의 ᄂᆡ일 뵈옵게 ᄒᆞ오리 (오늘은 정신이 없어서 내일 뵙겠습니다) 今日ハ　ソワ〃イタスニヨリ　明日ヲ目ニカ丶ルヤウニイタシマセウ
夜間	밤ᄉᆞ이 평안ᄒᆞ시니 다힝ᄒᆞ외이다 (밤사이 평안하시니 다행입니다) 夜間　ゴ平安ニコサナサレテ　珍重テコサリマスル
明日	ᄂᆡ일은 국긔니 못ᄒᆞ게 ᄒᆞ엿습ᄂᆡ (내일은 국기(왕·왕비의 제삿날)이니 못하겠습니다) アスハ　國忌テ　アイナリマセヌ

〈『交隣須知』의 구조〉

『交隣須知』는 한자 표제어 아래 관련 한국어 문장과 일본어 대역문을 제시하는 구조이다. 각 표제어와 관련 문장 묶음을 하나의 〈div〉 (type="entry")로 처리하고, 그 안에 표제어(entry), 원문 한국어(orig), 현대 한국어 번역

26　해당 자료에 대해서는 다음의 연구 성과를 참고하기 바란다. 岸田文隆, 「アストン旧蔵の『交隣須知』関連資料について」, 『朝鮮学報』 167, 1-39면, 朝鮮学会, 1998.

(trans_ko), 일본어 대역(trans_ja)을 각각 〈p〉 태그와 @type 속성으로 구분하여 인코딩할 수 있다.

```xml
<?xml version="1.0" encoding="UTF-8"?>
<?xml-model
href="http://www.tei-c.org/release/xml/tei/custom/schema/relaxng/
tei_lite.rng" type="application/xml"
schematypens="http://relaxng.org/ns/structure/1.0"?>
<?xml-model
href="http://www.tei-c.org/release/xml/tei/custom/schema/relaxng/
tei_lite.rng" type="application/xml"
schematypens="http://purl.oclc.org/dsdl/schematron"?>
<TEI xmlns="http://www.tei-c.org/ns/1.0">
  <teiHeader>
    <fileDesc>
      <titleStmt>
        <title>교린수지 (Kōrin Suchi)</title>
        </titleStmt>
      <publicationStmt>
        <p>러시아 동방학연구소 상트페테르부르크 지부 애스턴 문고본 기반
인코딩</p>
        </publicationStmt>
      <sourceDesc>
        <p>애스턴 문고본 영인 자료</p>
        </sourceDesc>
      </fileDesc>
    </teiHeader>
  <text>
    <body>
      <div xml:id="entry_1" type="entry">
        <p type="entry">古</p>
        <p type="orig">녯 법을 듯보외 위션 신의롤 효측ᄒᆞ옵소</p>
        <p type="trans_ko">옛 법을 듣고 보아 우선 신의를 효측(效則)하십시오</p>
        <p type="trans_ja">昔ノ法ヲ 見キヽシテ マツ 信義ヲ ナラハレ
マセイ</p></div>
      <div xml:id="entry_2" type="entry">
        <p type="entry">今</p>
        <p type="orig">이제 시졀은 젼혀 욕심만 ᄒᆞ니 홀 일 업ᄉᆞ외</p>
        <p type="trans_ko">지금 시절은 전적으로 욕심만 내니 어쩔 수 없습니다</p>
        <p type="trans_ja">今ノ時節ハ 專ラ 慾心ハカリデ
シカタナイ ㄱテユサル</p>
        </div>
      <div xml:id="entry_3" type="entry">
        <p type="entry">今日</p>
```

```
    <p type="orig">오눌은 총〃ᄒ기의 닉일 뵈옵게 ᄒ오리</p>
    <p type="trans_ko">오늘은 정신이 없어서 내일 뵙겠습니다</p>
    <p type="trans_ja">今日ハ ソ ワ 〃 イ タ ス ニ キ リ
明日ヲ目ニ カ ヽ ル ヤ ウ ニ イ タ シ マ セ ウ</p>
    </div>
    </body>
  </text>
</TEI>
```

이 구조는 각 항목 내의 여러 텍스트 층위를 명확히 구분한다. 향후 연구 목적에 따라 각 항목 내의 한국어 원문(orig)과 일본어 대역(trans_ja) 간의 단어 또는 구 단위 정렬(alignment) 정보를 추가하거나, 특정 문법 요소에 대한 주석을 부가하는 등 확장이 가능하다.

TEI는 이처럼 다양한 층위의 정보를 통합적으로 관리하고 분석할 수 있는 강력한 기반을 제공한다. 예를 들어, 특정한 가나 표기가 한글 복원문에서 어떤 어형에 대응하는지를 『全一道人』에서 검색하거나, 『交隣須知』의 한국어 원문과 일본어 대역문 간의 경어법 사용 양상을 비교 분석하는 등 단순 텍스트 파일이나 관계형 데이터베이스로는 수행하기 어려운 복합적인 언어학적 탐구를 가능하게 한다. 이는 TEI가 단순한 데이터 저장 형식을 넘어, 다층적 비교 분석을 내재적으로 지원하는 분석 도구로서 기능함을 보여준다.

4. 구현 및 활용성 극대화를 위한 고려사항

제안된 하이브리드 데이터베이스 모델(어휘집용 RDB, 회화서용 TEI-XML)을 실제로 구현하고 그 활용성을 극대화하기 위해서는 몇 가지 추가적인 고려 사항이 있다.

1) 플랫폼 선택

① 관계형 데이터: 어휘집 데이터를 저장할 RDB로는 PostgreSQL,

MySQL, SQLite 등 표준 SQL을 지원하는 다양한 데이터베이스 관리 시스템 (DBMS)을 사용할 수 있다. 데이터 규모, 요구되는 성능, 라이선스 정책, 기존 인프라와의 호환성 등을 고려하여 선택한다.

② TEI 데이터: 회화서의 TEI-XML 문서는 파일 시스템에 직접 저장하여 관리할 수도 있지만, 대량의 데이터를 효율적으로 검색하고 관리하기 위해서는 Native XML Database (예: BaseX, eXist-db)를 사용하는 것이 유리하다. 이들 시스템은 XML 문서 구조에 최적화된 저장 방식과 XQuery와 같은 강력한 질의 언어를 제공한다. 또는 TEI 문서를 파일 시스템에 두되 주요 메타데이터와 색인 정보를 RDB에 저장하여 검색 효율성을 높이는 방안도 고려할 수 있다.

2) 구축 작업 흐름: 일반적인 구축 과정은 다음과 같은 단계를 포함할 수 있다.

① 원본 자료 확보(디지털 이미지 스캔 등)

② 텍스트 전사(원문 충실성 유지, 전사 지침 수립)

③ 해석 및 주석 작업(예: 가나 표기의 한글 복원, 현대어 번역, 언어 주석 부가, 주석 지침 수립)

④ 데이터 입력 및 인코딩(어휘집은 RDB 테이블 입력, 회화서는 TEI-XML 인코딩, 인코딩 지침 준수)

⑤ 데이터 검증 및 오류 수정(자동 검증 및 수동 검토 병행)

⑥ 데이터베이스 플랫폼 통합(RDB 로딩, XML DB 임포트 등)

⑦ 통합 검색 및 활용 인터페이스 개발

3) 메타데이터 표준 및 통합: 데이터의 발견·이해·재사용을 위해서는 포괄적이고 표준화된 메타데이터가 필수적이다. RDB의 메타데이터 테이블과 TEI 헤더(<teiHeader>)에 일관된 기준에 따라 상세한 정보를 기록해야 한다.

특히 TEI 헤더는 문헌 자체의 정보뿐만 아니라 디지털 인코딩 과정과 관련된 정보까지 상세히 기록할 수 있어 중요하다.[27]

4) 데이터 연계 강화: 구축된 데이터베이스의 가치를 높이기 위해 내부 및 외부 데이터와의 연계를 적극적으로 고려한다.

① 내부 연계: RDB 내에서 관련 어휘 항목 연결, TEI 문서 내 특정 단어 인스턴스(⟨w⟩)를 RDB의 해당 어휘 항목(EntryID)과 상호 연결한다. 이를 위해 일관된 식별자(identifier) 체계 설계가 필수적이다.

② 외부 연계: TEI의 ⟨rs⟩ 태그 등에 URI를 사용하여 외부의 표준화된 데이터세트(예: 한국학자료 통합DB, VIAF 등 인명/지명 권위 파일)이나 Linked Open Data 자원과 연결하여 정보망을 확장하고 데이터의 맥락을 풍부하게 한다.

5) 통합 검색 및 시각화 환경 구축

① 통합 검색 인터페이스: 사용자가 어휘집(RDB)과 회화서(TEI-XML) 데이터를 별도로 검색하는 것이 아니라, 하나의 웹 기반 인터페이스에서 통합적으로 검색하고 결과를 탐색할 수 있는 환경을 구축한다. 이를 위해 Elasticsearch나 Solr 같은 외부 검색 엔진을 도입하여 두 데이터 소스를 통합 색인하거나, 포털 시스템에서 양쪽 데이터베이스 API를 연동하는 기술적 구현이 필요하다. 검색 결과는 원문 이미지, 다양한 텍스트 층위, 관련 메타데이터를 함께 제공해야 한다.

② 시각화 도구 연동: 구축된 데이터를 효과적으로 탐색하고 분석 패턴을 발견할 수 있도록 다양한 시각화 도구와의 연동을 고려한다. 예를 들어, 특정 어휘의 시대별/문헌별 사용 빈도 변화 그래프, 인물/문헌 간 관계 네트

27　TEI Consortium. *op. cit.*, pp. 65-66.

워크 다이어그램, 원문-대역문 병렬 보기 및 정렬 시각화 뷰어 등을 제공하여 데이터에 대한 직관적인 이해를 돕고 새로운 연구 질문을 촉발할 수 있다.

6) 활용 잠재력 및 연구 질문: 잘 구축되고 통합된 데이터베이스는 다음과 같은 다양한 연구 질문에 답하는 데 기여할 수 있다.

- 특정 어휘나 표현이 여러 문헌, 여러 텍스트 층위에서 어떻게 나타나는가?
- 가나 표기와 복원된 한글 표기 간의 음운 대응 규칙은 무엇인가?
- 시대별·문헌별 어휘 사용 양상의 차이는 어떠한가?
- 한국어 원문과 일본어 대역문 사이의 번역 전략은 어떠한가?
- 자료에 나타난 한국어의 문법적 특징은 무엇인가?
- 동일 문헌의 여러 이본 간 텍스트 변화 양상은 어떠한가?

7) 지속가능성 및 협력: 데이터베이스는 일회성 구축으로 끝나서는 안 되며 장기적인 유지보수, 데이터 추가 및 개선, 기술 변화에 대한 대응 계획이 필요하다. 또한, 데이터베이스를 공개하고 다른 연구자들과 협력하여 내용을 확장하거나 주석을 심화하는 방안을 모색하는 것이 학술적 기여도를 높이는 길이다. 오픈 액세스 정책과 표준화된 데이터 형식을 채택하면 연구 커뮤니티 전체의 발전에 기여할 수 있다.

궁극적으로 이 데이터베이스는 단순히 과거의 자료를 저장하는 창고가 아니라, 새로운 연구를 촉발하고 지원하는 핵심적인 연구 인프라로 기능해야 한다. 데이터 모델링, 플랫폼 선택, 메타데이터 표준 적용, 연계 전략, 사용자 인터페이스 설계 등 기술적·방법론적 결정들은 모두 이러한 최종 목표, 즉 연구 역량의 창출과 강화를 지향해야 한다.

Ⅳ. 맺음말

이 글에서는 전근대 시기 일본에서 편찬된 한일 대역 학습서라는 언어 자료의 중요성을 재확인하고 이들 자료의 디지털 데이터베이스 구축을 위한 구체적인 방안을 제안하였다. 이 자료들은 한국어사 연구뿐만 아니라 일본어사, 한일관계사, 번역학 등 다양한 분야에 걸쳐 중요한 학술적 가치를 지니고 있으므로 체계적인 데이터베이스 구축의 필요성은 매우 크다.

이 글에서는 자료의 이질적 특성(정형화된 어휘집과 복잡한 구조의 회화서)을 고려한 하이브리드 데이터베이스 모델, 즉 어휘집에는 관계형 데이터베이스(RDB)를, 회화서에는 TEI-XML 표준을 적용하는 방안을 제안하고 그 타당성을 논증하였다. 또한 각 모델에 따른 구체적인 데이터 스키마 설계 예시와 TEI 인코딩 전략을 제시하였다. 나아가 데이터 정규화, 이본 관리, 텍스트 정렬, 주석 심화, 통합 검색 및 시각화 등 데이터베이스를 더욱 고도화하고 활용성을 높이기 위한 방안들을 추가적으로 논의하였다. 이는 단순히 자료를 디지털화하는 것을 넘어, 자료를 구조화하고 풍부한 주석을 부가하여 새로운 차원의 연구를 가능하게 하는 기반을 조성하려는 시도이다.

물론 이 분야의 데이터베이스 구축은 아직 초기 단계이므로, 본고에서 제시한 방안 역시 추가적인 논의와 개선의 여지가 있을 것이다. 특히 문헌의 서지 정보·형태 정보·소장 정보 등 외적 구조에 대한 메타데이터 표준화 및 상세화, 그리고 장기적으로 학습서 외에 표류민 조사 기록과 같이 관련성이 높은 다른 유형의 자료까지 포괄하는 확장 가능성 등은 향후 중요한 과제로 남는다. 또한, 구축된 데이터베이스의 언어 정보에 대한 주석 수준을 심화하고 사용자 친화적인 검색 및 분석 도구를 개발하는 노력도 병행되어야 할 것이다.

이러한 향후 과제들을 염두에 두면서, 이 글에서 제안된 데이터베이스 구축 방안이 향후 관련 연구를 활성화하고 전근대 한일 언어 및 문화 교류에 대한 이해를 심화시키는 데 기여할 수 있기를 기대한다. 이 분야 전문가들의 지속적인 관심과 비판적인 검토를 통해 더욱 발전된 데이터베이스 구축 논의가 이루어지기를 바란다.

한국고전 데이터 댐을 위한 시론

—

남 지 만

한국고전번역원 선임연구원

—

Ⅰ. 머리말

Ⅱ. 디지털 전자자료관 사례 검토

Ⅲ. 한국고전 데이터 댐(한국고전자료관)은 무엇을 얼마나 모을 것인가?

Ⅳ. 어떻게 만들 것인가? 제도적 측면과 기술적 측면의 문제

Ⅴ. 맺음말

I. 머리말

현대사회에서 정보의 이용은 주로 디지털 매체에 의존한다. 책의 경우에도 종이책으로 읽기도 하지만 내용 검색을 할 때는 데이터베이스 등 디지털 형태의 서비스를 이용하게 된다. 이러한 흐름은 고전적(古典籍)의 경우도 피할 수 없어서, 현재 각종 고전 데이터베이스를 이용하고 있다. 우리나라에서 고전적 자료의 전산화 작업은 1990년대부터 활발하게 진행되었다. 본격적인 계기가 된 것은 1995년 서울시스템㈜ 한국학데이터베이스 연구소에서 'CD-ROM 국역 조선왕조실록'을 만든 것이었다. 1999년부터 정보통신부가 지원한 '지식정보연계활용체제구축사업(지식정보자원관리사업)[1]이 사업 기반이 되어 대규모 고전 데이터베이스가 구축되었다. 대표적인 예가 국사편찬위원회와 민족문화추진회(현 한국고전번역원), 서울대학교 규장각 한국학연구원, 한국정신문화연구원(현 한국학중앙연구원)이 공동으로 추진한 '한국역사정보통합시스템구축사업'이다.[2]

---

1 이삼호 외, 『지식정보자원관리사업 심층평가보고서』, 한국개발연구원, 2006. 이 사업은 IMF 구제금융 시기 정보통신부(현 과학기술정보통신부) 주도로 경기 진작 및 실업구제를 위한 정보화근로사업의 일환으로 진행되었고 그 결과로 고전적자료가 전산화되었다.

2 한국고전번역원 고전정보센터, 「한국고전종합DB 구축의 성과와 과제」, 『민족문화』 59, 한국고전번역

21세기 들어 소장기관과 연구기관들이 서로 연계하면서, 혹은 개별적으로 대규모의 데이터베이스를 구축하였다. 국사편찬위원회의 한국사 데이터베이스, 한국고전번역원의 한국고전종합 데이터베이스, 한국학중앙연구원의 한국학자료통합플랫폼 등이 대표적이다. 그 외에도 한국연구재단의 연구지원사업으로 각종 아카이브 및 데이터베이스가 구축되었다. 한국의 고전적 자료에 대한 디지털화는 많이 진행되었다고 할 수 있다. 그런데 각 기관들이 개별적으로 구축한 다양한 데이터베이스를 통합하여 검색하고 활용하는 데에는 불편한 점이 있다. 예를 들면 한국학중앙연구원의 '한국학자료통합플랫폼'에 '연계기관·DB 검색' 기능이 있어서 각각 데이터베이스에 대한 연계검색이 가능하지만 각 서비스는 링크를 따라서 접속하여 다시 검색해야 하는 등 불편한 점이 있다.

고전문헌의 소장 및 연구기관에서 각기 다른 방식으로 소장자료 및 번역자료를 디지털화하여 개별적으로 제공하고 있다. 고전적 자료의 소장처와 데이터베이스 제공처가 분산되어 있고 형식 등에서 차이가 있어서 통합적인 접근과 검색이 용이하지 않다. 또 한국에서 고전적 자료를 디지털화하여 정리하는 방식은 모든 자료를 정리하는 총량적 접근 방법이 아니라 중요도가 높은 소장자료 및 연구대상 자료를 중심으로 하는 고가치 자료 중심의 접근이 주된 방식이어서 고전적 자료의 전모를 파악하기 힘든 점이 있다.

한국의 모든 고전적 자료를 조사하여 디지털 이미지로 복제하고 이를 텍스트로 가공하는 방식의 총량적인 접근방법이 필요한 시점이다. 우리나라의 옛 기록이라면 모든 자료를 디지털화하여 정리하는 방안을 마련하려는 것이다. 이는 디지털 자료의 검색 및 활용 측면에서 통합적인 시스템을 구축하는 것으로 이룰 수 있다. 이를 위해 고전적에 대한 접근 관점을 디지털 환경의 변화에 따라 '한국고전 데이터'라는 관점으로 전환해야 한다. 데이터 댐

원, 2021.

(DATA DAM)은 여러 곳에서 생산된 데이터를 집적하여 이용할 수 있도록 공급하는 시스템을 말한다. 한국의 모든 고전 데이터를 수집하여 제공하는 '한국고전자료관(가칭)' 혹은 한국 고전 데이터 댐의 가능성을 검토해 보자.

Ⅱ. 디지털 전자자료관 사례 검토 — 중국과 일본의 사례

1. 중국과 일본의 사례

이웃 중국과 일본의 경우 국가도서관 등 공공기관이 중심이 되어 국내외의 수집 가능한 모든 고전적 자료를 데이터베이스로 구축하는 사업을 진행하고 있다. 중국의 경우 '중화고적자원고(中華古籍資源庫)'[3]가 대표적이다. 이는 중국 국가도서관이 주축이 되어 중국의 고전적을 디지털화하여 정리한 데이터베이스이다. 2016년 9월 28일 공식 개관한 이 전자도서관은 중국 국가도서관의 희귀 및 일반 고서 사본 및 교정본을 포함하여 2025년 현재 10만 점 이상의 자료를 디지털화하였고, 이미지 데이터베이스를 기본 바탕으로 교감표점 텍스트 데이터베이스 등 다양한 서비스 구축하였다. 중국의 정책은 국가 차원의 강력한 의지와 장기적인 계획을 바탕으로, 먼저 구축하고, 나중에 활용을 모색하는 방식을 성공적으로 추진한 것으로 단기간에 세계 최대 규모의 고전 데이터베이스를 구축하는 성과를 보여준다. 이 데이터베이스는 '중화 고적 보호 프로젝트(中華古籍 保護計劃)'[4]와 연계하여 구축되고 있다. 중화 고적 보호 프로젝트는 공공 도서관 등 공공기관이 수장하고 있는

---

3   https://www.nlc.cn/pcab/zy/zhgj_zyk/
4   張志淸, 「중국 고전적 관리 체계의 현황 - 중화 문화 전적 보호 전승의 새로운 진전」, 『고전번역연감
    (2019)』, 110-121면, 한국고전번역원.

실물 서적의 경우 모두 일정한 등록번호를 갖게 하여 관리체계를 만들고 디지털 이미지를 통합데이터베이스에 정리하고 있다.

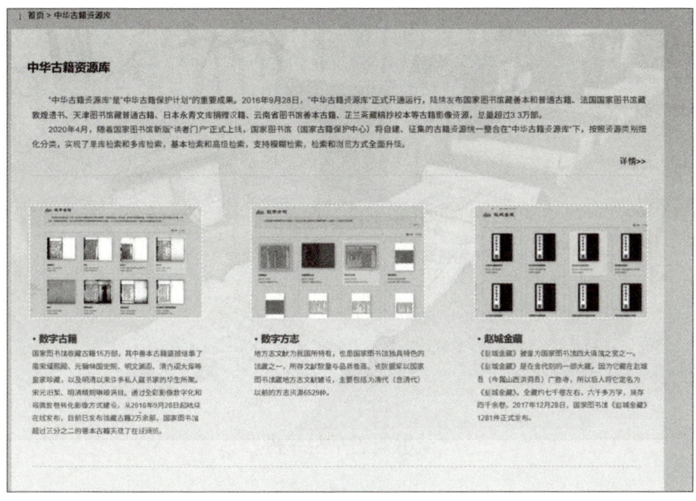

〈중화고적자원고〉

　　일본의 경우 국립국회도서관(NDL)이 법정 기구로서 체계적으로 국가 자료를 수집하는 사업을 주도하고, 여기에 전문 연구기관인 국문학연구자료관(NIJL)이 협력하는 체계를 갖추고 있다. 국문학연구자료관(National Institute of Japanese Literature, NIJL)[5]이 중심이 되어 일본 내에 흩어진 고전 자료를 통합 검색할 수 있는 포털을 구축하고, 일본 고전적에 대한 가장 권위 있는 서지 정보를 제공하고 있다. 국문학연구자료관은 국서 데이터베이스(国書デ─タベ─ス)를 구축하여 일본 국내외에 있는 고전적 약 30만 점의 고화질 이미지와 상세한 서지 정보를 통합하여 제공하고 있다. 이는 세계 최대 규모의 일본 고전적 데이터베이스이다. 일본의 경우 일본 고전적에 대하여 전통적

5　https://www.nijl.ac.jp

인 훈독, 구두점부터 현대어 정리본까지 체계적인 서비스를 제공하고 있다.

〈국문학연구자료관〉

중국과 일본의 경우, 자국의 모든 고전적을 파악하여 디지털화하는 작업을 진행하고 있다. 이러한 총량적 접근법의 특성상 시간이 오래 걸리며, 그 완성 시기를 확정할 수 없지만, 현재의 성과만으로도 큰 성과라고 할 수 있을 것이다.

2. 한국의 현황

우리나라의 경우 한국 고문헌에 관련된 정보는 국립중앙도서관에서 운영하는 '한국고문헌종합목록'[6]에 정리되고 있다. 참여기관수는 145개이며 구축된 서지 건수는 516,010건에 달한다. 여기에 각종 고전 데이터베이스가 연결되어 있다. 예컨대 규장각한국학연구원 도서관, 국사편찬위원회의 한국

---

6 https://www.nl.go.kr/korcis

사 데이터베이스, 한국고전번역원의 한국고전종합 데이터베이스, 한국학중앙연구원의 한국학자료통합플랫폼이 연결되어 있다.

한국고문헌종합목록의 경우 판본의 계보 파악 등 고문헌에 관한 서지 정보와 관련하여 정확도와 내용의 깊이에서 부족한 점이 있다. 현존 고문헌의 계보 정리와 관련하여 문집에 대해서는 한국고전번역원이 한국문집총간 편찬사업을 통해 축적한 심층적 서지 데이터가 있다. 문집 이외의 서종에 대해서는 한국고전총간사업을 진행하면서 고문헌의 계보와 관련된 지식과 데이터를 축적하고 있는데, 이 데이터들은 한국고전번역원에서 내부적으로 구축한 서지관리시스템에 축적되고 있을 뿐 한국종합데이터베이스나 한국고문헌종합목록과 연동되지는 않고 있다.

한국고문헌종합목록의 경우 각 기관에서 소장 자료를 디지털화한 자료를 등록하는 방식으로 운영하고 있다. 원문 이미지 데이터베이스 및 원문 텍스트 데이터베이스, 번역문 텍스트 데이터베이스의 경우 소장처별로 구축한 체계와 형식이 달라 통일성이 부족하다. 이는 처음부터 통일된 시스템을 상정하고 만든 것이 아니어서 당연한 결과이다. 각각의 데이터베이스가 편의성 측면에서 차이가 있다. 대체적으로 고전 원문 및 번역문 데이터베이스의 경우 한국고전번역원의 한국고전종합 데이터베이스가 편의성과 안정성이 뛰어난 편이다. 우리나라도 일본의 예를 참조하여 일본의 국립국회도서관(NDL)과 국문학연구자료관(NIJL)이 협력하듯이 국립중앙도서관과 한국고전번역원 등 전문기관이 협력하는 체계를 만드는 것이 필요할 것이다.

<한국고문헌종합목록>

III. 한국고전 데이터댐(고전전자자료관)은 무엇을 얼마나 모을 것인가?

한국의 고전적을 디지털화하여 집적할 때 그 대상이 무엇이 될지 살펴볼 필요가 있다. 즉 대상을 정의하는 문제를 마주하게 된다. 한국의 고전번역사업을 법적으로 규정하고 있는 한국고전번역원법 제2조의 '고전문헌' 정의를 살펴보면 "이 법에서 '고전문헌'이란 1909년 이전에 한자 또는 한글 등의 문자로 쓰여진 학술연구 가치가 있는 문서·도서와 그 밖의 기록물을 말한다."라 되어있다. 즉 한문과 한글로 쓰여진 옛 책 중에서 학술연구의 대상이 될 만한 책을 말한다. 시간적인 기준은 우리나라에서는 조선과 대한제국까지로 보아 1909년을 기준으로 삼는다. 중국에서는 고적(古籍)의 기준을 신해혁명(1910년) 또는 5·4 신문화운동(1919년)으로 잡는다.[7] 대개는 이러한 기준을 적용하지만 경우에 따라 후에 간행되거나 정리되는 서종을 포함하기도 한다.

책을 저작한 주체에 대하여 직접적으로 언급하고 있지는 않다. 제1조를 보면 "이 법은 한국고전번역원을 설립하여 고전문헌을 수집·정리·번역함으로써 한국학 연구의 기반을 구축하고 전통문화를 계승·발전시키는데 이바지함을 목적"으로 한다고 되어 있기에 한국학 연구의 범위에 속하는 것으로 추정할 수 있다. 그런데 한국학이라고 하면, 외부로부터 전래된 것도 포함될 수 있기에 꼭 한국인이 저술한 작품만을 의미하지는 않는다. 일본의 경우 전래된 서적도 자신들의 문화에 속하는 것으로 간주하는 데 비해 우리나라의 경우는 조금 다르다.[8] 대개의 경우는 한국에서 저작된 작품으로 한정하는 경우가 많다. 그 외에 현토와 두주, 협주 등의 행위도 저작 행위로 보는 관점이 있어서 불경이나 유교 경전의 경우 대상 문헌은 해외에서 유입된 것이지만 각필 구결을 달거나 현토한 경우 최종 산출물의 국적은 한국에 귀속될 것이다. 조선왕조에서 경연에 사용된 유가 경전의 경우 이에 해당할 것이다.[9] 이는 책으로 만들어진 것만을 논한 것이다. 이외에도 책으로 만들어지지 않은 문서 자료, 금석문 등 많은 기록물이 있는데 이들도 포함되어야 할 것이다.

한국의 고전적 자료는 얼마나 될까. 이에 대한 대답은 정확히는 알 수 없

7　黃永年 지음, 김언종·김수경 옮김, 『고적정리개론』, 한국고전번역원, 2013.

8　이동철, 「한국고전번역의 역사적 고찰」, 『고전번역학 정립을 위한 이론적 모색』(한국 고전번역학회 창립기념 학술대회 논문집), 한국고전번역원, 2009년 11월 27일. 이동철은 '한국고전번역'과 관련하여 1) '한국고전'의 번역과 2) 한국의 '고전번역'으로 나눠 볼 수 있다고 하고 1)의 '한국고전'은 한국인에 의해 만들어지거나, 혹은 한국에서 형성된 고전이기에 이러한 한국고전을 대상으로 하는 번역이고 2)의 한국의 '고전번역'은 한국인에 의해 이루어지거나 한국에서 이뤄진 '고전의 번역'이기에 한국인에 의해 이뤄진 '고전 번역행위와 그 결과'를 말한다고 하였다. 한국인에 의해, 혹은 한국에서 생성된 책이거나 한국인에 의해 연구되고 번역된 책이 고전번역과 관련하여 한국의 고전 혹은 고전적의 범주에 들어갈 수 있다는 이야기이다.

9　서울대 규장각 도서관과 한국학중앙연구원의 장서각 도서관의 자료 중 상당수는 현토나 권점, 두주 등 독서 및 학습의 흔적이 남아 있다. 이러한 서종의 경우 '한국의 고전적'으로 정리 및 번역 사업의 대상이 될 수 있을 것이다. 필자의 견해로는 조선시대에 우리나라에 유입된 모든 서적을 한국의 고전적으로 간주하는 것이 바람직하다.

다는 것이다. 그 이유는 한국의 고전적의 총량에 대한 실사를 한 적이 없기 때문이다. 총량에 대한 파악은 각 소장처의 목록을 토대로 한 간접조사 형태로 이루어졌다. 한국고전번역원에서는 한국고전총간의 사업대상의 모수(母數)로 한국 고전적 총규모를 50여만 점, 29,252종으로 추산하였다.[10] 그런데 이 연구는 주로 한문자료를 대상으로 하고 있어서 한글 고문헌을 포괄하지 못하고 있다. 한글 고문헌의 경우 다양한 추산이 있는데 최근 한국고전번역원에서 진행한 정책연구에서는 44만점(종수 미정) 정도로 추정한다.[11] 한문과 한글 서책들을 합하면 대략 100만점 정도 되는 것으로 보인다. 이외에 고문서와 금석문을 포함하면 1백만 점은 훌쩍 넘을 것이다. 지금까지 고전문헌에 대한 원전정리 사업의 접근법은 그 중 가치가 높은 것을 위주로 정리한다는 방침이었기 때문에 총량이 크게 문제되지는 않았다. 자료가 아무리 많더라도 가치있는 것은 최상위의 한정된 작품이 될 것이기 때문이다. 이와 달리 모든 자료를 다룬다면 수집정리의 측면에서 총량이 문제가 될 것이다. 이에 따라 전반적인 사업기간도 정해질 수 있기 때문이다.

유럽의 고전학자들이 협력하여 작업하고 있는 라틴어 대사전 — Thesaurus Linguae Latinae — 의 경우 기원후 6세기까지 문헌과 금석문의 모든 라틴어 기록을 수집하여 이를 토대로 편찬 작업을 진행한다.[12] 이 경우 고전 라틴어 기록이 모두 라틴어 대사전 편찬작업의 학문적 대상이 된다. 마찬가지로 우리나라에서 한국 한문과 고전 한국어를 정리하는 한국 고전어 사전을 편찬한다면 특정시기를 기준으로 모든 기록물이 학적 연구의 대상물이 될 것이다. 기록물의 가치는 그 본래적 측면 뿐 아니라 후대 연구의 측면에서 발굴되는 부분도 있기 때문에 쉽게 한정할 수는 없을 것이다. 총량적 접근법

10　김재훈, 「한국 고전적의 총규모와 성격에 대한 연구」, 『민족문화』 53. 2019.

11　엄태웅, 「한글고전문헌 현대화 표준안 연구」, 『민족문화』 70. 153-247면, 2025. 한글 문헌의 경우 특정 서적을 동일 계열의 이본으로 볼 것인지, 다른 계열로 볼 것인지 결정하기 어려운 경우가 많아 종 수 산정이 어렵다. 한글 고문헌에 대한 총량 산정도 논란 거리이다.

12　안재원, 「라틴어 대사전에 대하여」, 『서양고전학연구』 25, 2006.

에 따라 자료에 대한 선별을 유보하고 전근대 시기의 모든 기록물을 수집 정리하는 것도 가능한 일이다. 대략적으로 현재 파악된 100만점 이상의 서책 자료와 조사 정리되고 있는 고문서 자료, 그리고 금석문 등이 모두 디지털화하여 정리해야 할 대상이 될 것이다. 이전에는 한 곳에 자료를 모으는 것이 불가능하였지만, 현재는 디지털 기술의 발달로 데이터 댐을 구축하여 소장처가 다른 자료들도 한곳에 모아 한눈에 볼 수 있게 할 수 있다.

IV. 어떻게 만들 것인가? 제도적 측면과 기술적 측면의 문제

1. 제도에 대한 검토

한국의 옛 책들을 디지털화하여 정리하는 문제에 대해 법적이고 제도적인 측면에서 주체와 대상을 어떻게 정할 것인지 논의할 필요가 있다. 또 이러한 개념을 실현할 수 있는 기술적 기반을 어떻게 구축할 것인지도 문제가 된다. 먼저 이러한 사업을 하기 위해 필요한 법적인 문제들을 먼저 살펴보자.

이러한 사업을 할 주체를 정하고 사업의 대상을 정하는 것이 핵심적인 문제이며, 국가단위에서 강제성 있는 규범으로 만드는 경우에는 법 규범에 명시하는 것이 효과적이다. 법적 측면에서 여러 개별법의 조항을 통하여 규정할 수도 있고 하나의 특별법을 통하여 규정할 수도 있을 것이다. 실행의 측면에서는 특별법을 통하여 규정하고 필요한 경우 개별법을 수정하는 것이 편리할 것이다.

'한국기록유산보존법'과 같은 법을 만들어 문화유산청, 국립중앙도서관, 한국고전번역원 등 각 주체의 역할과 보존 대상인 서책, 금석문 등의 사업대상과 기록유산등록체계, 한국고전자료관 등 방법, 도구적 장치를 통합적으로 규정할 수 있을 것이다.

개별적인 법률을 수정하는 경우에는 각각 필요한 부분을 검토하여 수정하는 것이 필요하다. 법적 측면에서 고전적과 관련된 법은 물론 디지털 데이터에 관련한 법률을 검토할 필요가 있다. 다음의 법과 그 시행령들을 살펴볼 필요가 있는데, 본고에서는 이들을 논하지는 않고 목록만 거론한다.

(1) 문화유산의 보존 및 활용에 관한 법률(문화유산법)
(2) 지능정보화 기본법
(3) 공공데이터의 제공 및 이용 활성화에 관한 법률(공공데이터법)
(4) 국가지식정보 연계 및 활용 촉진에 관한 법률(국가지식정보법, 일명 디지털집현전법)
(5) 클라우드컴퓨팅 발전 및 이용자 보호에 관한 법률(클라우드컴퓨팅법)
(6) 한국학중앙연구원 육성법
(7) 한국고전번역원법
(8) 도서관법

한국 고전 데이터 댐 혹은 고전전자자료관을 구축하려 할 때 문제가 되는 것은 자료수집을 위한 비용과 법적 강제력의 문제이다. 사업기관과 소장처에서 조사와 디지털 정리를 할 수 있는 위한 비용 및 보상을 설계해야 하고 또한 이를 위한 강제규정을 설정할 필요가 있다. 예를 들면 한국학중앙연구원 육성법에 다음과 같은 조항이 있다.

> 제5조(자료의 제공 등) ② 연구원은 고전(古典) 등 연구에 필요한 희귀자료를 소장하고 있는 자에게 그 자료의 열람 또는 복사를 요청할 수 있다. 이 경우 요청을 받은 자는 특별한 사유가 없으면 요청에 따라야 한다.

　　이 법에서는 고전적에 대한 수집 정리를 기관의 업무로 정의하지 않았다. 한국고전번역원법에도 비슷한 규정이 있지만 대동소이한데, (그 내용은) 다음과 같다.

제15조(업무협조 등) ①번역원은 고전문헌의 정리·번역·연구 등의 사업을 위하여 필요한 자료를 소장하고 있는 국가 및 지방자치단체와 개인·법인 또는 단체에 대하여 그 자료의 열람·복사·대여 등을 요청할 수 있다. 이 경우 번역원의 요청을 받은 자는 특별한 사유가 없으면 이에 따라야 한다.

근래 국회에 제출된 한국고전번역원법 일부 개정안(2025.4.16. 제안)을 보면 고전정보관리에 관한 조항이 들어가 있어서 이전의 법 조항에 비해 발전된 내용을 알 수 있다. 그 내용은 다음과 같다.

현　행	개　정　안
제1조(목적) 이 법은 한국고전번역원을 설립하여 고전문헌을 수집·정리·번역함으로써 한국학 연구의 기반을 구축하고 전통문화를 계승·발전시키는데 이바지함을 목적으로 한다.	제1조(목적) --- 번역하고 국가고전번역사업의 정보관리를 통하여 ------------------------------------.
제6조(사업) 번역원의 사업은 다음 각 호와 같다.	제6조(사업) --------------------------------------.
1. ~ 5. (생　략)	1. ~ 5. (현행과 같음)
<신　설>	6. 국가고전번역사업의 정보관리
6. 제1호부터 제5호까지의 사업에 부대되는 사업으로 정관으로 정하는 사업	7. ---------제6호까지의---------------------
제15조(업무협조 등) ①·② (생　략)	제15조(업무협조 등) ①·② (현행과 같음)
<신　설>	③ 국가, 지방자치단체 및 그 밖에 대통령령으로 정하는 공공기관 혹은 공공기금 등에서 지원하는 번역사업 수행 주체는 번역관련 정보를 번역원에 제공할 수 있다.

한국 고전에 대한 전체적인 조사와 디지털 작업전환을 하기 위해서는 '한국기록유산보존법'과 같은 법을 제정하여 대상을 명확히 할 필요가 있다. 즉 고전적의 등록과 수집 및 복제에 대하여 의무사항으로 규정하고 고전적 전체를 사업 규정하여서, 공공영역의 모든 고전적을 등록하여 디지털로 복제하도록 의무로 규정하는 것이다. 이를 위해 중국의 사례를 참고로 할 수 있는데 중국의 '중화 고적 보호 프로젝트(中華古籍 保護計劃)'[13]를 사례로 삼을 수 있을 것이다.

여러 사례를 참고하여 공공 도서관 등 공공기관이 수장하고 있는 실물서적의 경우 모두 일정한 등록번호를 갖게 하여 관리체계를 만들고 이를 통합 데이터베이스에 정리하게 하는 것이 필요하다. 등록체계는 현재의 '한국고전적종합목록'을 관리하고 있는 국립중앙도서관을 중심으로 하여 진행하고, 통합 데이터베이스는 한국고전종합DB를 운영하는 한국고전번역원을 중심으로 진행하는 것이 좋을 듯하다.

2. 기술적 검토

'한국고전 통합 데이터베이스'의 구축과 관련하여 검토해야 할 기술적 측면은 데이터 축적을 집중형으로 할 것인지, 분산형으로 할 것인지 문제가 되며, 데이터베이스를 구축할 때 시스템 구성을 SQL 기반의 관계형 데이터베이스로 할지 JSON 같은 비SQL계열 데이터베이스(NoSQL DBMS)로 할지도 문제가 된다. 여기서는 그러한 세부적이고 구체적인 논의보다는 각 기관들이 기존에 구축한 데이터베이스와 앞으로 구축할 데이터베이스를 어떻게 통합할 수 있는지 거시 구조 측면에서 살펴보고, 그러한 데이터베이스는 어떠한 데이터 모델을 지향해야 하는지 미시 구조에서 살펴보려한다.

13　張志淸, 위의 책, 같은 면.

1) 거시 구조

지금까지 여러 고전 관련 기관들이 고전 데이터베이스를 구축하였다. 이를 통합하는 한국고전 통합 데이터베이스를 구축할 때 채택할 수 있는 구조는 1) 중앙 집중형 구조 2) 분산형 구조 3) 중앙집중형과 분산형의 절충 구조를 상정할 수 있다. 이러한 구조를 각 기관의 데이터 센터의 서버에 구축할 것인지, 외부의 클라우드에 구축할 것인지도 생각하여야 할 문제이다. 그런데 이러한 사항을 결정하는 것은 가용할 수 있는 예산 규모일 것이다. 대개의 경우 각 기관이 가까운 미래에 획득할 수 있는 예산의 규모는 현존하는 시스템을 부분적으로 개선하고, 새로운 자료를 축적하는 것이 가능한 정도이다.[14] 달리 말하면 현재 각 기관들이 개별적으로 구축하여 운영하고 있는 시스템 이외에 새롭게 어떤 기관이 별도로 거대한 시스템을 구축하여 운영하는 것은 쉽지 않다. 즉 한국고전 통합 데이터베이스를 구축하는 사업을 기획하여 중앙 정부로부터 대규모의 예산을 획득하기는 쉽지 않다. 이러한 상황을 고려하면 우선 현재의 시스템을 바탕으로 적은 비용으로 구축 가능한 시스템을 구상해야 한다.

이 경우는 기본적으로 기존에 구축한 데이터베이스를 이용하는 분산형의 구조를 바탕으로 구축하되 메타 데이터 등 일부 데이터를 중앙에 집중하는 방식을 선택할 수밖에 없을 것이다. 각각 개별적으로 데이터를 구축하되 표준화된 데이터 모델을 따르고, 메타 데이터도 표준화하여 통합 운용의 편의성을 누릴 수 있도록 설계하는 것이다. 이를 통해 각 기관이 구축한 데이터베이스를 통합 연결하여 데이터 소통구조를 만드는 것이다. 예를 들면 현재 구축된 '디지털집현전'에 각 고전 DB가 현재보다 고도화되는 체계로 통합되

---

14   국사편찬위원회의 데이터베이스 경우 근래에 기존의 크리스탈로 구축한 데이터베이스를 오픈소스 기반의 MariaDB로 마이그레이션하였다. 한국고전번역원은 크리스탈 DB를 유지하고 있는데 새로운 시스템으로 마이그레이션할 소요가 있다. 공공기관의 데이터베이스 구축 방식에 대하여 정부에서는 클라우드 시스템을 권장하고 있다. 기관이 독립서버를 유지하는 것과 클라우드 시스템을 채택하는 것 운용 편이성과 비용 등 여러 측면에서 장단점이 있어 쉽게 결정할 수 있는 문제가 아닌 데다, 현재 각기관이 가용할 수 있는 예산은 매우 제한적이어서 선택지가 많지 않은 상황이다.

고 데이터 상호소통 및 이용도 편리하게 되도록 개선하는 것이다. 현재 구축되어 있는 '디지털집현전', '한국학통합플랫폼', '고전종합DB' 등의 통합성을 높이게 될 것이다. 이를 바탕으로 새로 구축하는 데이터의 경우 표준화된 틀을 사용하도록 기준을 마련하는 방식이다. 법과 제도적 틀에서 통일된 기준을 세우고, 물리적 시스템은 분산적으로 구성하는 방식이 된다. 이 경우 각 기관이 협의회를 만들어 사업을 조율하여 나가면서 시스템의 통합성을 높이게 된다.

최근 새로운 가능성이 생겼다. 정부에서 소버린 AI 개발을 국가 전략사업으로 제안하였다. 이에 따라 소버린 AI 개발과 관련하여 각 영역에 많은 자원이 투입될 것으로 예상된다.[15] AI의 개발에서 학습데이터의 축적도 중요한 부분으로 이에 대한 자원이 할당이 필요하다. 한국 고전과 관련하여서도 학습데이터 집적이 진행될 것이다. 현재 AI학습데이터의 경우 법적인 문제에도 불구하고 웹 크롤링을 통해 집적하는 방법을 사용하는 데 법적 제도적 한계에 도달할 것으로 예상된다. 국가가 공공 AI를 개발하는 과정에서 학습 데이터 수집은 웹 크롤링 대신 공식적인 학습 데이터 댐을 구축하는 것이 바람직하다. 이런 점에서 고전 통합 데이터베이스의 구축도 국가 AI에 대한 데이터 파이프라인 구축이란 관점에서 접근할 수 있다.

현재 각 기관에서 구축한 데이터베이스는 '디지털집현전' 등 데이터 집적소에 통합될 수 있다. 더욱 효과적인 형태로 데이터 집적소를 구축할 수도 있을 것이다. 새로 생성하는 데이터의 경우 더욱 효과적이고 통합적인 시스템을 구축할 수 있다. 예를 들어 국가 AI 학습데이터를 집적하기 위한 국가 AI 학습데이터 클라우드를 만드는 것이다. 저작권에 대한 개방된 접근이 보장된 자료들이 대부분인 고전적의 경우 정부의 지원 아래 공공영역에서 '공공 데이터 클라우드'를 구축하고 일부를 고전 사업기관과 연구자들이 사용

---

15 대한민국 정부 편, 『이재명정부 123대 국정과제』, 3면, 2025. 이 책 안에서 '세계를 이끄는 혁신경제' 안의 제1편 'AI 3대 강국 도약'을 참고하기 바란다.

하도록 하면, 이를 바탕으로 새로 생성되는 고전데이터의 경우 통합 데이터베이스 형태로 구축할 수 있을 것이다. 이러한 체계는 고전 관련한 영역에 대하여 다음과 같은 형태로 작업하는 것이 가능할 것이다.

1단계: 개방형 원문 - 이미지 데이터베이스 : 각 기관 및 연구자들이 작업한 고전적 자료의 이미지를 탑재한다.

2단계: 원문 인식(인공지능 OCR) 데이터베이스 : 탑재된 이미지 자료를 인식하여 텍스트 데이터로 변환한다. 연구자 등이 교감 등 수정할 수 있으며 이러한 수정 자료는 인공지능 원문 인식서비스의 학습자료로 쓰여 성능을 고도화한다.

3단계: 인공지능에 의한 교감/표점/번역 : 텍스트화된 데이터는 규정된 언어로 즉각 번역된다. 기본적으로 한국어, 영어, 중국어 등으로 번역된다. 이러한 번역결과는 타 언어 인공지능 서비스와 비교학습 데이터로 쓰일 수 있다. 이 결과에 대해 연구자가 수정할 수 있으며 수정 결과는 인공지능 서비스의 학습자료로 쓰인다.

3단계의 경우, 성과물의 공개 등급 및 공개 정도를 설정할 수 있다. 기본 값은 완전 공개이다.

4단계: 전문가 및 일반인 참여 : 공개 설정된 서비스에 대해 전문가 및 일반인이 참여하여 댓글 등 여러 방법으로 환류작업을 할 수 있다. 이러한 작업은 전문가 및 인공지능에 의해 데이터베이스에 반영된다.

5단계: 데이터베이스 고도화 작업 : 이렇게 구축된 데이터에 대해 한국고전번역원과 같은 전문기관이 검수 및 고도화 작업을 하여 '한국고전종합DB'와 같은 수준으로 신뢰도를 높인다.

이와 같이 만들어진 한국고전자료관 시스템은 한국고전 통합 데이터베이스이자 '한국고전 오픈 플랫폼'이라고 할 수도 있을 것이다. 일본의 국문학 연구자료관(NIJL)이 연구자가 사용하기 좋은 아카이브와 같다면 '한국고전 오픈플랫폼'은 위키피디아와 같은 개방형 시스템 성격을 가질 것인데 이는 교감, 표점, 번역 등의 서비스에 대한 개방적 참여구조에서 비롯된다.

앞에서 언급한 중국의 중화고적자원고에서도 이러한 시스템을 제한적으로 구현하여 AI 응용 서비스를 부분적으로 제공하고 있으며 점진적으로 시스템을 고도화하고 있다. 한국고전번역원을 비롯한 고전 관련 기관의 고전 데이터베이스는 현재로서는 대부분 폐쇄적이고 고정적 형태의 플랫폼이다. 디지털환경의 변화에 따라 점진적으로 개방적이고 유동적 형태로 변화할 것이다. 한국고전번역원의 고전종합DB는 조사와 연구, 번역이 완료된 서책 형태의 산출물을 재가공하여 고순도의 자료로 구축한 데이터베이스이다. 이와 같은 고전번역사업 결과물 데이터베이스는 고도화 작업을 통해 그 품질을 유지하도록 하는 것이 바람직할 것이다. 그 외의 일반적인 고전자료를 정리하는 경우에는 인공지능서비스를 응용하여 신속하게 구축하는 방법이 사용될 수 있을 것이다. 이 경우 정확도 등에서 일정 정도 품질하락이 있을 수 있으나 속도라는 이점을 얻게 될 것이다. 이와 같이 두 갈래의 접근법으로 데이터 품질을 높이는 일정 수의 고가치 데이터 생산과 신속하게 대량의 자료 축적이라는 목표를 이룰 수 있을 것이다. 이러한 고전적 자료를 분류하는 분류체계는 다중 분류체계를 사용할 수 있다. KDC 및 경사자집의 4부분류와 한국고전번역원이 진행하고 있는 한국고전총간의 서적분류체계를 적용할 수 있을 것이다. 또한 분류체계에 대하여도 개방적이고 유동적인 방식을 사용하여 축적된 데이터에 따라 유동적으로 재분류하도록 설계할 할 수 있다. 데이터가 축적됨에 따라 분류항목 자체도 의미 있는 데이터가 될 것이다.

2) 데이터의 미시 구조에 대해

한국고전 통합 데이터베이스와 현재의 각 기관들이 구축한 데이터베이스를 통합 연계하여 구축하거나 별도의 영역에 모두 참여하여 구축하도록 할 때 어떻게 설계할 것이냐가 거시적인 구조의 문제라면, 각각의 자료를 디지털화하여 처리하는 데이터 모델이 미시적인 구조의 대표적인 예일 것이다. 이에 대해 살펴보자.

a. 표준적인 한국 고전 데이터 모델 설계

현재 각 소장처를 중심으로 구축된 데이터베이스의 경우 운영체제와 데이터 파일 형식이 각기 다르다. 이러한 문제로 메타 데이터를 이용하여 통합 검색이 가능하도록 하고 있으나 효과가 제한적이다. 모든 고전자료가 표준적인 데이터 모델로 정리되면 매우 효율적이고 편리할 것이다. 현실적인 문제는 각 기관의 데이터베이스가 다양하고 시스템도 각기 다르다는 것이다. 게다가 대부분의 기관은 DB 설계 및 구축을 외부 업체에 위탁하여 진행하는데, 위탁 업체별로 각기 다양하게 DB를 구축하여 복잡성이 심화되었다. 이러한 난점을 해결하기 위해서는 주요 고전 관련 기관 협의체를 통해서 표준을 설정할 필요가 있다. 현실을 고려하면 고전 데이터베이스 관련하여 많은 경험을 가지고 있는 한국고전번역원을 중심으로 '한국 고전 데이터 기초 모델'을 만들고 이를 각 기관이 사용할 수 있도록 하는 것이 바람직하다. 현재 '한국고전총간사업'이라는 다양한 서종을 정리하는 사업을 진행하고 있기에 데이터 모델 설계에 참조할 수 있다는 편리한 점도 있다. 한국 고전 데이터 기초 모델 설계를 위해서는 다음과 같은 점을 유념해야 할 것이다.

b. 데이터 모델 설계 및 관리 체계를 갖추어야 한다.

한국고전번역원 등 전문기관 내부에 통합 데이터 모델, 개별 데이터 모델, 메타 데이터 등의 설계와 관리를 담당하는 전문적 상설 기구를 자체적으로 운영할 필요가 있다. 내부 사업은 물론 외부 사업을 지원하기 위헌 지원협력팀도 갖추고 있어야 한다. 이러한 역량을 갖춤으로서 고전 관련 업무를 외부 업체에 위탁하는 방식이 가진 한계를 넘어설 수 있다. 이를 위해 예산과 인력을 확보할 필요가 있다.

초기 설계의 기초 모델이 만들어진 뒤에도 각 층위 데이터 모델의 정교화 및 고도화, 새로운 형태의 데이터 가공 등을 지속적으로 연구 개발하는 전담팀을 운영하고 협업체계를 구축하는 유연한 구조를 채택하여야 한다. 필요에 따라 모듈화된 프로젝트 팀을 적극적으로 운영하여 상설 기구와의 확장적 협업 체계를 수립할 필요가 있다.

c. 개방형 표준을 따르고 데이터 모듈화를 지향한다.

개방형 표준을 채택해야 한다. 기술적 확장성을 위해 특정 플랫폼이나 기술에 종속되지 않는 개방형 표준을 채택하는 것이 중요하다. XML, RDF, OWL 등 웹 표준 기술을 기반으로 데이터를 구축함으로써 미래에 등장할 새로운 기술 환경에 유연하게 대응할 수 있어야 한다. 또한 데이터 모델의 모듈화를 해야 한다. 대상 자료의 확대·추가·편입 등에 대하여 확장성과 지속가능성을 확보하기 위해 모듈화된 데이터 모델링(modularized data modeling)이 필요하다. 모듈화함으로써 전체 데이터 구조의 변화 없이 새로운 데이터 모듈을 추가하는 방식으로 확장 및 변조를 할 수 있다. 새로운 자료군이나 데이터 유형이 추가되는 경우 기존 데이터 구조를 변경하지 않고 시스템을 확장하기 위해서 필요한 부분이다. 이는 특히 특정 문헌이나 장르에 대한 개별적 데이터 모델을 설계하는 차원에서 중요하다.

d. 메타데이터 표준화

데이터 통합 초기 단계에서는 각 기관이 개별적으로 데이터베이스를 운용하면서 메타데이터를 통해 통합 검색 등 서비스의 말단에서 통합 운용하는 것부터 시작하게 될 것이다. 한국 고전 데이터의 통합적 운용을 위해 먼저 해야 할 일은 표준화된 메타데이터 체계를 만드는 것이다. 국내에서 서비스되고 있는 고전 관련 데이터베이스가 적지 않은데 운영 주체마다 상이한 체계를 갖고 있어서 통합적인 연계 및 활용에 장애가 있다.

메타데이터의 표준화는 각 기관의 자료를 데이터 센터에서 통합·관리하기 위해서도 필요하지만 상호 활용하기 위해서도 필요하다. 한국고전 자료 일반에 대한 표준화된 메타데이터 스키마를 설정하면 데이터의 상호 활용을 활성화할 수 있도록 해야 한다.

3) 데이터 활용을 위한 고려

AI 등 변화에 대응할 수 있는 데이터 활용을 염두에 두어야 한다. 한국고전 통합 데이터베이스 혹은 한국고전자료관은 연구자들이 학술적 연구에 사용하는 고전 아카이브에 한정되지 않도록 해야 한다. 다양하게 활용되는 데이터로 유통될 수 있는 데이터 활용체계를 준비해야 한다. 한국고전 자료를 데이터 아카이브로 구축하는 것은 그 자체로 자료 보존과 활용으로 의미가 있지만 AI를 비롯한 새로운 기술 환경에서 활용할 데이터를 제공하는 데이터 자원의 성격도 있다. AI를 위한 학습 데이터 검색증강생성(RAG) 모듈 등 다양한 활용을 고려하여야 한다. 이러한 상황에 대응하기 위해 고전데이터와 관련한 공공 API 정책 등 여러 측면의 준비가 필요하다.

이전의 고전 데이터베이스는 서책을 데이터화하여 웹 환경에서 검색과 자료제공에 대응하는 것으로 의미가 있었다. 이제 데이터 아카이브를 데이터 댐이라고 할 규모로 구축하여 운영하는 것은 한국고전 데이터에 대해 통합적이고 틈이 없는 서비스를 제공하는 것을 의미한다. 이는 계속되는 확장과 고도화 작업을 필요로 한다. 이를 위해서 고전전문기관도 지속가능한 관리 운영 체제를 구축하고 새로운 수요에 능동적으로 대응하는 유연한 조직이 되어야 한다. 이는 한국고전번역원과 같은 고전 관련 기관이 고전번역서 출간 기관에서 고전 데이터 생산 및 관리 기관으로 성격이 변화함을 의미한다.

V. 맺음말

앞에서 한국고전 데이터 댐이라는 개념으로 한국의 모든 고전적을 디지털 자료로 정리하는 방안에 대해 시험적으로 검토하였다. 법적 측면에서는 특별법 형태로 한국기록유산보존법(가칭)을 만들어 사업주체와 대상, 방법을 규정하는 방법과 개별 법률을 제정 및 개정하여 법적 기반을 확보하는 것이 가능하다. 개별 법률의 경우 한국고전번역원법 등 기존의 법체계를 수정하여 국가적 규모의 고전 디지털 데이터의 생성과 수집, 관리의 주체와 역할, 권능에 대하여 법적으로 규정할 필요가 있다. 특별법을 만드는 경우나 개별법을 개정하는 경우나, '모든 고전적을 등록하도록 의무화 하는 것'이 필요한데, 이는 사업대상을 전체적으로 접근하는 총량적 접근을 규정하는 것이다. 또한 고전적을 보존하는 사업이 선택적인 행위가 아니라 의무적인 행위임을 밝히는 것이다.

기술적 측면에서 고전 디지털 데이터 기초 모델(표준 모델)을 만들어 각 기관이 공통적으로 사용하여 균질적인 데이터를 생성할 수 있도록 해야 한다. 국가 AI 개발과 연계하여 한국고전통합 데이터베이스를 구축하게 되는 경우에는 별도의 영역에서 통합 데이터베이스를 구축할 수 있을 것이다. 이러한 시스템으로 '한국고전 오픈 플랫폼'을 만드는 것이 바람직하지만, 예산이 충분하지 못한 경우라면 각 기관들이 구축한 데이터베이스를 표준화된 메타 데이터를 통해 통합 이용하도록 하는 방안도 가능하다. 이를 위해 고전 메타 데이터 표준을 만들 필요가 있다.

제 2 부

동·서 디지털 인문학의 활용

디지털 인문학 연구자를 위한 도메인 특화 sLM 모델 생성 및 활용 방법
_ 고부열

Can I write a thesis with AI?(AI로 논문을 쓸 수 있을까?)
– 논문 작성자 관점에서 바라본 도구로서의 AI
_ 신원철

한자 문헌 관련 인재 양성과 '디지털문해력'에 관한 논의
_ 허 철

한국어 분석 구문 표상 방안 재검토
_ 박철우

디지털 인문학 연구자를 위한
도메인 특화 sLM 모델 생성 및 활용 방법

—

고 부 열

㈜지미선 AX융합연구소 소장

—

Ⅰ. 머리말

Ⅱ. 문헌연구에서 LLM 범용모델의 약점과 sLM 모델의 필요성

Ⅲ. sLM 모델 구축과 데이터 준비

Ⅳ. sLM 모델 구축을 위한 환경설정

Ⅴ. sLM 구축을 위한 모델 파인튜닝 실습

Ⅵ. 맺음말

Ⅰ. 머리말

2025년이 시작되면서 대용량 언어모델이라 부르는 사전학습된 LLM 모델들이 연이어 출시되고 있다. 1월에는 중국의 DeepSeek R1이 저비용 고성능 오픈소스 모델로 출시되어 기존 시장에 충격을 주었고 뒤를 이어 2월에는 X의 데이터를 활용해 모델을 학습한 그록3, 최초의 하이브리드 추론 모델 클로드 3.7 소넷, 3월에는 주요 성능평가에서 1위를 달성한 Gemini2.5 Pro가 출시되었다. 그리고 Meta는 2025년 4월 5일 AI 혁신의 새로운 시대를 여느 듯 한 멀티모달 Llama 4를 출시했다. 이번 Llama는 Scout, Maverick 그리고 학습 중인 Behemoth[1]로 구성되어 있으며 Scout와 Maverick 모델은 오픈 가중치로 공개[2]되어 연구자와 개발자들이 자유롭게 활용할 수 있다. Llama 4가 이전의 모델들과 다르게 혁신적이라 평가되는 것은 파라미터 크기가 109B인 Scout, 400B인 Maverick 그리고 무려 2T인 Behemoth로 출시되었고, 텍스트와 이미지를 함께 처리하는 네이티브 멀티모달 모델로 설계

---

[1] Llama4 시리즈에서 무려 2T 사이즈의 파라미터를 갖는 모델 이름을 Behemoth라고 명칭한 것이 흥미롭다. Behemoth는 히브리어로 성경 욥기에 나오는 매우 크고 강력한 원시의 혼돈 괴물이다.

[2] https://huggingface.co/meta-llama 참고.

되었다. 무엇보다 디지털 인문학 연구자들에게 도움을 주는 것은 초기 토큰 사이즈(context window)가 10M tokens로 확장된 것이다. 이 점은 인문학 연구자들이 기초 문헌과 같은 장문의 문서를 한 번에 넣고 전체 맥락 속에서 해석이 가능하게 되었다는 것이며 문헌 번역에 있어서 일관성 있는 번역 생성이 가능해졌다. 그런면에서 LLM 모델의 파라미터 사이즈와 토큰 사이즈는 인문학 연구자들에게 문헌 전체 맥락을 이해하고 일관된 의미를 유지한 AI기반 추론 가능성을 열어놓았다.

이러한 범용적인 LLM 모델의 혁신적인 발전과 더불어 연구자들의 고유 영역에 맞춘 sLM(small Language Model) 모델에 관한 관심도 늘어갔다. 그 이유는 크게 두 가지로 생각해 볼 수 있는데 하나는 범용적인 LLM 모델은 표현 그대로 전문 연구 분야의 문헌 자료로 학습되지 않은 대중적이고 현대어 중심의 자료들을 수집하여 학습한 모델이다. 예를 들어 ChatGPT[3]의 경우 아래의 표와 같이 모델 생성 단계에 수집하여 학습된 데이터의 종류로 전처리와 학습을 거쳐 언어 이해, 추론, 대화 생성 능력을 갖추게 된다.

자료종류	내용
웹문서	Common Crawl: 전 세계 웹사이트의 스냅샷을 주기적으로 수집하는 대규모 데이터셋 (약 60% 이상 차지)
	StackExchange, Reddit, Wikipedia, Quora, Medium 등도 포함될 수 있음
책	Project Gutenberg, BookCorpus, 기타 공개 도서 텍스트
	픽션/논픽션, 철학, 역사 등 다양한 장르가 포함됨
위키 및 백과사전류	English Wikipedia (가공된 정제 버전 사용)
	기타 다언어 위키/백과형 콘텐츠
코드 (GPT-3.5 이후)	GitHub에서 공개된 오픈소스 코드 (Python, JavaScript, C++, 등)
	Stack Overflow에서 파생된 코드 질문·답변

---

3   https://openai.com/index/gpt-4-research/ 참고.

대화 데이터	고객 서비스 스크립트, 오픈소스 챗봇 로그, Reddit 스레드 등에서 수집
	사용자-응답자 형태의 구조화된 대화로 가공

<학습 데이터 수집 출처>[4]

사람을 대상으로 설계된 시험을 통한 벤치마크 테스트 결과에서도 알 수 있듯이 범용모델은 인간 수준의 언어 이해와 추론 능력에 도달해 있다. 하지만 빈도나 보편성에 초점을 둔 일반적 능력과 적용 범위와 호환성에 초점을 둔 범용적 능력이 디지털 인문학을 연구하는 전문 연구자들의 특화된 도메인 영역에서도 성능을 보장해주는 것은 아니다.

도메인 특화 sLM 모델을 생성하는 것은 범용모델이 학습하지 않은 특정한 분야(domain)에 관련된 데이터만을 사용하여 작고 효율적인 언어모델을 훈련 또는 미세조정(fine-tuning)함으로써 해당 분야에 정확하고 신뢰할 수 있는 언어모델을 생성하는 것이다. 예를 들어, 청말 동서양 문명교류 문헌을 연구하기 위하여 ChatGPT와 같은 LLM에서는 답변을 기대할 수 없다면 당시 문헌인 한자-라틴어 사전을 학습데이터로 하여 사전 검색용 sLM 모델을 생성하여 연구에 활용하는 것이다.

이에 디지털 인문학 연구자들이 과거의 방대한 문헌과 사전을 생성형 AI라고 하는 혁신적인 기술을 활용하여 연구자가 특정 한자를 검색하면 해당 한자의 발음, 용례 그리고 라틴어 뜻풀이를 제공하는 sLM 모델을 생성하는 단계와 방법을 제안한다.

---

4   ChatGPT 4o 에 "ChatGPT 모델을 만들기위해 학습데이터는 어떻게 수집되고 가공되었는지 알려줘"
     라고 물었을 때 ChatGPT는 오픈된 형태의 다양한 데이터를 수집했다고 답변을 한다.

Ⅱ. 문헌연구에서 LLM 범용모델의 약점과 sLM 모델의 필요성

여기에서는 Meta에서 공개한 오픈소스 언어모델 중에서 Llama 3를 기반으로 sLM을 구축한다. Llama 시리즈는 서론에서 언급하였듯이 최신 버전으로 4까지 출시되었지만 파라미터 사이즈가 본 연구의 범위와 성격에 맞지 않는다고 생각하여 실습이 가능한 파라미터 사이즈를 가진 Llama 3.1 8B모델을 기준으로 진행한다. Llama는 오픈소스 모델임에도 불구하고 ChatGPT 등의 거대 언어모델과 견줄 만한 우수한 성능을 보여주고 다양한 작업에서 뛰어난 텍스트 생성 및 문제 해결 능력을 제공한다.

다만 Llama 모델이 대형 언어모델이긴 해도 19세기 한자-라틴어 사전과 같은 특수 도메인 분야에서는 할루시네이션(환각)이 발생한다. 따라서 사전의 전문 지식을 파인튜닝을 통해 모델에 내재화하는 과정이 필요하다. 또한 연구자들이 보유한 GPU 인프라 환경을 고려하면 거대 모델을 그대로 쓰기보다는 경량화가 필수이기에 모델을 경량화하여 소형화 전략이 필요하다.

1. 문헌연구에서 sLM 모델의 필요성

19세기 문헌 연구에 활용하기 위하여 일반적인 생성형 AI로 한자 亂의 라틴어 의미를 찾아보려고 할 때, ChatGPT 4o 프롬프터에 "귀네(Joseph de Guignes, 1759-1845)가 간행한 『중국어-라틴어 사전[5]』(1853판) 사전(이하, '귀네사전')에서 한자어 亂 의 라틴어 의미를 알려줘"라고 검색하면 아래와 같은 답변을 내놓을 것이다.

---

5   사전의 정식 명칭은 다음과 같다. Guignes, M. de. *Dictionarium sinico-latinum: meliori ordine digestu, characteribus sinicis ad voces in phrasibus appositis; nonnullis linguae sinicae notionibus praemissis labore, cura ac diligentia Fris Hieronymi Mangieri a S. Arsenio.* (Parisiis: 1853)

ChatGPT 4o ⌄　　　　　　　　　　　　　　　⬆ 공유하기　⋮　

> 귀네(Joseph de Guignes, 1759–1845)가 간행한 『중국어-라틴어 사전』(1853) 사전에서 한자어 亂 의 라틴어 의미를 알려줘

『Dictionarium sinico-latinum』(1853)에서 한자어 **「亂」**의 라틴어 의미를 정확히 확인하기 위해서는 해당 사전의 원문을 직접 참조하는 것이 가장 확실합니다. 이 사전은 19세기 중반에 편찬된 중국어-라틴어 사전으로, 당시의 중국어 어휘를 라틴어로 번역하여 서양 학자들에게 중국어를 소개하는 데 중요한 역할을 했습니다.

일반적으로, 한자 「亂」은 "혼란", "무질서", "반란" 등의 의미를 가지며, 라틴어로는 **"confusio"**, **"tumultus"**, **"seditio"** 등으로 번역될 수 있습니다. 그러나 해당 사전에서 「亂」이 어떤 라틴어 단어로 번역되었는지에 대한 정확한 정보는 현재 확인되지 않았습니다.

이 사전의 디지털 판본은 일부 온라인 아카이브에서 열람할 수 있습니다. 예를 들어, HathiTrust Digital Library에서 검색해 보실 수 있습니다. 해당 사전의 디지털 판본을 직접 확인하시면 「亂」의 라틴어 번역을 정확히 알 수 있을 것입니다. catalog.hathitrust.org

또한, 유사한 시기에 편찬된 다른 중국어-라틴어 사전인 Basilio Brollo의 『Dictionarium sinico-latinum』도 참고하실 수 있습니다. 이 사전은 프란치스코회 선교사 Basilio Brollo(1648–1704)가 편찬하였으며, CHIN-DICTIONARY 프로젝트에서 디지털화 및 연구가 진행 중입니다.

이러한 자료들을 통해 「亂」의 라틴어 번역을 확인하시고, 당시 서양 학자들이 중국어를 어떻게 이해하고 번역했는지에 대한 통찰을 얻으실 수 있을 것입니다.

〈ChatGPT 4o를 사용하여 귀네가 발행한 중국어-라틴어 사전에
수록된 한자를 검색하는 예시〉

　　위의 검색 결과를 보면 전통적인 데이터 기반의 예측 모델인 AI에 비해 생성형 LLM 모델 특징이 잘 드러나 있다. 예측 모델로서 AI가 하는 역할은 분명하다. 넷플릭스나 유튜브의 개인화된 동영상 추천 알고리즘을 생각하거나 신용카드 회사에서 카드사용 이상 거래를 탐지하는 서비스를 생각해 볼 수 있다. AI모델은 입력 데이터를 분석하여 학습한 결과를 내놓게 된다. 하지만, ChatGPT와 같은 생성형 모델은 패턴을 예측하는 것이 아니라 "질문에 대한 답을 '무슨 말이라도' 만들어주는 AI모델이다. 여기에서 중요한 것은 "무슨 말이라도" 만들기 위하여 학습된 지식을 사용한다.

다시 위의 검색 결과를 확인해보면, 사용자가 원하는 답변은 수많은 사전 중에 귀네사전의 1853년 판본인『중국어-라틴어 사전』에서 亂의 라틴어 의미이다. ChatGPT의 답변을 아래와 같이 구분해서 확인해보면 범용 LLM 모델의 일반적 특징과 약점을 알 수 있다.

구분	답변내용
일반 정보	이 사전은 19세기 중반에 편찬된 중국어-라틴어 사전으로, 당시의 중국어 어휘를 라틴어로 번역하여 서양 학자들에게 중국어를 소개하는 데 중요한 역할을 했습니다.
사전 정보	**일반적으로**, 한자 「亂」은 "혼란", "무질서", "반란" 등의 의미를 가지며, 라틴어로는 "confusio", "tumultus", "seditio" 등으로 번역될 수 있습니다. 그러나 해당 사전에서 「亂」이 어떤 라틴어 단어로 번역되었는지에 대한 정확한 정보는 현재 확인되지 않았습니다.
Guignes 사전 수록 정보	[표제어] 亂, (Loán), Perturbatus, perturbare ; a regula deflectere, tumultuari, confusio, confuse ; furiose ; tumultus excitare ; item illos sedare : Orationis epilogus, quo dicta in compendium rediguntur. [예문] 亂位, 난위, Loán-véi, Sine ordine. 亂坐, 난좌, Loán-çóo, Serede sine ordine. 變亂, 변란. Pién-loán, Revolutio.

위의 답변 내용에서 귀네사전 수록정보와 비교해 보면 알 수 있듯이 ChatGPT는 귀네사전을 학습하지 않아 사전에 수록된 내용에 관하여 정확한 답변을 하지 않았다. 그럼에도 생성형 AI 모델은 "무슨 말이라도" 생성하기 위하여 범용적인 한자 뜻을 제시하고 대응되는 라틴어 단어를 답변해 주고 있다. 이러한 부정확한 정보를 답변하는 것을 할루시네이션(hallucination, 환각) 현상이라 하며 전문적인 도메인 영역에서 필연적으로 나타날 수 밖에 없는 현상이다. 이런 생성형 AI의 한계에 직면하여 교류문헌을 연구하는 분야에서 sLM 모델을 구축해야할 필요성이 대두된다.

2. sLM 모델 구축 방법 및 범위

디지털 인문학 분야에서 생성형 AI를 자체적으로 구축해서 활용하는 방법은 크게 3가지 나누어 볼 수 있다. Pre-trained 모델을 파인튜닝하여 sLM 모델을 구축하는 것과 RAG[6](검색증강현실) 파이프라인을 구축하는 것 그리고 RAG와 파인튜닝된 sLM 모델을 결합하는 방법이다. 일반적인 생성형 AI 구축은 RAG와 파인튜닝을 결합하여 사용하지만 여기에서는 첫 번째 방식인 Pre-trained 모델에 학습 데이터셋을 파인튜닝하는 sLM 모델 구축 방법[7]을 사용한다.

Ⅲ. sLM 모델 구축과 데이터 준비

1. 원시데이터 준비

동서교류문헌 연구는 당시에 전파되고 기록된 문헌들을 조사하고 연구하는 데 그 목적이 있다. 교류문헌 성격상 시기별, 지역별 그리고 언어별로 매우 다양한 텍스트를 비교 분석해야 한다. 당시 문헌 연구에 있어서 특정 어휘가 타 언어권에서 어떤 의미로 사용되었는지를 살펴보기 위하여 그 시기에 출판된 사전에서 의미를 찾아낸다면 보다 정확한 연구에 도움이 될 것이다. 아래의 사전은 명청시대 중국어 용어 의미를 라틴어로 밝힌 대표적 사전

---

6   RAG (Retrieval-Augmented Generation)란 검색(Retrieval)과 생성(Generation)을 결합하여 사용자가 프롬트터에 질의를 입력하면 저장관 문서를 검색한 후, 검색 결과를 기준으로 답변을 생성하는 방식

7   정천수, 「도메인 특화 LLM: Mistral 7B를 활용한 금융 업무분야 파인튜닝 및 활용 방법」, 『지능정보연구』 30(1), 93-120면, 2024. 특정 분야의 도메인에 필요한 sLM 모델을 파인튜닝하여 활용한 좋은 예시와 방법론을 참고할 수 있다.

인 중국어-라틴어 사전이다.

Guignes, M. de. *Dictionarium sinico-latinum: meliori ordine digestu, characteribus sinicis ad voces in phrasibus appositis; nonnullis linguae sinicae notionibus praemissis labore, cura ac diligentia Fris Hieronymi Mangieri a S. Arsenio.* (Parisiis: 1853)

명청시대 중국어 용어의 의미를 라틴어로 밝힌 대표적 사전으로, 주(駐) 광동(廣東) 프랑스 영사였던 귀네(Joseph de Guignes, 1759-1845)가 간행한 『중국어-라틴어 사전』(1853)이다.

〈귀네사전 1853년판의 표지와 소개〉

이 사전은 프란시스코파 신부 제모나(Basile de Gemona, 1648-1704)의 선행 작업인 『한자서역(漢字西譯)』을 대부분 채택한 것이기에, 17-18세기의 중국어에 대응되는 라틴 용어를 가톨릭 사제들이 어떻게 이해했는지 확인할 수 있는 가치 있는 문헌이다. 아래 문헌 내용을 보면 한자 표제어와 발음, 뜻, 예문(한자, 발음, 뜻)이 어떻게 기록되었는지 알수 있다.

귀네의 중국어-라틴어 사전에 수록된 한자 표제어는 약 14,000자이며, 부수별로 한자를 실었는데, 각 글자마다 발음을 기록하고 라틴어 의미를 서술하였다. 관련 한자 단어 및 그것의 라틴어 번역을 싣고 있다. 상당히 풍부한 내용을 담고 있을 뿐 아니라 이미 완성된 사전의 체계를 갖추고 있으므로, 이 사전은 명청시대 동서교류 문헌의 다중언어 용어/용례 연구로 발전시킬 수 있는 문헌 자료이다. 아래의 그림은 귀네사전의 PDF 자료의 표제어가 수록된 형태와 내용 구조이다.

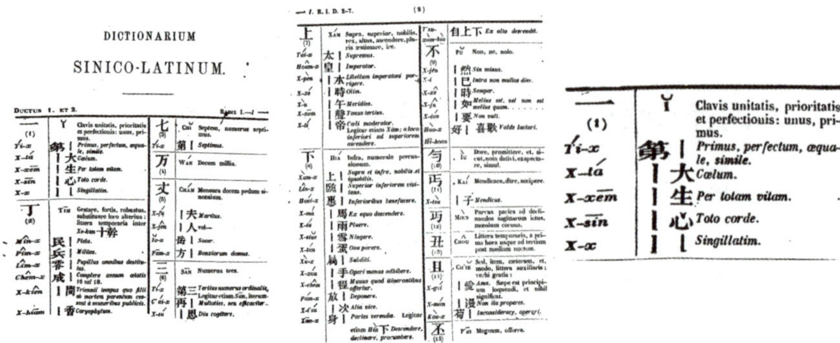

〈좌측으로부터 귀네사전 수록 한자 페이지와 우측은 표제어 한자의 내용 구성〉

위와 같은 귀네사전의 출판(인쇄) 형태를 보더라도 원시데이터란 수집된 문헌 그대로의 데이터를 말한다. 아직 정제, 구조화, 가공 등의 전처리 과정을 거치지 않은 상태의 문서(PDF, EXCEL, TEXT, IMAGE 등) 형태로 수집된다. 보통 원시데이터의 형태는 다음과 같다.

구분	설명
수집 상태 그대로	문서, 파일, 센서, 설문, 웹크롤링, OCR 등에서 추출한 상태 그대로 존재
구조화되지 않음	텍스트, 이미지, 로그 등 다양한 형태로 존재하며 정형, 비정형 모두 포함
노이즈와 오류 포함	중복, 결측치, 오타, 잘못된 형식 등 포함 가능성 높음
대용량 가능성	정제 이전이므로 불필요한 정보 포함 (데이터 용량이 큼)
분석/학습에 부적합	바로 모델 학습에 적용할 수 없는 형태, 반드시 전처리 필요

원시데이터는 기본적으로 학습이 가능한 형태가 아니어서 불완전하거나 오류가 포함되어 있으며, 이를 정제, 정규화, 라벨링 등의 과정을 통해 신뢰할 수 있는 데이터로 가공해야 한다.

2. 데이터 전처리 및 학습데이터 구축

2.1. 문헌 PDF 파일 분석 후 데이터 구조화

원시 데이터인 문헌자료 PDF 파일을 학습 데이터셋으로 가공하기 적지 않은 시간과 인력이 투입되는데 우선적으로 아래와 같이 PDF 파일의 한자 표제어를 정형화된 데이터로 분류한다.

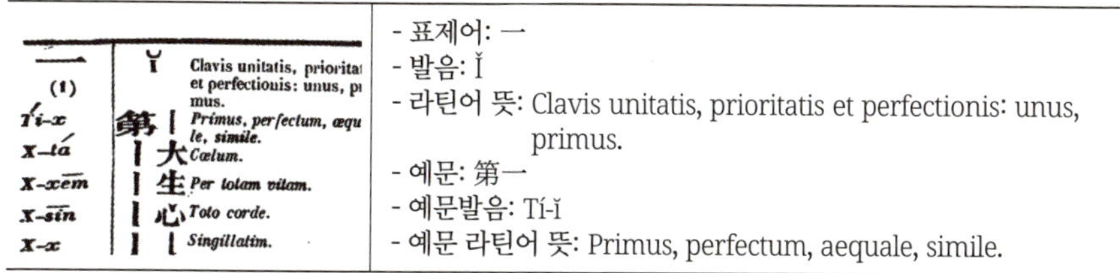

〈귀네사전에 수록된 표제어 구성〉

학습 데이터로는 표제어와 예문으로 구성되는데 표제어 한자의 라틴어 뜻, 한글 발음, 병음과 상응하는 한 개 예문 한자의 라틴어 뜻과 병음을 한 개의 레코드로 구성하고 엑셀로 입력한다. 이 단계를 OCR을 통하여 PDF 파일에서 텍스트 형태로 추출하고 싶지만 대부분의 연구 문헌들은 언어와 형식, 인쇄 상태가 제각각이어서 OCR 처리가 가능하지 않다. 그런 까닭에 시간과 인력을 들여서 엑셀로 저장하는 단계가 대부분이다.

2.2. PDF 파일에서 엑셀로 데이터 입력

엑셀의 각 항목은 왼쪽에서부터 순번, 표제어 한자, 한글발음, 병음, 라틴어 뜻, 예문 한자, 예문 한글발음, 예문 병음, 예문 라틴어 뜻의 순서로 구성한다.

1	一	일	I	Clavis unitatis, prioritatis et perfectionis: unus, primus.	第一	제일	Tí-ĭ	Primus, perfectum, aequale, simile.
					一大	일대	Í-tá	Caelum.
					一生	일생	Í-xēm	Per totam vitam.
					一心	일심	Í-sīn	Tota corde.
					一一	일일	Í-ĭ	Singillatim.
2	丁	정	Tīm	Gestare, fortis, robustus, substituere loco alterius ; littera temporaria inter *Xe-kan* 十幹	民丁	민정	Mín-tīm	plebs.
					兵丁	병정	Pîm-tīm	Milites.
					零丁	영정	Lîm-tīm	Pupillus omnibus destitutus.
					成丁	성정	Chêm-tīm	Complere annum aetalis 16 vel 18.
					丁間	정간	Tīm-kiên	Triennii tempus quo filii ob mortem parentum cessant à muneribus publicis.

〈귀네사전 문헌 원시데이터를 엑셀로 1차 가공〉

예를 들어 데이터셋의 한 레코드가 一 | 일 | I | Clavis unitatis, prioritatis et perfectionis: unus, primus. | 第一 | 제일 | Tí-ĭ | Primus, perfectum, aequale, simile. 와 같이 주어졌다면, 이는 표제어 한자 一에 대해 한글 발음은 '일', 병음은 'I', 라틴어 뜻은 'Clavis unitatis, prioritatis et perfectionis: unus, primus.', 예문 한자는 '第一', 예문의 한글 발음은 '제일', 병음은 'Tí-ĭ', 예문의 라틴어 뜻은 'Primus, perfectum, aequale, simile'을 나타낸다.

원래 엑셀 데이터는 사람이 읽기에는 구조화되어 있으나, LLM 모델의 학습 입력으로 쓰기에는 적합하지 않으므로 몇 가지 전처리 단계를 거쳐야 하는 경우가 있다. 데이터 정제를 수행해야 하는데, 엑셀 파일을 CSV 형식으로 변환 뒤 파이썬 pandas 라이브러리 등으로 불러와 각 필드를 확인하여 한자 필드에 빈 값이나 잘못된 글자가 있는 행, 혹은 라틴어 필드에 특수 문자가 깨져있는 경우 등을 점검하여 제거 또는 수정해야 한다. 아래의 그림은 데이터 전처리를 마친 데이터 레코드를 엑셀로 불러온 것이다. 각 레코드 별로 학습할 표제어 한자를 확인 할 수 있다.

	word	definition	pron_0101	pron_0102	example	example_pro
2	一	Clavis unitatis, prioritatis et perfectionis: unus, primus.	일	Ĭ	第一	Tí-ĭ
3	丁	Gestare, fortis, robustus, substituere loco alterius ; littera	정	Tīm	民丁	Mín-tīm
4	七	Septem, numerus septimus.	칠	Chĭ	第七	Tí-chĭ
5	万	Decem millia.	만	Wán		
6	丈	Mensura decem pedum si nensium.	장	Chám	丈夫	Chám-fú
7	三	Numerus tres.	삼	Sān	第三	Tí-sān
8	上	Supra, superior, nobilis, rex, altus, ascendere, pluris aest	상	Xám	太上	Tái-xám
9	下	Infra, numerale percussionum.	하	Hiá	上下	Xàm-hiá

〈학습데이터 셋을 구축하기 위한 전처리 데이터〉

IV. sLM 모델 구축을 위한 환경설정

우리의 목적은 오픈소스 언어모델 Llama 3.1을 기반으로 문헌교류 연구를 위한 sLM을 구축하는 것이다. Llama 3.1 모델은 총 3개로 출시되었고, 각각 파라미터 사이즈는 405B, 70B, 8B이다. 405B는 Llama 3.1 시리즈 중에 최고 성능을 자랑하는데 한 번에 처리할 수 있는 텍스트의 최대 길이가 128K로 약 128,000의 단어를 처리 할 수 있다. 하지만 405B 사이즈를 사용하기에는 고사양의 GPU 인프라가 필요하기에 파라미터 사이즈 8B 모델을 사용한다.

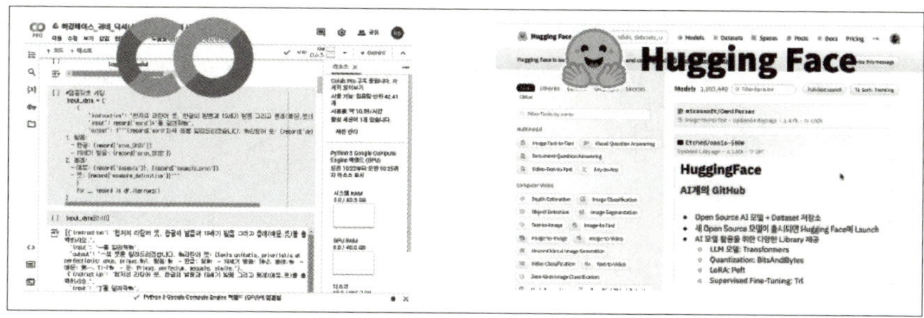

〈sLM 모델 구축 실습을 위한 개발도구 Google Colab과 허깅페이스〉

본격적으로 실습을 하기에 앞서서 개발 환경을 준비해야 하는데 sLM구축을 위한 개발도구로 Google Colab과 Llama 모델 다운로드와 파인튜닝 관련한 개발을 위하여 허깅페이스(Hugging Face)를 사용한다. Colab 환경에서 Meta Llama 3.1 8B 모델을 활용해 문헌 데이터에 특화된 모델로 파인튜닝하며, 메모리 효율을 높은 LoRA 기반의 경량화 튜닝 방법까지 진행한다. 사용 데이터셋은 허깅페이스의 booyeol/GuignessSimpleDictionary로 PDF를 엑셀로 정리한 후 허깅페이스 데이터셋 공간에 업로드한 데이터이다.

요약하자면 대략적인 sLM 구축과정은 다음과 같다. 우선 Colab과 허깅페이스 회원가입을 한 후에 허깅페이스 허브에서 제공되는 Llama 3 모델을 Colab 환경으로 불러온다. Colab에서 transformer, accelerate 등의 라이브러리를 이용하여 간편하게 Llama 3 모델과 토크나이저를 불러온 후에 파인튜닝에 필요한 절차를 수행한다.

1. Google Colab 준비

Colab은 구글에서 제공하는 무료 온라인 개발 환경이다. Colab을 사용하면 웹브라우저에서 Python 코드를 작성하고 실행하며, 구글 드라이버와 연동하여 파일을 저장하고 불러올 수 있다. 무료 회원의 경우라도 GPU와 TPU 사용이 가능하나 파인튜닝을 위한 컴퓨팅 시간이 많이 필요할 경우 유료 옵션을 구매하여 A100 GPU를 사용하는 편이 좋다. GPU 할당을 위해서는 Colab 노트북 상단 메뉴의 "런타임 → 런타임 유형 변경"에서 하드웨어 가속기를 선택할 수 있다.

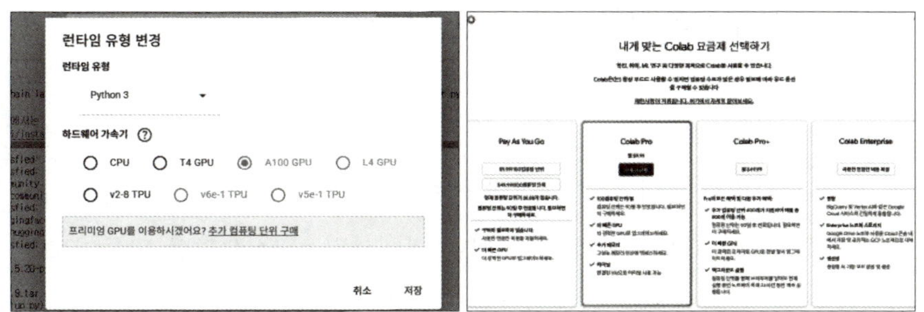

〈Google Colab 런타임 유형 변경과 유료 회원가입 옵션〉

2. 허깅페이스 준비

허깅페이스는 사용자가 접근하기 편리한 개발 환경을 제공하는 플랫폼이다. 사용자가 AI 모델을 쉽게 구축하고, 훈련하며, 배포할 수 있도록 돕는 여러 가능을 갖추고 있다. 주요 기능으로는 크게 아래와 같은 세 가지가 있다.

기능	내용
보안과 인증	개인의 계정에서 접근 가능한 모델 및 데이터 접근을 허용하며, 특히 제한된 모델(LLaMA, GPT 시리즈 등)을 사용하려면 인증이 필수적이다.
모델과 데이터 접근 권한	공개된 모델과 데이터셋 중 일부는 접근 권한이 필요한 경우가 있으며, 이때 인증키를 통해 접근이 가능하다.
모델 업로드 및 관리	본인의 모델 또는 데이터셋을 업로드하고 관리할 때 인증키로 사용자 인증 및 권한 설정이 가능하다.

허깅페이스 모델 접근 시 인증키가 필요하며, 인증키는 사용자의 계정을 통해 보안이 필요한 모델과 데이터셋에 접근할 때 필수적이다. Colab에서 직접 허깅페이스 모델을 활용할 때 로그인 인증을 통해 보안성과 사용 권한을 관리한다.

V. sLM 구축을 위한 모델 파인튜닝 실습[8]

위에서 설명한 바와 같이 데이터를 준비하고 실습 환경 구성까지 했다면 이제 본격적으로 교류문헌 연구를 위한 귀네사전 sLM 모델을 만들어보자. 우리의 목표는 분명하다. 귀네의 1853년 판 중국어-라틴어 사전에 수록된 표제어 한자를 검색하여 원하는 형식으로 답변을 생성하는 것이며 이를 위하여 아래의 단계를 거쳐서 모델 파인튜닝을 진행한다.

순서	주요작업	목적
1	허깅페이스 데이터셋 가져오기	- 모델 훈련을 위한 기초자료 확보 - 허깅페이스에 공개된 정제된 형태의 데이터를 빠르게 불러오기 (표준 인터페이스 datasets) - 표준화된 데이터셋 관리 및 접근 용이성 확보
2	허깅페이스 인증 (Access Token)	- 데이터셋 및 모델 접근 권한 확보 - 사용자 보안 및 접근 제어
3	모델 학습을 위한 템플릿 설정 및 데이터 전처리	- 모델이 학습할 수 있도록 데이터를 명확한 구조로 가공 - 모델이 일관된 형식의 출력을 생성하도록 훈련 시킴
4	모델 불러오기	- 사전학습된 강력한 LLM 모델을 기반으로 특정 도메인에 최적화된 모델 구축 - 사전 훈련된 지식을 바탕으로 빠르고 효율적으로 새로운 도메인 데이터 학습 가능
5	토크나이저 로딩	- 입력 테스트를 모델이 이해할 수 있는 토큰 단위로 변환하기 위함 - 텍스트 데이터 처리 과정에서 모델과의 호환성을 확보하기 위함
6	훈련 파라미터 설정	- 모델 훈련 과정의 성능 및 효율성 제어 - 하드웨어 및 데이터 특성에 따른 최적의 학습 환경 제공
7	SFTTrainer 훈련루프 정의	- Supervised Fine-Tuning(SFT)을 이용하여 도메인 데이터에 맞추어 모델을 효과적으로 훈련 - 데이터셋의 질문-답변 형식에 기반한 명확한 학습루프 제공

---

8   파인튜닝을 위한 예제로 사용된 코드는 인터넷 상에서 다양한 형태로 공개되어 있는 코드를 활용하거나 ChatGPT나 Claude와 같은 LLM을 활용하는 방법도 좋다. 본 장의 예제는 커뮤니티의 도움을 받아 적용한 코드이다.

8	훈련진행	- 설정된 환경과 데이터를 이용해 모델이 실질적으로 새로운 지식을 습득하도록 함 - 손실(loss) 값 감소 및 성능 향상 모니터링
9	허깅페이스에 모델 저장	- 훈련된 모델을 안전하고 효율적으로 관리 및 배포하기 위함 - 다른 연구자들과 공유 및 협업 가능성 제공
10	모델 평가	- 모델이 실제 사용 환경에서 목표에 맞는 성능을 발휘하는지 검증 - 추가 개선이 필요한 영역을 식별하여 후속 작업 수행의 근거 제공

실습을 진행하기 사전에 유의할 내용이 있다. 연구자가 보유한 학습 데이터는 통상의 질문-대화 형식이나 문맥 정보가 아닌 중국어-라틴어 사전이다. 범용 LLM 모델이 해당 문헌 지식이 없어 답변에 할루시네이션이 발생하는 현상을 정형화된 사용자 요청에 따라 응답을 "한자 표제어의 뜻과 발음 그리고 예문의 발음과 라틴어 뜻"을 출력하는 규칙을 학습시키는 것이다. 즉, 규칙적인 질의-응답 구조를 학습시켜 템플릿으로 학습해 답변 형식을 배우게 하는 것이다. 따라서 구축된 sLM 모델은 다양한 표현에 답변할 수 있는 것이 아닌 학습에서 배운 질의 형식을 벗어날 경우 의도한 답변을 생성하지 않는다.

1. 학습 데이터셋 가져오기

실습에 사용할 문헌 데이터를 허깅페이스에서 제공하는 표준 인터페이스(datasets)를 통해 쉽게 가져올 수 있도록, 데이터셋 허브인 booyeol/GuignessSimpleDictionary[9]에 등록했다.

---

9 https://huggingface.co/datasets/booyeol/GuignesSimpleDictionay 에서 데이터셋을 확인할 수 있다.

기능	내용
모델 허브	Hugging Face는 수천 개의 사전 훈련된 모델을 제공하는 모델 허브를 운영하며, 이 모델들은 텍스트 분류, 질문 응답, 텍스트 생성 등 다양한 NLP 작업에 활용될 수 있다. 사용자는 이러한 모델을 손쉽게 다운로드하고, 자신의 데이터에 맞게 파인 튜닝할 수 있다.
데이터셋 허브	다양한 데이터셋을 제공하여 사용자가 쉽게 데이터 수집 및 전처리를 할 수 있도록 지원하며, 이 데이터셋은 NLP뿐만 아니라 이미지 처리, 음성 인식 등 여러 분야에 걸쳐 있다.
Transformer 라이브러리	허깅페이스의 핵심 라이브러리인 Transformers는 복잡한 NLP 작업을 간단한 코드로 수행할 수 있게 해주며, 이 라이브러리는 BERT, GPT-2, T5 등 여러 유명한 모델을 포함하고 있으며, 사용자는 몇 줄의 코드로 이러한 모델을 활용할 수 있다.

사용자는 허깅페이스에서 데이터셋 구조와 내용를 아래의 그림과 같이 확인할 수 있다. (전체 레코드 개수는 13,594개)

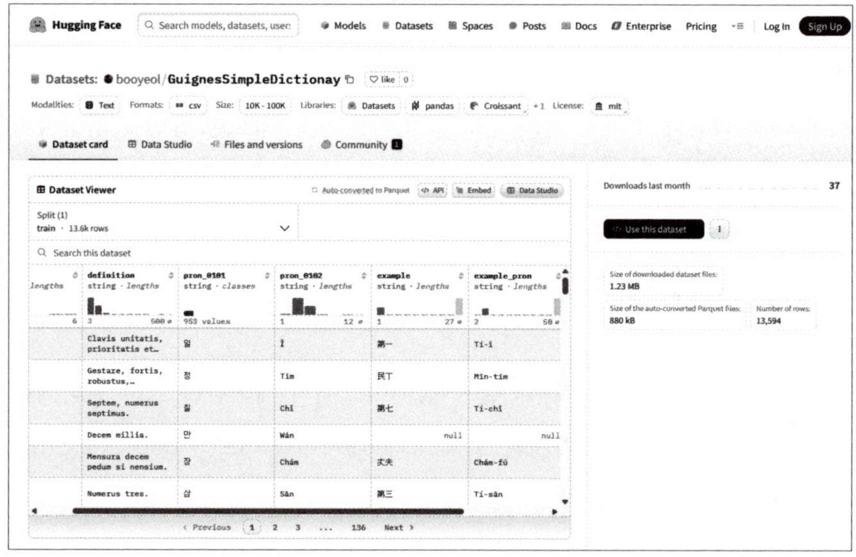

〈허깅페이스의 데이터셋 저장공간〉

1) 이제 아래의 코드로 허깅페이스에서 학습데이터를 가져올 수 있다.

```
import pandas as pd
df = pd.read_csv("hf://datasets/booyeol/GuignesSimpleDictionay/LATINO-
SINICUM.csv")
```

pandas는 데이터 분석과 처리를 위한 대표적인 라이브러리로 주로 표
형식(CSV, Excel 등)의 데이터를 다룰 때 사용한다. 여기에서는 허깅페이스에
업로드된 CSV 파일을 직접 참조한다.

2) 허깅페이스와 연계된 모델 학습과 파인튜닝 수행을 위하여 라이브러
리를 설치한다.

```
!pip install huggingface_hub
!pip install transformers
!pip install bitsandbytes
!pip install accelerate
!pip install datasets
!pip install peft
!pip install trl
```

① hugggingface_hub, 허깅페이스 허브와의 연결 및 모델, 데이터셋 접
　　근 제공
② transformers, 다양한 언어모델을 간편하게 로드하고 사용 가능하게
　　제공
③ bitsandbytes, 모델 파라미터를 양자화(quantization)하여 GPU 메모
　　리 사용량 절감 (8-bit 및 4-bit 연산)

④ accelerate, 허깅페이스 훈련 과정을 손쉽게 병렬화하여 속도 향상 및 최적화 수행

⑤ datasets, 허깅페이스에서 제공하는 다양한 데이터셋을 로그하고 관리, pandas와 호환하여 사용 가능하게 하며, 전처리 과정 간소화

⑥ peft, Parameter Efficient Fine-Tuning의 약자로 LoRA 등의 가벼운 미세조정 기법을 제공하여 모델 학습을 효율적으로 수행, 대형 모델의 빠르고 효율적인 파인튜닝을 위해 필요

⑦ trl, Transformer Reinforcement Learning의 약자로 지도학습(SFT), 강화학습(RLHF) 기반의 미세조정 기법을 제공

3) 데이터셋 및 모델 접근 권한 확보을 위하여 허깅페이스 인증 진행

```
from huggingface_hub import notebook_login
notebook_login() # 허깅페이스 로그인을 위하여 토큰 입력 프롬프트
```

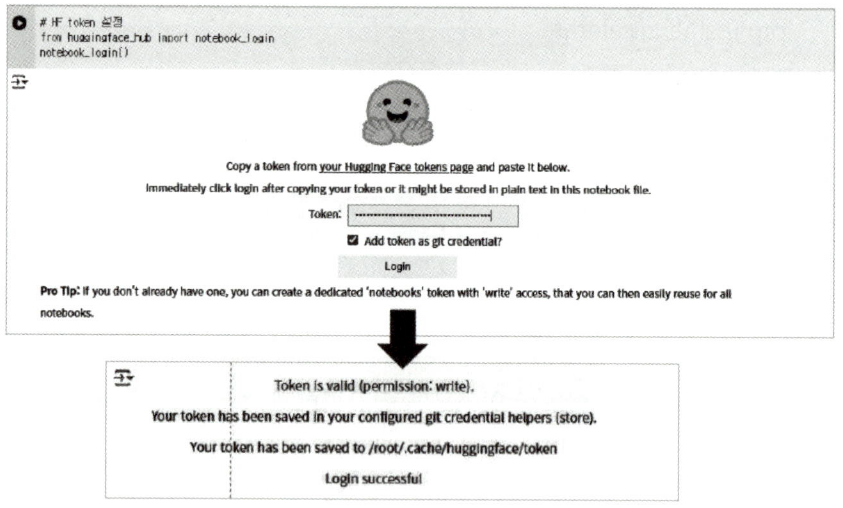

〈허깅페이스에 접속하여 인증키 입력 후 퍼미션 획득〉

4) 모델 학습을 위한 템플릿 설정

pandas 데이터프레임(df)에 저장된 한자 사전 데이터를 이용해 모델 학습을 위한 지도학습(Supervised Fine-Tuning, SFT) 데이터셋을 생성한다. 즉, 데이터프레임에 저장된 여러 개의 한자 데이터를 반복하면서, 각각의 데이터를 모델이 학습할 수 있는 형태(질문-응답)로 변환하는 작업을 수행한다.

```python
#학습 템플릿 세팅
input_data = [
    {
        "instruction": "한자의 라틴어 뜻, 한글의 발음과 19세기 발음 그리고
용례(예문,뜻)를 출력하시오.",
        "input": record['word'] + "를 알려줘\n",
        "output": f"""{record['word']}의 뜻을 알려드리겠습니다.
라틴어 뜻: {record['definition']}


1. 발음:
 - 한글: {record['pron_0101']}
 - 19세기 발음: {record['pron_0102']}
2. 용례:
 - 예문: {record['example']}, {record['example_pron']}
 - 뜻: {record['example_definition']}"""
    }
    for _, record in df.iterrows()
]
for _, record in df.iterrows()
]
```

① df.iterrow( ), pandas 데이터프레임의 모든 행(row)을 반복

② 반복문 안에서 아래와 같은 구조로 dictionary(딕셔너리) 생성하며 지도학습(SFT)을 위한 대표적이고 널리 사용되는 형태로 일반적으로 질문(input)에 대해 답변(output)을 모델이 학습하도록 하는 용도

```python
{
    "instruction": "...",
    "input": "...",
```

        "output": "..."

    }

③ 각 키(key)의 의미는 아래와 같다.

Key	역할	내용
instruction	모델에게 주는 지시문	한자의 뜻, 발음 및 용례를 출력하도록 지시
input	모델이 입력받는 질문 텍스트	특정 한자에 대한 정보를 요청하는 형태
output	모델이 출력해야 하는 응답 텍스트	한자의 뜻과 발음, 예문, 뜻 등을 정해진 형식으로 제공

④ input_data[0] 으로 구성된 데이터를 확인

    {

        'instruction': '한자의 라틴어 뜻, 한글의 발음과 19세기 발음 그리고 용례(예문, 뜻)를 출력하시오.',

        'input': '一를 알려줘\n',

        'output': '一의 뜻을 알려드리겠습니다. \n라틴어 뜻: Clavis unitatis, prioritatis et perfectionis: unus, primus.\n1. 발음:\n - 한글: 일\n - 19세기 발음: Ĭ\n2. 용례:\n - 예문: 第一, Tí-ĭ\n - 뜻: Primus, perfectum, aequale, simile.'

    }

5) 모델과 토크나이저를 로딩

get_model_and_tokenizer(model_id) 함수는 주어진 모델 ID에 따라서 Llama 3.1 8B 모델과 토크나이저를 불러오고, 4-bit로 메모리 최적화된 버전으로 로드한다. 내부에서 사용하는 AutoModelForCausalLM.from_pretrained 함수는 허깅페이스 transformers 라이브러리에서 제공하는 함수로 사전학습된 텍스트 생성 모델을 자동으로 로드한다.

```python
def get_model_and_tokenizer(model_id):
    tokenizer = AutoTokenizer.from_pretrained(model_id)
    tokenizer.pad_token = tokenizer.eos_token
    bnb_config = BitsAndBytesConfig(
        load_in_4bit=True,
        bnb_4bit_quant_type="nf4",
        bnb_4bit_compute_dtype="float16",
        bnb_4bit_use_double_quant=True
    )
    model = AutoModelForCausalLM.from_pretrained(
        model_id, quantization_config=bnb_config, device_map="auto"
    )
    model.config.use_cache = False
    model.config.pretraining_tp = 1
    return model, tokenizer
```

```python
# 허깅페이스에 등록된 모델과 토크나이저를 로드
model_id = "meta-llama/Llama-3.1-8B-Instruct"
model, tokenizer = get_model_and_tokenizer(model_id)
```

① tokenizer.pad_token = tokenizer.eos_token, LLaMA 계열 모델에는 기본 pad_token이 없으므로, eos_token을 대신 사용합니다.

② bnb_4bit_quant_type="nf4", 허깅페이스 bitsandbytes에서 사용하는 4비트 양자화 방식 중 고정소수점 정밀도가 높은 방식

③ bnb_4bit_compute_dtype="float16", 연산은 float16으로 수행하여 메모리 절감

④ bnb_4bit_use_double_quant=True, 추가 양자화를 적용하여 GPU 메모리 사용량을 더욱 줄임

⑤ device_map="auto", Colab 환경에 맞게 GPU로 자동 배치

⑥ model.config.use_cache = False, 학습 시 use_cache=True는 오류를 유발할 수 있으므로 꺼줍니다.

⑦ model.config.pretraining_tp = 1, LLaMA 구조에서 tensor parallelism 관련 설정 (여러 GPU가 있을 때만 의미 있음)

허깅페이스에 등록된 사전학습 모델을 Colab에서 로딩할 때는 아래와 같이 로딩되는 단계를 확인할 수 있다.

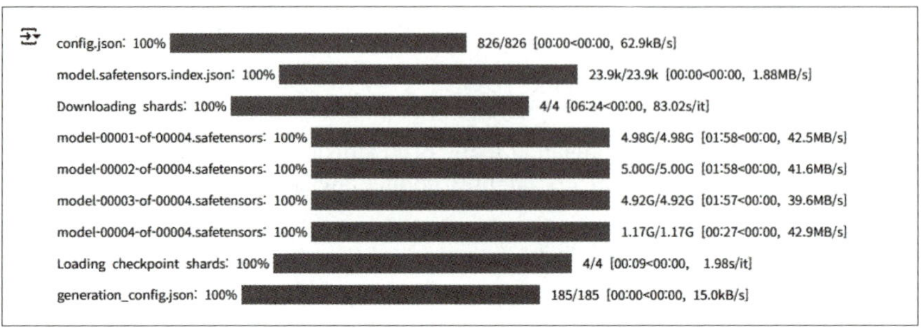

<사전 학습 모델을 로딩>

6) LoRA 설정과 환경변수

허깅페이스의 transformers, peft, trl과 같은 라이브러리를 활용하여 LoRA기반 경량 파인튜닝을 수행하는 대략의 방법이다. 특히 Colab과 같은 GPU 인프라가 제한된 환경에서 사전학습된 모델을 효율적으로 훈련하기 위해 최적화된 구조이다.

LoRA 정의 (LoraConfig), LoRA는 기존 모델의 모든 파라미터를 훈련하지 않고, Attention 계층 일부에 작은 행렬(저차원)을 추가하여 학습한다. 이렇게 하면 메모리를 절약하고 빠르게 파인튜닝을 수행할 수 있다. 도메인 특성에 따라 과적합이 발생하면 lora_drop을 0.1까지 높이는 것을 고려한다.

```
peft_config = LoraConfig(
    r=16,  # 학습할 저차원 행렬의 rank, 클수록 표현력이 높지만 무거워짐
    lora_alpha=64,  # 학습된 LoRA 행렬의 출력에 곱해지는 scaling factor
    lora_dropout=0.05,  # 기본추천. 학습 중 일부 드롭아웃(dropout)하여 과적합 방지
    # 과적합이 의심될 때 lora_dropout = 0.1
    # 데이터가 크고 과적합 걱정이 적을 때  lora_dropout = 0.01 or 0.0
    bias="none",  # bias는 LoRA 학습에 포함하지 않음
    task_type="CAUSAL_LM" # 언어모델 학습 목적에 맞춤
)
```

7) 훈련 파라미터 정의(TrainingArguments)

훈련 파라미터(Training Arguments)를 정의하는 목적은 모델 훈련의 전반적인 동작 방식과 조건을 제어하여, 효율적이고 안정적인 학습을 가능하게 만드는 것이다. 이 파라미터들은 모델이 데이터를 어떻게 학습할지, 어떤 자원을 사용할지, 얼마나 자주 저장하고 로깅할지 등을 세밀하게 조정하는 역할을 한다.

목적	항목	내용
학습 효율 제어	batch size gradient accumulation fp16	- 메모리 사용량과 학습 속도 최적화에 영향 - Colab이나 제한된 환경에서는 적절한 설정 없이는 학습이 불가능
	per_device_train_batch_size=4, gradient_accumulation_steps=2 → 작은 메모리에서 큰 효과	
성능 최적화	learning rate optimizer, lr scheduler	- 손실 함수의 수렴 속도와 안정성에 직결
	learning_rate=2e-4, lr_scheduler_type='cosine' → 자연스러운 감소로 과적합 방지	
학습 지속성과 복원	output_dir save_steps max_steps	- 중단 후 재시작(checkpoint)과 모델 저장에 필수
	save_steps=200 → 200 step마다 체크포인트 저장	
훈련 모니터링	logging_steps evaluation_strategy eval_steps	- 학습 과정을 실시간으로 모니터링 - 모델이 잘 학습되고 있는지 판단
	logging_steps=5 → 5 스텝마다 손실 값 등 출력	
자원 및 연산 제어	fp16 bf16 optim	- 연산 자원 절감, 계산 속도 향상에 결정적
	fp16=True → GPU 메모리 절약 및 연산 속도 개선 optim='paged_adamw_8bit' → 8bit 옵티마이저로 메모리 절약	
허깅페이스 허브 연동 (선택적)	push_to_hub	훈련 결과를 허깅페이스 허브에 자동 업로드

```
hf_output_model="llama3.18B-guignes"

training_arguments = TrainingArguments(
    output_dir=hf_output_model,   # 모델 체크포인트 저장 경로
    per_device_train_batch_size=8,   # GPU 1개당 batch size (T4면 무리일 수 있음
→ 4나 2 권장)
    gradient_accumulation_steps=2,   # 2회 누적 후 1회 업데이트 (실효 batch size
= 16)
    optim="paged_adamw_8bit",   # 메모리 절약 가능한 8-bit 옵티마이저
(bitsandbytes 지원)
    learning_rate=2e-4,   # LoRA 학습에 적당한 학습률
    lr_scheduler_type="cosine",   # 초반 빠르게 상승 후 완만히 감소하는 학습률 곡선
    logging_steps=5,   # 로그를 찍는 빈도
    num_train_epochs=10,   # 총 에포크 수
    max_steps=30000,   # 30,000 스텝에서 학습 종료 (epoch와 병행 설정 가능)
    fp16=True,   # GPU 메모리 절약 위한 16-bit float 사용
    push_to_hub=True,   # 허브에 업로드 여부
)
```

8) SFFTrainer 훈련루프 정의

SFTTrainer는 템플릿 기반의 질의응답 학습을 통해, 기존 언어모델을 특정 태스크나 도메인에 맞게 지시문 중심으로 파인튜닝하는 도구이다. 특히 LoRA와 함께 사용하면, 리소스 제한 환경에서도 고품질 특화모델을 빠르게 만들 수 있다.

```
trainer = SFTTrainer(
    model=model,   # 학습 대상 LLM 또는 LoRA 적용 모델
    train_dataset=formatted_dataset,   # 학습 데이터 (지시문-입력-응답 구조)
    peft_config=peft_config,   # LoRA 설정 (경량 학습 수행)
    args=training_arguments,   # 학습률, 에포크, 저장 주기 등 전체 훈련 설정
    tokenizer=tokenizer,       # 텍스트 → 토큰 변환 및 디코딩 담당
    dataset_text_field="text",   # 학습 데이터에서 텍스트 필드 지정
    packing = False,   # 독립 시퀀스로 처리, 텍스트 간 의미 단위가 명확하게 유지됨
    max_seq_length=1024,   # 입력 시퀀스 최대 길이 설정 (토큰 기준)
)
```

9) 모델훈련: trainer.train( )

trainer.train( )은 허깅페이스의 Trainer 또는 SFTTrainer 객체에서 사용하는 모델 훈련(파인튜닝)을 시작하는 핵심 명령어이며 정의된 모델, 데이터셋, 훈련 파라미터 등을 기반으로 실제로 학습을 수행하는 실행 명령이다. 해당 명령은 내부에서 다름과 같은 주요 작업을 진행한다.

주요 작업	내용
모델 파라미터 초기화 및 준비	- LoRA 적용 시 LoRA 어댑터만 학습 - full fine-tuning 시 전체 파라미터 학습
훈련 데이터셋 반복(epoch)	- 입력 텍스트를 토크나이즈하여 모델에 주입 - forward( ) → loss 계산 → 역전파(backpropagation) → 가중치 업데이트
로깅 및 체크포인트 저장	- logging_steps마다 현재 loss 출력 - save_steps 또는 save_strategy='epoch'에 따라 모델 저장
Gradient Accumulation	- gradient_accumulation_steps 설정에 따라 누적 후 한 번의 update
fp16 또는 bf16 연산	- 메모리 연삭 최적화

trainer.train( ) 명령어를 통하여 모델 학습을 진행할 때 아래와 같이 Colab에서 모델 훈련 상황을 확인할 수 있다.

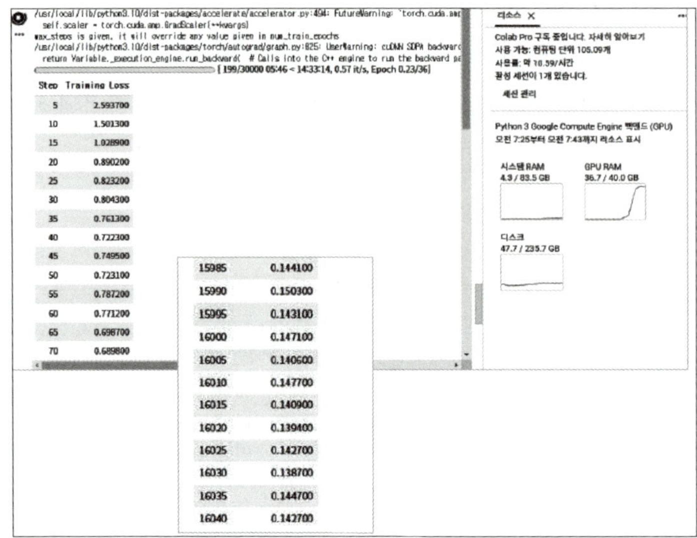

〈모델 파인튜닝 진행 상황을 모니터링〉

훈련을 마치면 아래의 그림에서 보듯이 지정된 허깅페이스 모델 저장소에 모델 가중치, 설정파일, 토크나이저 등이 저장된다.

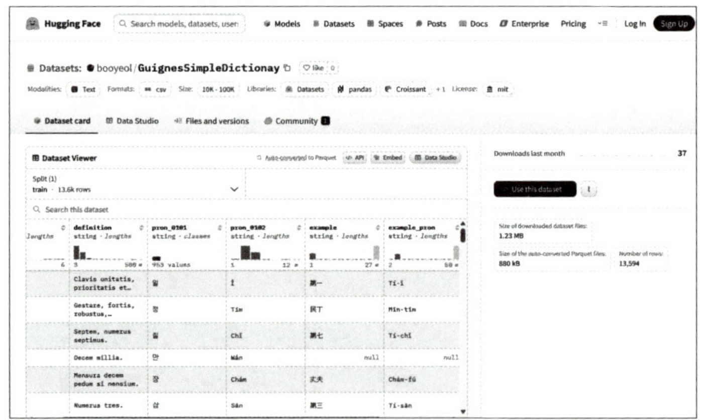

〈허깅페이스 허브의 모델 저장 상태〉

10) 허깅페이스에 저장된 sLM 모델과 토크나이저를 로드

위의 과정을 통하여 허깅페이스 모델 저장소에 저장한 파인튜닝한 sLM 모델을 로드하여 GPU 환경에서 추론할 준비를 한다.

```
model = AutoModelForCausalLM.from_pretrained(
    checkpoint_path,
    device_map="auto",  # Colab이나 멀티 GPU 환경에서 자동으로 GPU 메모리에
모델 블록 분산

    quantization_config = bnf_config # BitsAndBytesConfig 설정
)
```

quantization_config 옵션을 사용하면 설정에 따라서 4비트 양자화(quantization) 방식으로 로드하여 GPU 메모리를 절약하면서 추론에 사용할 수 있도록 할 수 있다.

```
bnb_config = BitsAndBytesConfig(
    load_in_4bit=True,  #모델가중치를 4bit정밀도로 불러와 VRAM 사용량을 4~5배
절감
    bnb_4bit_quant_type="nf4", # OpenAI, Meta 등에서 사용하는 고정밀 양자화
방식으로 성능 손실이 거의 없음
    bnb_4bit_compute_dtype="float16", # 연산은 float16으로 수행하여 속도와
메모리 사이에서 균형 유지
    bnb_4bit_use_double_quant=True # 2단계 양자화를 적용하여 더 많은
파라미터를 GPU에 올릴 수 있게 함
)
```

이 설정은 bitsandbytes 라이브러리를 기반으로 하며, Colab에서도 대형 모델(LLaMA 8B 등)을 다룰 수 있게 해준다.

```
tokenizer = AutoTokenizer.from_pretrained(checkpoint_path)
```

AutoTokenizer.from_pretrained는 학습한 모델에 맞는 토크나이저를 자동으로 불러온다.

11) sLM 모델 평가

이제 모델과 토크나이저 로드를 완료했으면, 모델 생성이 적절하게 되었는지 귀네사전의 특정 한자를 질의해서 추론한 결과와 실제 귀네사전과 비교하여 학습 정확성을 확인한다.

```python
import torch
from transformers import AutoModelForCausalLM, AutoTokenizer

# 모델과 토크나이저 로드 (실제 허깅페이스 모델 경로로 변경 필요)
model_path = "YOUR_MODEL_PATH"  # 실제 사용할 모델 경로로 변경 필요
tokenizer = AutoTokenizer.from_pretrained(model_path)
model = AutoModelForCausalLM.from_pretrained(model_path)

# GPU 사용 가능하면 GPU로 이동
device = torch.device("cuda" if torch.cuda.is_available() else "cpu")
model = model.to(device)

# 추론 함수 정의
def generate_response(instruction, input_text):
    model.eval()

    # 프롬프트 생성
    prompt = f"###Instruction: {instruction}\n###Input:
{input_text}\n###Response:"

    # 텍스트를 토큰화
    inputs = tokenizer(prompt, return_tensors="pt").to(device)

    # 목표 출력 (예상 출력 길이를 설정하기 위함)
    expected_output = "伽의 뜻을 알려드리겠습니다. 라틴어 뜻: Idolum sectae Fŏ
佛. 1. 발음: - 한글: 가 - 19세기 발음: K'iâ 2. 용례: - 예문: 伽俾, K'iâ-péi - 뜻:
Quoddam Regnum."
    prompt_with_output = f"{prompt}{expected_output}"
    expected_length = len(tokenizer.encode(prompt_with_output,
truncation=False, max_length=None))
```

```python
# 모델 추론
try:
    with torch.no_grad():
        outputs = model.generate(
            **inputs,
            pad_token_id=tokenizer.pad_token_id,
            eos_token_id=tokenizer.eos_token_id,
            max_length=expected_length,
            do_sample=True,
            num_beams=5,
            repetition_penalty=1.0,
            length_penalty=1.0,
            num_return_sequences=1
        )

        # 결과 디코딩
        generated_text = tokenizer.decode(outputs[0], skip_special_tokens=True)
        response = generated_text[len(prompt):].strip()

        return response

except Exception as e:
    return f"에러 발생: {str(e)}"

# 단일 질의에 대한 추론 실행
instruction = "한자의 뜻을 알려주세요."
input_text = "伽를 알려줘"

result = generate_response(instruction, input_text)

print(f"질의: {input_text}")
print(f"응답: {result}")
```

위의 코드를 실행하여 추론한 응답결과는 아래와 같다. 귀네사전의 정보
와 비교해 보았을 때 정확하게 사전의 정보와 동일한 응답을 하고 있는 것을
확인할 수 있다.

귀네사전 정보	모델추론 결과
표제어: 伽 , 라틴어 뜻: Idolum sectae Fŏ 佛., 발음 (한글): 가, 발음(병음): K'iâ 예제: 伽俾, 병음: K'iâ-péi, 라틴어 뜻: Quoddam Regnum.	伽를 알려줘 伽의 뜻을 알려드리겠습니다. 라틴어 뜻: Idolum sectae Fŏ 佛. 1. 발음: 　- 한글: 가 　- 19세기 발음: K'iâ 2. 용례: 　- 예문: 伽俾, K'iâ-péi 　- 뜻: Quoddam Regnum.

VI. 맺음말

　지금까지 살펴보았듯이 19세기 문헌인 귀네의 한자-라틴어 사전을 학습 데이터로 하여 오픈소스 언어모델 Llama 3를 파인튜닝 후, 디지털 인문학 분야 연구자를 지원하는 소형 생성형 AI 모델 즉 sLM 모델을 구축하였다.

　서론을 통해 이러한 도구의 필요성을 확인했고, Llama 3와 같은 오픈소스 모델을 Colab과 허깅페이스 환경에서 활용하는 방법을 개괄했으며, 데이터 전처리부터 프롬프트 설계, 응답 템플릿 확립, 모델 양자화에 이르는 전 과정을 구체적으로 다루었다. 그 결과 한자 입력에 대해 발음, 용례, 라틴어 풀이를 일관된 형식으로 제공하는 sLM 모델 구축이 가능한 것이 확인되었다.

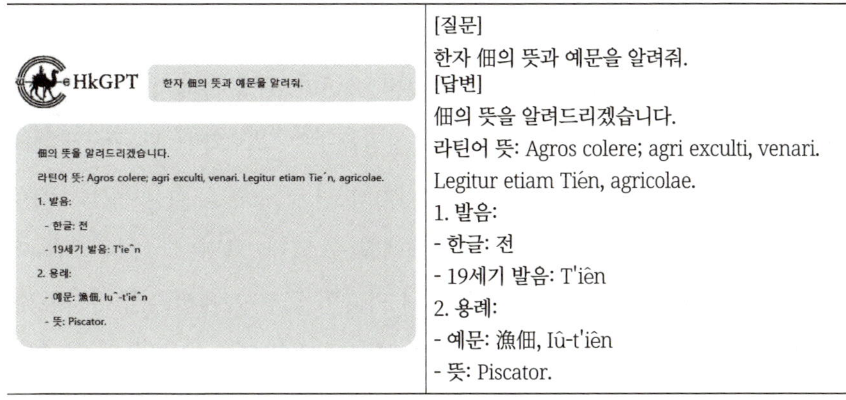

〈sLM 모델을 챗봇 방식으로 적용할 경우 형태〉

결과적으로 초기 목표였던 19세기 중국어 문헌 연구의 언어적 지원 도구로서 유용하게 활용될 수 있으며. 이 sLM 모델 기반 사전 AI의 의의는 크게 두 가지로 볼 수 있다. 첫째, 전통 인문학 자료를 최신 생성형 AI와 결합함으로써 과거 지식의 재발견과 활용 범위 확장을 이끌었다. 오래된 한자-라틴어 사전의 방대한 지식이 첨단 언어모델 속에 녹아들어, 현대 연구자가 손쉽게 질의응답 형태로 이를 탐색할 수 있게 되었다. 이는 디지털 인문학이 지향하는 "인간 학술지식과 디지털 기술의 접목"의 좋은 사례이다. 둘째, 제한된 자원으로도 특화된 언어모델을 구축하여 학술 연구 맞춤형 AI 조력자를 만들어냈다는 점이다. 상용 거대언어모델에 의존하지 않고도, 공개된 모델과 도메인 데이터만 있으면 연구자들이 직접 자신만의 sLM 모델을 훈련시켜 활용할 수 있음을 보여주었다. 특히 양자화 등의 기법을 통해 경량화에 성공함으로써, 예산이나 인프라가 부족한 인문학 연구 환경에서도 실질적으로 적용 가능한 수준의 성능을 확보했다.

향후 이 연구를 발전시키기 위해 고려할 수 있는 방향으로는, 다언어/다분야 확장이 있다. 예를 들어 한자-라틴어 사전뿐만 아니라 한자-한글, 한자-

영어 등 다른 사전 데이터를 추가로 학습시키면 더욱 풍부한 정보를 제공하는 사전(문헌) 전용 sLM 모델이 될 수 있다. 또는 19세기 중국어 문헌 자체를 말뭉치로 학습시켜, 단순히 사전적 풀이뿐 아니라 문맥 속에서 해당 한자가 어떤 의미로 쓰였는지까지 생성형으로 설명해주는 고도화된 도구로 발전시킬 수도 있을 것이다. 기술적으로는 최신 LLM 기술 동향을 적용하거나 지식 추론 능력을 보강하는 쪽으로 개선을 모색할 수 있다. 그러나 궁극적으로 이러한 모든 발전은 인문학적 통찰과 LLM 기술의 균형 속에서 이루어져야 할 것이다. 본 연구의 성과가 디지털 인문학 분야에서 생성형 AI 활용의 한 유익한 사례가 되어, 더 많은 인문학자들이 AI를 연구에 적극 도입하는 계기가 되길 기대한다.

Can I write a thesis with AI?
(AI로 논문을 쓸 수 있을까?)
논문 작성자 관점에서 바라본 도구로서의 AI

—

신 원 철

안양대학교 신학연구소 HK+사업단 HK교수

—

Ⅰ. 머리말

Ⅱ. AI는 논문 주제 선정에 도움을 줄 수 있을까?

Ⅲ. AI가 주는 자료는 믿을 만한가?

Ⅳ. 논문을 요약하고 정리해주는 AI

Ⅴ. 참고문헌 정리에 도움을 주는 AI

Ⅵ. AI가 논문을 외국어로 바꾸어 줄 수 있을까?

Ⅶ. 맺음말

Ⅰ. 머리말

2008년에 개봉한 영화 〈아이언맨〉에서는 다음과 같은 장면이 나온다. 그 배경을 간단하게 소개하자면, 주인공인 토니 스타크는 아프가니스탄으로 보이는 중동 지역에서 무기를 팔다 납치되었다. 그는 그 곳에서 조달 가능한 자원을 통해 한 땀 한 땀 외장 갑옷을 만들어 탈출하였다. 그 때 받은 영감을 바탕으로 이후 외장 갑옷에 해당하는 이른바 '강화 슈트'를 자신의 자택 지하에 있는 연구실에서 만들었다. 흥미로운 부분은 다음부터이다. 이때 토니 스타크는 강화 수트를 만드는 데에 있어 기능의 강화를 포함한 전 과정을 연구실에 갖추어 놓은 인공 지능인 자비스와 그에 의해 조종되는 로봇 팔 등을 이용하여 만들어낸다. 더욱 놀라운 부분은 이때의 명령어는 매우 자연스러운 영어, 즉 자연어(natural language)이다. 대화하듯이 요청, 주문을 하면 인공 지능은 그에 맞추어 결과물을 만들어낸다.[1] 이를 보면서 필자는 영화처럼

---

1 위의 내용을 Chatgpt에게 문의한 바, 다음과 같이 답변을 하였다. 질문: 2008년 개봉한 영화 〈아이언맨〉의 줄거리를 요약하고 그 속에서 활약한 인공지능에 대한 정보를 한 문단으로 풀어주세요. 답변: 2008년 개봉한 영화 아이언맨은 억만장자이자 천재 공학자인 토니 스타크가 아프가니스탄에서 납치된 뒤, 자신이 만든 무기가 테러 조직에 이용되는 현실을 깨닫고 이를 바로잡기 위해 아이언맨 슈트를 개발하는 이야기를 그립니다. 그는 탈출 과정에서 만든 초기형 슈트를 시작으로 강력한 고기술 슈트를 완성해 테러와 부패에 맞서게 됩니다. 이 영화에서 중요한 역할을 한 인공지능은 토니의 개인 비서 역

논문과 관련한 아이디어나 주제라 생각하는 내용을 자연스러운 대화문으로 요청하면 훌륭한 논문으로 만들어주는 툴이나 인공 지능이 존재할 수 있을까 생각해 보았다. 이 글은 이러한 생각이 얼마나 구현될 수 있을지를 점검하는 계기로 작성된 것이다.

크게 두 가지 분야에 대해서 언급하고자 한다. 첫째는 생성형 인공지능이다. 둘째는 자동 번역이다. 전자는 논문 작성 및 평가를 위한 것이고, 후자는 논문을 읽고자 하는 독자군의 확대를 위해서이다.

II. AI는 논문 주제 선정에 도움을 줄 수 있을까?

이 부분에서는 생성형 인공지능으로 가장 유명한 ChatGPT(https://www.chatgpt.com)를 통해 몇 가지 논문과 관련한 사항을 의뢰하고 그에 대해 반응을 보이는 것을 살펴보고자 한다.

먼저 논문을 작성하기 위해 해야 하는 작업이 어떠한 것이 있는지를 물었다. 이하의 인용 부분은 대화의 전문이다. 질문 답변의 형식으로 진행되었고, 필자의 질문은 본인의 성씨인 '신', ChatGPT의 답변은 'GPT'로 표기하였다. 이하에도 이러한 표기 방식을 유지할 것이다. 혹시라도 ChatGPT를 언짢게 하여 결과물이 좋지 않을까 걱정되어, 최대한 존중하는 말투로 진행하였다. 이는 부탁을 하는 사람의 기본적인 예의라 생각된다.

할을 하는 J.A.R.V.I.S.로, 이는 "Just A Rather Very Intelligent System"의 약자로, 음성 명령을 통해 토니와 소통하며 실시간 데이터 분석, 슈트 제어, 전투 지원 등 다양한 기능을 수행합니다. J.A.R.V.I.S.는 단순한 도구를 넘어 토니의 믿을 수 있는 조력자로 묘사되어, 인간과 인공지능의 협력 가능성을 보여주는 상징적인 존재로 평가받습니다.

신: 논문 작성에 도움을 줄 수 있을까요?

GPT: 물론입니다! 논문 작성에 필요한 다양한 부분에서 도와드릴 수 있어
요. 논문 주제 선정, 연구 방법론, 자료 분석, 논리 전개, 참고문헌 관리
등 어떤 부분에 도움을 드리면 좋을까요?

필자의 간곡한 질문에 긍정적인 답변과 더불어 다섯 가지의 세부 분야에
대해 언급하였다. 모두 중요한 내용이지만 일단 논문 주제 선정이 시급하기
에 이에 대해 추가적으로 질문하였다.

신: 논문 주제 선정에 도움을 주세요.

GPT: 좋습니다! 어떤 분야나 주제에 관심이 있는지 알려주시면 주제 아이
디어를 더 구체적으로 제안해 드릴 수 있을 것 같아요. 관심 있는 분야
나 주제를 공유해 주실 수 있나요?

GPT가 언급한 '공유'가 정확히 무엇을 의미하는 것인지 알 수 없다. 필
자가 논문 주제 선정을 위해 정보를 미리 알려주어야 하는지, 혹은 키워드나
문장 정도로 공유할 내용을 답변해주어야 하는지 의문이다. 앞에서도 계속
언급하였지만 ChatGPT와 더불어 맨바닥에서 시작하여 논문을 작성할 수 있
을지를 보는 것이기에 질문을 이어가는 것으로 정하고 문의를 계속하였다.

신: 주제는 AI가 논문을 작성함에 있어 어떠한 부분에서 도움을 줄 수 있을
지입니다.

GPT: 흥미로운 주제네요! AI가 논문 작성에 도움을 줄 수 있는 부분은 매
우 다양하며, 주제를 좀 더 세분화할 수 있습니다. 예를 들어 다음과 같
은 방향을 고려해볼 수 있어요.

문헌 조사 및 정리: AI 기반 문헌 검색 및 정리 도구들이 연구자가 관련 연

구를 더 빠르게 찾고 분석하도록 도울 수 있는 방법.

글쓰기 지원: AI가 초안 작성, 문장 교정, 문법 수정, 문체 개선 등에 미치는 영향과 그 한계.

데이터 분석 및 시각화: AI가 연구 데이터의 분석 및 시각화에 기여하는 방식과 그 정확도, 예를 들어 텍스트 분석이나 예측 모델링에서의 활용 가능성.

연구 윤리 및 신뢰성: 논문 작성 지원에서 AI 사용 시의 윤리적 이슈, 출처 표기와 데이터 신뢰성 문제.

논리적 구조 제안: AI가 논문의 구조나 내용 구성에 대한 제안을 제공함으로써 연구자가 논리적 흐름을 개선하는 데 기여하는 방법.

AI 기반 참고 문헌 관리: 인용이나 참고 문헌 관리 소프트웨어에서 AI의 역할, 자동으로 인용 형식을 맞추거나 논문 간의 연관성을 파악하는 방식.

관심 있는 세부 주제가 있으신가요?

"AI가 논문 작성에 어떠한 도움을 줄 수 있는지"에 대해 묻자 다음 여섯 가지, 즉 '문헌 조사 및 정리', '글쓰기 지원', '데이터 분석 및 시각화', '연구 윤리 및 신뢰성', '논리적 구조 제안', 'AI 기반 참고 문헌 관리' 등을 제시하였다. 모두 논문 작성에 있어 상당히 필요한 부분이기 때문에 이에 대해 세부 사항에 대한 설명을 질문하였다.

신: 제안해주신 6가지의 항목이 모두 논문 작성에 있어 필요한 것으로 보입니다. 이들에 대해 세부적으로 자세히 설명해줄 수 있을까요?

GPT: 알겠습니다! 제안해드린 6가지 항목에 대해 자세히 설명해드릴게요.

1. 문헌 조사 및 정리

문헌 검색: AI 도구는 방대한 학술 자료에서 특정 키워드, 주제, 또는 연구

질문과 관련된 논문을 빠르게 검색할 수 있습니다. 예를 들어, Google Scholar와 같은 플랫폼은 머신 러닝 알고리즘을 사용해 관련성 높은 논문을 추천해줍니다.

요약 및 분석: AI 기반 요약 도구는 연구자가 논문을 일일이 읽지 않고도 주요 내용을 파악할 수 있게 도와줍니다. 이를 통해 연구자는 더 효율적으로 문헌 검토를 수행할 수 있습니다.

연관성 분석: AI는 관련 논문 간의 연관성을 파악해 주제 네트워크를 생성하고, 이로 인해 연구자가 기존 연구와의 관계성을 시각적으로 확인할 수 있습니다.

2. 글쓰기 지원

초안 작성: AI 도구는 연구자가 논문 초안을 작성하는 데 도움을 줄 수 있습니다. 간단한 아이디어를 제공하거나, 특정 내용을 더 자세히 풀어 설명하는 방식으로 초안을 생성하는 데 기여할 수 있습니다.

문법 및 문장 교정: Grammarly와 같은 AI 기반 교정 도구는 문법 오류를 감지하고 교정해 주며, 문장의 명확성, 일관성, 문체 등을 개선하는 제안을 제공합니다.

스타일 가이드 맞춤화: 학술 논문은 특정 형식과 스타일을 따라야 하는데, AI 도구는 이를 자동으로 감지하고 필요한 수정 사항을 제안해줍니다.

3. 데이터 분석 및 시각화

데이터 전처리: AI는 데이터를 분류하고 이상값을 검출하거나 불필요한 데이터를 제거하는 등 데이터 전처리 과정에 매우 유용하게 활용됩니다.

분석 모델링: AI는 다양한 분석 방법론을 지원합니다. 예를 들어, 자연어 처리(NLP)는 텍스트 데이터를 분석하고 패턴을 도출하는 데, 머신 러닝 모델은 예측 분석에 자주 사용됩니다.

시각화: 분석된 데이터를 시각적으로 이해하기 쉽게 도와주는 AI 기반 시각화 도구가 많습니다. 복잡한 데이터도 쉽게 해석할 수 있게 하며, 독

자가 결과를 한눈에 이해할 수 있도록 도와줍니다.

4. 연구 윤리 및 신뢰성

표절 검사: AI는 논문 내의 표절 여부를 감지할 수 있는 기능을 제공합니다. 이는 연구 윤리를 지키고 출처 표기 오류를 줄이는 데 도움을 줍니다.

데이터의 신뢰성: AI를 통해 수집된 데이터나 생성된 내용은 검증이 필요합니다. 특히 생성형 AI가 작성한 글이나 요약이 실제 데이터를 얼마나 정확하게 반영하는지에 대한 검토가 중요합니다.

출처 명시: AI를 사용할 때는 생성된 정보의 출처와 데이터의 정확성을 검토하여 오용을 방지하는 것도 연구 윤리의 중요한 요소입니다.

5. 논리적 구조 제안

구조적 피드백: AI는 연구 논문에서 논리적 흐름을 분석하여, 각 섹션이 논문의 주제를 잘 뒷받침하고 있는지, 논리적 일관성이 있는지를 평가할 수 있습니다.

목차 및 내용 추천: 특정 주제에 따라 AI가 적절한 목차 구조를 추천하거나, 각 장의 세부 내용에 대한 아이디어를 제공할 수 있습니다.

논리적 결함 감지: AI는 연구자가 논리적 비약이나 불필요한 반복을 줄이도록 돕고, 독자가 논문을 쉽게 따라갈 수 있도록 구조를 개선할 수 있는 조언을 제공할 수 있습니다.

6. AI 기반 참고 문헌 관리

인용 관리: Zotero, EndNote와 같은 인용 관리 도구에 AI가 적용되어 논문 내에서 자동으로 인용 형식을 맞추고 관련성을 분석할 수 있습니다.

관련 연구 추천: AI는 사용자가 인용한 논문과 유사한 논문을 추천해 줌으로써 관련 연구를 더 쉽게 확장할 수 있습니다.

참고문헌 자동 생성: AI 도구는 다양한 인용 스타일을 준수하여 참고 문헌 목록을 자동으로 생성할 수 있어, 연구자가 형식에 맞추는 데 걸리는

시간을 절약할 수 있습니다.

이런 각 항목에서 AI가 논문 작성에 기여하는 방법과 그로 인해 발생할 수 있는 윤리적, 기술적 과제에 대해 논의해 볼 수 있습니다.

사실 이 정도 내용을 줄기로 잡고 여기에 생경한 단어나 표현에 대한 설명을 더하면 AI를 활용한 논문 작성의 소개글로 충분하다고 필자는 보았다.[2] 그렇지만 이러한 제시만으로는 원래 필자가 꿈꾸었던 AI가 작성해준 논문을 받아들고 감탄할 수준은 아니다. 그리고 살짝 이질감이 들었다. 혹시 AI가 필자인 나를 가르치려고 하는 것은 아닐까? 물론 필자는 여전히 배워야 하는 것이 많은 사람이긴 하지만, AI를 스승으로 두려는 것이 아니라 부릴 도구로 쓰고 싶어한다.

신: 논문 작성 일반론과 관련해서는 이와 같은 정도로 충분히 이해가 될 듯 합니다. 이후로 세부 항목에 대해 질문하도록 하겠습니다.

GPT: 네, 알겠습니다! 세부 항목에 대한 질문이 있으시면 언제든지 말씀해 주세요. 도움이 될 수 있도록 구체적으로 답변드리겠습니다.

이와 같이 첫 번째 대화는 끝났다. 지금까지 ChatGPT와의 대화를 보았을 때에는 희망찬 미래가 보였다. 이제 논문은 AI ChatGPT와 함께 쓴다. 살짝 뒷맛이 씁쓸하긴 하지만 말이다.

---

2   필자는 참고문헌 관리 도구 중 Zotero라고 하는 것에 대해 들은 적이 없기 때문에 검색을 통해 사용법 등을 확인하였다.

Ⅲ. AI가 주는 자료는 믿을 만한가?

그렇지만 실질적인 업무로 들어가자 ChatGPT는 앞에서 보인 긍정적이고 침착하며 자신감 넘치는 반응에서 좀 벗어난 태도를 보였다.

지난 번에 이어 이전에 시각화에 대해 정리할 수 있다는 점에 착안하여 "19세기 미국, 영국 등에서 파견된 서양 선교사 중 중국에서 활동한 선교사의 현황과 그 분포 지역 등에 대해 시각화해 줄 수 있는지" 물어보았다. 형식은 위의 방식과 동일하다. 역시 결과물에 영향을 끼칠까 봐 지극히 존중하는 태도를 지향하였다.

신: 19세기 미국, 영국 등에서 파견된 서양 선교사 중 중국에서 활동한 선교사의 현황과 그 분포 지역 등에 대해 시각화해 줄 수 있을까요?

GPT: 19세기 미국과 영국을 포함한 서양 국가에서 파견된 선교사들이 중국에서 활동한 지역과 그들의 분포를 시각화할 수 있습니다. 이를 위해 아래 정보를 반영해 보겠습니다:

분포 지역: 선교사들이 주로 활동한 중국의 주요 도시와 지역 (예: 북경, 상해, 광저우, 한커우 등).

선교 단체: 다양한 서양 선교 단체들이 중국 각지에 파견된 경우가 많았으며, 어떤 단체가 어떤 지역에서 활동했는지를 표현.

선교사 수: 각 지역에 파견된 선교사의 수를 크기나 색상으로 나타내어 활동 밀도를 표현.

시기: 1800년대 중반(태평천국 운동 전후)과 말기(청일전쟁 전후) 등 시기별 변화를 고려.

이 정보에 따라 중국의 지도를 배경으로 선교사의 주요 분포 지역을 시각

화하고, 선교사 수와 선교 단체별 활동을 구분하여 표현할 수 있습니
다.

혹시 포함해야 할 추가적인 요소나 선호하는 색상이나 스타일이 있나요?

북경, 상해 등 한국 한자음과 광저우, 한커우 등 중국어 표기 방식 등 지
명을 표기하는 데에 일률적이지 못한 점이 살짝 걸린다. 그렇지만 긍정적인
대답과 더불어 스스로 고려할 데이터의 내용, 시기 등에 대해 정리, 제시하였
다. 이러한 내용이 포함되어 지도에 시각화할 수 있다면 좋을 것 같아 다음과
같이 질문하였다.

신: 위에서 언급한 내용을 포함해서 중국 지도에 그 내용을 나타낼 수 있을
까요?

답변으로 다음 그림을 제시하였다.

<ChatGPT가 생성한 19세기 미국, 영국 등에서 파견된 서양 선교사 중
중국에서 활동한 선교사의 현황과 그 분포 지역 등에 대한 시각화>

위에서 제시한 그림을 살펴보면, 이른 바 할루시네이션(hallucination), 즉 AI가 존재하지 않는 내용을 만들어낸 것임을 알 수 있다. 실상 어떠한 자료도 제공하지 않은 상황에서 만들어내는 것이 신기하긴 했지만 전혀 쓸 수 없는 자료를 만들어낸 것이다.

이를 바로 잡고자 다음 URL 주소를 제공하고 이를 통해 분석해달라고 요청하였다.

https://en.wikipedia.org/wiki/List_of_Protestant_missionary_societ ies_in_China_(1807%E2%80%931953)

또한 심기를 거스를까 정중히 하였다.

신: 위의 내용은 오류가 많습니다. 다음 URL을 제시할 테니 그 내용을 정리, 요약하여 중국 전체 지도에 표시해주면 좋겠습니다.

그렇지만 답변은 다음과 같았다.

GPT: 제가 제공된 URL에서 정보를 직접 가져오는 데는 제한이 있지만, 중국 내 개신교 선교 단체의 분포를 정리하는 방법을 안내해 드릴 수 있습니다. 웹페이지에서 선교 단체 이름, 설립 연도, 주요 활동 지역 등의 주요 정보를 요약해 주시면, 중국 지도에 효과적으로 표시할 수 있도록 도와드릴 수 있습니다.

정리하는 법을 알려준다고 하니 고맙긴 하다. 그렇지만 그 일 자체를 해주었으면 하는데 계속 필자를 가르치고 잡다한 일을 시키려고 한다. 필자가 원했던 상황은 아니다. 일단은 여기까지 한 단계를 마치고자 한다.

Ⅳ. 논문을 요약하고 정리해주는 AI

앞에서 ChatGPT의 다양한 측면을 보게 되어 필자는 어느 정도 실망하였다. 점차 AI와 함께 하는 논문 작성은 멀어지는 듯 보였다. 그렇다면 어느 정도 ChatGPT 등 AI가 강점을 보일 수 있는 부분에 대해 문의하였다. 바로 논문에 대한 요약과 장단점 분석, 정리이다.

다른 수많은 논문이 있지만 모두 다양한 문제가 발생할 수 있기 때문에 13년 전 학술지에 투고하여 게재된 필자의 논문 신원철(2012)를 대상으로 요약과 장단점 분석을 실행하였다.[3] 신원철(2012)를 간단하게 소개하자면, 한자(漢字) '仁'자에 대해 人과의 발음의 동일함과 그 의미적 유사성을 관련짓는 '인성구의(因聲求義)'라는 방식을 적용하여 '仁'자의 글자 구성에 대한 논의와 한문에서의 쓰임 등을 논의한 논문이다. 이러한 논문에 대해 ChatGPT에게 요약과 장단점 분석을 의뢰하였다. 논문 pdf를 업로드하고 다음과 같이 질문하였다.

> 신: 이 자료를 읽고 요약한 후 장점과 단점을 분석해주세요.
>
> GPT:
>
> 요약:
>
> 이 연구는 고대 중국어에서 '仁'(인)이라는 한자의 형성과 의미에 관한 해석을 다루고 있습니다. '仁'은 유교의 핵심 개념으로, 초기 문헌에서는 '人'(인)과 상호 교차되어 쓰였으며, 문자적 의미와 음성적 요소를 통해 이해되었습니다. 연구는 '仁'의 다양한 형태와 해석을 검토하며, 특히 문자 구조와 의미가 음성과 연결되는 방식(因聲求義的 접근)을 설명합

니다. 이로써 '仁'과 '人'이 음성적으로 동일함에도 불구하고 의미적 구분을 가지게 된 배경을 탐구하고 있습니다.

장점:

심도 있는 문자 분석: 다양한 고대 문헌과 해석 방식을 통해 '仁'의 형성 원리를 다각도로 조명합니다.

음성과 의미의 연결성: 음성적 요소가 의미 이해에 기여할 수 있는 방식을 제시해 경전 해석에 도움을 줍니다.

유가 사상에 대한 기여: 유교의 기본 개념인 '仁'의 역사적 변천과 고유 의미를 조명하여 철학적·언어학적 해석을 제공합니다.

단점:

복잡한 이론: 육서와 음성-의미적 연결을 강조한 분석이 지나치게 복잡해 일반 독자에게는 이해가 어렵습니다.

한정된 적용성: '仁'의 음성적 연관성을 다루지만, 다른 문자에도 동일한 방법을 적용하기 어려운 경우가 있을 수 있습니다.

현대적 해석의 부족: 현대적 시각에서 볼 때 일부 내용이 고대 해석에만 한정되어 시대착오적이라는 평가를 받을 수 있습니다.

형식적으로는 완벽에 가까운 요약 및 장단점 분석이다. 이러한 결과물을 단 몇 분만에 만들어낼 수 있으니 충분히 훌륭하다 할 수 있다. 내용적으로 보더라도 요약 부분은 충분하다. 의뢰한 논문을 작성한 필자 본인도 그렇게 보았다. 장단점 분석 부분은 필자 본인의 논문이기 때문에 팔이 안으로 굽는 방식으로 보게 된다. 필자는 위의 내용 중 장점은 그럴 듯했지만, 단점은 ChatGPT의 오류라 판단했다. 첫 번째 단점은 긍정적으로 해석하자면 매우 전문적인 부분으로 일반 독자가 바로 이해하기는 힘들 것이라는 것으로 이해할 수 있고, 부정적으로 보자면 글 자체가 어렵다는 점으로 볼 수 있다. 두 번째 단점은 문자 중에서 음성적으로 동일 또는 유사한 한자에 적용되는 것으로 일률적으로 모든 한자에게 적용할 수 있는 부분이 아니다. 세 번째 단점은 본 논문이 지향하는 해석적 관점은 고대에 맞추어져 있기 때문에 현대적 시각을 적용할 수 있는 것은 아니다. 그럼에도 불구하고 이러한 단점 지적 또한 하나의 관점으로 수용할 만한 점이 있다고 볼 수도 있겠다.

위에서 칭찬한 요약 부분을 좀더 적용하여 위의 논문 정리한 내용을 더욱 줄여보도록 요청하였다.

> 신: 위에서 분석한 내용을 한단락의 문단으로 요약정리해주세요.
>
> GPT:
>
> 이 연구는 고대 중국어에서 유교의 핵심 개념인 '仁'이 어떻게 형성되고 해석되었는지를 탐구합니다. '仁'은 초기 문헌에서 '人'과 혼용되어 쓰였고, 두 한자가 음성적으로 유사함에도 불구하고 의미가 분화된 배경을 음성적 요소를 통해 설명하는 '因聲求義' 접근을 통해 분석됩니다. 연구는 '仁'이 사회적, 철학적 의미로 자리 잡기까지의 다양한 문자적 해석을 다루며, 이를 통해 음성과 의미의 상관관계가 문자 해석과 경전 이해에 어떤 기여를 할 수 있는지 제시합니다.

앞의 요약 및 장단점 분석과 비교해보면 요약 부분을 더 간략하게 줄이고 장점 부분을 요약하여 제공하고 있는 것을 볼 수 있다. 단점을 추가하지 않은 부분을 보면서 매우 마음에 들었다. 만약 어떠한 논문을 짧은 시간 내에 한 문단으로 요약해야 한다면 이러한 방식을 적용하는 것도 좋을 듯하다.

이 외에도 공개할 수 없는 몇 가지 논문에 대해 상기한 바와 동일한 작업을 진행한 바, 위의 결과와 유사하게 보여주었다. 각각의 오탈자나 오류 등을 정확하게 지적하진 못하지만 논문의 대의(大意)와 그 의의(意義)를 단숨에 알려주는 것으로는 충분히 기능한다고 볼 수 있을 것이다. 요약한 어휘 또한 본문에서 어렵게 사용했던 용어를 많이 배제하고 새롭게 정리하였음에도 의미가 잘 통하는 것으로 보았을 때 이 부분에 대한 강점은 충분하다 할 수 있겠다. 특히 한 문단 요약 등은 논문에서 제공되는 초록(abstract)과 비교해도 충분히 활용 가능하다고 볼 수 있다. 생각보다 초록이 논문 전체를 요약하지 못하는 경우가 많기 때문이다.

이러한 점에서 AI와 더불어 논문 작성에 있어 약간의 희망을 볼 수 있었다. 이에 또다시 희망을 품고 다음 대화를 진행하였다.

V. 참고문헌 정리에 도움을 주는 AI

앞에서 각 논문에 대한 요약과 장단점 파악이 그 내용의 옳고 그름을 떠나 유려하게 진행됨을 알 수 있었다. 그러한 것에 힘입어 논문 목록 작성을 의뢰하고자 하였다. 이를 통해 실천하고자 하는 이른바 '원대한 꿈'은 다음과 같다. 논문 사이트에서 그 목록을 확보하고 각 논문을 다운로드 받아 각각의 논문에 대한 요약과 장단점을 정리한 후 부족한 부분을 제시하면 그에 대해 다시 AI에게 의뢰하여 해결책을 제시하게 한다면 논문이 완성될 것이리라. 충분히 희망을 품을 수 있다.

앞에서 URL을 제시했을 때 직접 읽을 수 없다는 점을 기억했지만 혹시라도 잘할까 싶어 URL을 제시하고 그 속에서 '검색 후 그 결과를 참고문헌 형식으로 정리'하라고 부탁하였다. 역시 직접 읽을 수 없다고 하였다. 다시 검색을 한 후 그 결과의 URL을 제시하고 그 속에서 동일하게 해달라고 했지만 똑같이 하지 못한다고 하였다. 그 때문에 엑셀 파일에 대략적으로 복사한 후 이를 참고문헌 형식으로 정리해달라고 요청했다. 데이터의 내용을 분석하긴 했지만 이를 정리하지는 않았다. 무료 버전의 한계가 아닌가 싶어 업그레이드를 진행하였다.

업그레이드 이후 혹시나 하여 검색 결과 페이지의 내용 중 100개의 논문 목록을 텍스트 파일로 저장하고, 이에 대해 참고문헌 형식으로 정리해달라고 부탁하였다. 엑셀 파일로는 여전히 스타일과 내용에 대한 확인을 해 달라고 하였다. 그것 또한 일이기 때문에 해당 내용을 텍스트 파일에 복사한 후 그 파일에 대해 정리하는 쪽으로 진행하였다. 당연히 최대한 존중하는 마음을 담아 정중하게 질문하였다.

신: 다음 문서를 읽고 참고문헌 표기법에 맞추어 정리하여 주세요.

그러자 ChatGPT는 형식 등을 묻지 않고 바로 다음과 같은 결과물을 제시하였다.

GPT:
문서에서 포함된 참고문헌들을 정리하여 제공합니다. 아래는 표준 APA 형식에 맞춘 참고문헌 목록입니다.

정한민, 박정훈, 유수현 (2023). 학술논문 작성 및 학술정보 서비스에서의 생성형 AI 활용 방안 연구. 한국정보과학회 학술발표논문집, 2023(6).
정지민, 이찬호, 정지용 (2023). 생성형 AI를 피벗으로 활용한 논문 제목 분석 및 작성 가이드라인 제시. 한국통신학회 인공지능 학술대회 논문집, 2023(9).
박수현, 이예은, 이한진 (2024). 구매후기 작성 AI 지원을 통한 고객경험 증진에 관한 연구. 전기학회논문지, 73(2).
전용철 (2024). AI 기자가 작성한 뉴스 기사가 뉴스 신뢰도에 미치는 영향: 인간 기자와 AI 기자의 비교 실험을 중심으로. 한국콘텐츠학회논문지, 24(3).

이루오, 김윤기 (2023). GPT-4 기반 채용공고별 AI 자기소개서 작성 가이드 개인화 서비스. 한국정보처리학회 학술대회논문집, 30(1).

임현우, 이우석, 박소현 외 (2024). KoAlpaca를 활용한 특허 명세서 작성을 위한 생성형 AI에 관한 연구. 한국통신학회 학술대회논문집, 2024(1).

김준현, 문미경 (2024). 긍정적 감정 유발을 위한 AI 챗봇 기반 일기 작성 시스템. 한국전자통신학회 논문지, 19(1).

김영주 (2022). EdgeCPS 플랫폼을 위한 지식 공유 그래프를 활용한 컴포넌트 기반 AI 응용 지원 시스템. 한국정보통신학회논문지, 26(8).

이은정, 김경수 (2024). GPTs 기반 문화유산 AI 챗봇 개발을 위한 프롬프트 엔지니어링 연구. 디지털예술공학멀티미디어논문지, 11(3).

손희정, 임희주 (2024). 교양영어의 AI 앱 활용 PBL 수업활동에 대한 학생들의 정의적 태도와 수업경험에 관한 연구. 아시아태평양융합연구교류논문지, 10(10).

어떠한 조건을 제시하지 않았음에도 불구하고 매우 훌륭한 결과물을 제시하여 주었다. 그렇지만 분명히 100개의 자료를 제시했음에도 불구하고 10개만을 제시한 것은 어째서일까? 영문을 알 수는 없지만 긍정적으로 해석하자면 10개의 예시를 제시하고 이러한 결과물을 계속 산출할 것인지 묻고자 하기 위한 것으로 보았다. 그렇지만 추가적인 질문이나 요청은 없었다. 따라서 계속 진행해달라고 부탁하였다. 그러자 20개, 10개 등 찔끔찔끔 정리하여 주는 것이었다. 물론 그 파싱(parsing) 능력은 우수하지만 이러한 점은 불편한 점이 아닐 수 없다. 끝까지 해 달라고 여러 차례 부탁하였고 86개를 끝으로 더이상 분석, 제시하지 않았다.[4]

 이를 통해 보면 AI 연구 등 연구가 활발하게 이루어지는 분야에 대한 연

---

[4]　분석 결과에서 중간중간 오류가 있는 것을 확인하였지만 이 글에서는 이를 언급하지는 않을 것이다.

구 결과 정리 등은 상당히 유용할 것으로 파악되었다. 그렇지만 각각 세분화한 전공이나 논문이 드물게 나오는 분야에서는 몇 편의 논문을 정리하기 위해 시간과 노력을 들이는 것이 오히려 번거로울 수 있어, 이 부분이 그리 도움이 되지는 않을 것이다.

그럼에도 심지어 업그레이드를 통해 유료로 전환했음에도 불구하고 결과를 일률적으로 처리하지 않고 계속 되묻고 처리하는 부분은 그리 효율적이지 못했다. 또한 오류 등에 대한 문제도 고려되어야 할 것으로 보인다.

지금까지 ChatGPT와 함께 대화를 통해 논문을 작성하기 위해 도움을 줄 수 있는 부분이 무엇인지 살펴보았다. 이러한 일련의 대화에서 다음과 같은 점을 느끼게 되었다.

AI에게 시키고자 하는 작업에 대해 질문을 매우 구체적으로 진행해야 한다는 점이다. 그리고 구체적이고 직접적인 질문에는 질문자 스스로 사전 작업을 많이 해서 주어야 한다는 것으로, 예상했던 바와 달리 자연스러운 일상 언어로 논문 작성의 귀찮은 점을 AI에게 떠넘기기에는 아직은 요원하다는 것이다.

그렇지만 요약 및 장단점 분석, 참고문헌 정리 등 논문 작성에 앞서 수행해야 하는 다양한 작업에 일정 정도 기여할 수 있을 것으로 파악되었다. 상당히 귀찮고 번거로운 일만 덜어주어도 AI에 대한 효능감은 많아질 것으로 기대된다. 그 내용을 한 줄로 줄여 말하자면 본격적으로 논문을 쓰게 할 수는 없지만 귀찮은 부분에서 도움을 줄 수 있다는 점을 확인하였다.

논문과 관련된 부분은 여기까지 하고자 한다. 다음 부분에서는 기계 번역과 관련한 점을 살펴보고자 한다.

VI. AI가 논문을 외국어로 바꾸어 줄 수 있을까?

Can I write a thesis with AI?(AI로 논문을 쓸 수 있을까?)라는 이 글의 제목은 해당 영문을 기계 번역이 어떻게 번역할 것인지 궁금한 점에서 기인하였다. 예상했던 기계 번역의 결과물은 "AI와 더불어 논문을 쓸 수 있을까?", "AI를 써서(이용하여) 논문을 쓸 수 있을까?" 중 하나였다. 이러한 판단의 근거는 with가 가지고 있는 모호성(ambiguity)에 근거한다. 다음 예문군은 이러한 점이 대표적으로 드러나는 것이다.

> I am walking the street with a dog.(나는 개와 함께 길을 걷고 있어요.)
> She watched a star with a telescope.(그녀는 망원경으로 별을 바라보았습니다.)

이전에는 이 둘을 구분하기 위해 with와 공기(共起)하는 명사에 [±animate]와 같은 의미소(semantic feature)를 참조하는 사전에 부여해 주어 해결하는 방식으로 처리하자 제안했던 것으로 필자는 기억한다. 그렇지만 이 또한 완벽한 해결책은 아니기에 결국은 문맥에 맞추어 전체 문장의 의미를 파악해야 한다. 이러한 점을 얼마나 반영하였을까 싶어서 기계 번역 프로그램을 이용하였다. 이하에 나오는 모든 한/영 번역 결과물은 가장 흔하게 접근할 수 있으며, 추가적 비용도 들지 않는, 즉 비용을 받는 ChatGPT와는 달리 무료로 쓸 수 있는 구글번역(https://translate.google.com)을 통해 살펴본 것이다. 인용 중 필자의 질문은 '신:'으로 표기하였고, 답은 구글번역의 앞 자를 따서 '구:'로 하였다.

신: Can I write a thesis with AI?

구: AI로 논문을 쓸 수 있을까?

위와 같이 산출된 한국어 번역문 "AI로 논문을 쓸 수 있을까?"는 한국어 조사 '-(으)로'가 가지는 모호성에 기대어 산출한 번역 결과물이다. 한국어 조사 '-(으)로'는 다양한 의미를 포함하는 조사로, 방향, 경로, 자격, 수단, 대상 등 다양한 의미 범주를 포괄한다. 해당 번역문은 이러한 부분을 잘 살린 것이라 할 수 있다.

그렇다면 번역 결과물인 "AI로 논문을 쓸 수 있을까?"는 영문으로 어떠한 결과물을 산출할 것인가? 그 답은 다음과 같다.

구: Can AI write papers?

이를 다시 기계 번역을 거쳐 나온 결과물 다음과 같다.

구: AI가 논문을 쓸 수 있을까?

이는 필자의 마음을 완전히 읽어낸 번역 프로그램의 승리이다. 만약 AI가 논문을 쓸 줄 안다면 필자인 '나'는 그 때부터는 논문을 쓸 생각이 없기 때문이다. 그렇지만 논문은 계속 필자의 이름을 달고 나와야 한다. 그래야 연구비도 나오고 학자로서의 정체성도 유지하면서 살 수 있기 때문이다. 그렇기 때문에 주저자이자 필자인 '나'를 생략할 수는 없다.

다시 마음을 가다듬고 번역 프로그램에게 물어보았다. 애매하게 묻지 말고 정확하게 물어야 한다.

신: Can I write a thesis about AI?

결과물은 다음과 같다.

구: AI에 관한 논문을 쓸 수 있나요?

매끄러운 결과물처럼 보이지만 이 또한 모호성을 염두에 둔 문장으로 파악된다. 이를 다시 번역 프로그램으로 바꾸면 결과는 다음과 같다.

구: Can you write a paper on AI?

역시 번역 프로그램은 필자의 마음을 다른 방식으로 꿰뚫었다. 필자인 '나'는 논문을 쓰고자 하는 마음이 없음을 파악하고, '네가 나에게 이러한 문장을 번역하라고 할 때에는 그 안에 다음과 같은 의도가 있었을 것이다.'라는 생각을 통해 위의 영문을 제시한 것으로 파악된다. 그렇지만 앞서 제시한 이유로 내 자신이 논문을 작성할 수 있도록 문장을 만들어 주었다. 앞에서 언급한 ChatGPT가 긍정적으로 답변을 시작했던 것과는 달리 냉정하게 스스로 논문을 작성하라고 하는 단호함을 보여주는 구글번역 프로그램이다.
문득 다음과 같은 예문도 이전에 테스트 용도로 활용하였기에 요사이 번역 프로그램이 어느 정도 번역하는지 확인하기 위해 넣어 보았다.

신: Time flies like an arrow.

번역문은 다음과 같다.

구: 시간은 화살처럼 빨리 흐릅니다.

매우 정확하게 잘하여 실망이다. 기계다운 맛이 없을 정도이다. 그렇다면 당연히 한국어로도 이상하긴 하지만 이전에 이상하게 냈던 결과물인 "시간 파리는 화살을 좋아한다."라는 문장은 어떻게 영어로 번역할 것인가 싶어서 번역 프로그램을 이용하였다. 그 결과물은 다음과 같다.

구: Time flies like arrows.

영어 결과물에서 화살 arrow를 복수형으로 표시한 것에서 착안하여 "시간 파리는 한 화살을 좋아한다."로 영어 번역을 시행하였다. 결과는 다음과 같다.

구: Time flies like an arrow.

이에 대한 기계 번역의 한국어 결과는 앞에서 제시된 번역문 그대로이다. 즉 "시간은 화살처럼 빨리 흐릅니다." 여기에 부사 fast를 더하여 문장을 약간 변형하는 방식을 시도하였다.

신: Time flies fast like an arrow.
구: 시간은 화살처럼 **빠르게** 흐릅니다.

이 한국어 결과에 대한 영문 재번역은 다음과 같다.

구: Time flies like an arrow.

위 영문에 부사 too 를 추가하여 한 번 더 변형하였다.

신: Time flies too fast like an arrow.

이에 대한 한국어 번역은 다음과 같다.

구: 시간은 화살처럼 너무 빨리 흐릅니다.

이러한 한국어 결과물에 대한 영어로의 재번역은 다음과 같다.

구: Time flies so fast, like an arrow.

이정도 선에서 상당히 괜찮은 결과물을 산출하고 있고, 어느 정도 문장 분석이 이루어지고 있음을 확인하였다.

마지막으로 우리 집 아이가 가장 잘 듣는 전래동화인 '토끼와 자라'를 어떻게 번역할지 궁금하여 영어 번역을 시도하였다. 결과물은 실망스럽게도 다음과 같다.

신: 토끼와 자라
구: Rabbit and Zara

자라는 학명으로는 Trionycidae(자라과)라 하고, 좀더 쉬운 영어 표현으로는 softshell(or soft-shell) turtle, 또는 tortoise 등으로 볼 수 있다. 이러한 점을 간과하고 고유명사로 처리한 부분은 아쉬운 결과이다. 또한 '토끼와 자라'는 문맥이 없는 상황에서는 (주어 생략) "토끼와 함께 취침하다"로도 볼 수 있지 않을까 했다. 따라서 문장으로 인식하게 하기 위해 "토끼와 자라."라는 표기법으로 번역문을 요청하였다. 그 결과는 다음과 같다.

신: 토끼와 자라.

구: Grow up with a rabbit.

아! '자라다'의 활용형이 '자라'라서 이렇게 번역이 나왔다는 것을 생각해보니 번역 프로그램이 새로운 시각과 깨달음을 주었다 할 수 있다. 전혀 생각해보지 못한 번역(오역)이기 때문이다. 번역 프로그램을 이용한 일종의 테스트를 겸한 유희는 여기까지 해야 할 것으로 보인다.

이제 번역 프로그램이 논문 작성에 어떠한 도움을 줄 수 있을지에 대해 언급하면서 마치고자 한다. 대부분 번역 프로그램에 의해 분석이 잘 되지 않거나 혼란이 나오는 문장은 원문이 이상한 문장일 경우가 많다. 따라서 원문의 애매모호성을 제거하고 주술 호응 등이 정확한 문장 작성을 위해 간접적으로 번역 프로그램을 활용할 수 있을 것으로 판단된다. 이러한 반성을 거친 후 이 글의 제목이자, 최초의 문장에 이상은 없는지 의문이 들었다. 돌아가보고자 한다.

Can I write a thesis with AI?

이 문장은 문법적으로는 문제가 없지만 논리적/화용론적 측면에서는 문제의 소지가 있다고 본다. 어떠한 상황에서 이러한 문장이 정확할 수 있을까를 생각해보면, 필자의 가능과 관련한 문제를 왜 AI에게 묻는 것인가이다. 쉽게 이야기하자면 필자가 AI와 논문을 쓸 수 있을지 없을 지, 즉 필자의 능력/의지에 대해 본인이 아닌 다른 사람에게 묻는 것이 논리적으로 맞지 않을까 생각해 본다. 그렇지만 번역 프로그램에서는 이러한 점을 고려했다기 보다는 이러한 문장을 물어본 사람이 없었기에, 따라서 가장 유사하면서도 합리적인 결과물로 최대한 맞추어 제시한 것이 아닐까 한다.

VII. 맺음말

지금까지 AI를 이용하여 논문 주제 설정, 시각화, 기존 논문 요약 정리, 참고문헌 정리, 그리고 자동 번역을 시도하였다. 주제 설정 부분에서는 일반적인 이야기를 위주로 한 것이지만 충분히 희망적인 내용, 즉 활용 가능한 내용을 얻었다 할 수 있었다. 시각화는 이번에는 그리 만족스럽지 못한 할루시네이션을 보았지만 정련된 데이터를 이용한다면 좋은 결과물을 얻을 수 있을 것으로 기대하였다. 기존 논문 요약 정리와 참고문헌 정리 등은 논문 작성에 있어 중요한 부분이라 할 수 있다. 그 중 논문 요약 정리는 주제 설정과 마찬가지 정도의 활용 가능성이 높은 결과물을 산출할 가능성이 있음을 보았다. 참고문헌 정리 또한 어느 정도의 기계 학습을 거치면 충분히 활용할 수 있을 것으로 예상된다. 자동 번역, 즉 기계 번역은 비록 문장 단위로만 시도했으나 어느 정도 상식적이고 활용 가능한 방식으로 결과를 내주는 것을 보았다. 개발이 아닌 활용의 측면에서 충분히 이용할 수 있는 경지로 올라온 것은 아닌가 조심스레 판단해 본다.

이하는 몇 가지 테스트를 진행하면서 느꼈던 점을 기록한 것이다.

1. 긍정적인 답변을 내긴 하지만 결과물은 그렇게 긍정적이지 않다.
2. 스스로 일을 하기보다 의뢰한 사람에게 가르치길 좋아한다.
3. 검색을 기반으로 한 것인지라 정밀하게 검색했을 때 나올 수 있는 것과 유사한 결과물을 도출한다. 그렇지만 이에 대해 출처 표기를 제대로 하지 않는다.

긍정적으로 보자면 이러한 점은 앞으로 충분한 수정과 관점 변화 등으로 극복할 수 있을 것으로 보인다. 부정적으로 보자면 이러한 문제점 혹은 고려할 점 때문이라도 아직은 사용에 큰 도움이 되지 않을 수 있을 것이다. 특히 두 번째는 도구로 쓰고 싶은 AI가 도리어 스승 노릇을 하는 점 때문에 심정적으로 받아들이기 힘든 부분이 있다.

아울러 논문 작성을 AI에게 의뢰하면서 논문 작성이 가지는 함의에 대해서도 고민해 보았다. 논문을 쓰기 위해서는 일단 해당 주제와 그 연구에 대한 검토가 선행된다. 그 이후에 기존 연구와의 차별점이 부각되고 그 토대 위에 새로운 연구가 나올 수 있기 때문이다. 즉 기존의 결과에 대한 분석과 검토를 통해 다음 단계로의 발전이 가능한 것이다. 이러한 점에 비추어보면 연구자는 창작자이면서 동시에 해당 연구 분야에 대한 중요하고 거대한 소비자이다. 이 때 AI가 개입한다면 이는 소비는 이루어지지 않고 생산만 계속되는 것이다. 그러한 지식은 누가 소비할 것인가? 이러한 몇 가지 의문점 등을 포함하며 이 글을 마치고자 한다.

맨 처음으로 돌아가보자. 2008년 영화 〈아이언맨〉에서 토니 스타크는 '강화 수트'를 AI를 이용하여 만든다. 이 부분도 충분히 놀랍다. 좀더 조사하여 보니 더욱 놀라운 점은 그 AI 자체를 토니 스타크가 만든 것이다. "Well, I'm sorry. I'm not Tony Stark."(음, 미안해요. 저는 토니 스타크가 아니에요.)

한자 문헌 관련 인재 양성과 '디지털 문해력'에 관한 논의 *

—

허 철

부산대학교 점필재연구소 연구교수

—

Ⅰ. 머리말

Ⅱ. 디지털 데이터 관련 연구를 대하는 태도

Ⅲ. 모든 것은 사람에 의해서

Ⅵ. 근경과 원경

Ⅴ. 보편과 특수의 디지털 문해력

Ⅵ. 융합·통섭 교육의 의미

Ⅶ. 한자 문헌 관련 디지털 문해력의 양성 관련 태도

Ⅷ. 맺음말

* 이 글은 다음의 연구 성과를 통합하여 수정·보완하였다. 허철, 「한자 문헌 관련 인재의 디지털 문해력 양성 과정에 대한 논의」 『한국한문학연구』 92, 105-128면, 2024.; 허철, 「한국 고문헌 디지털 데이터 관련 연구 발전을 위한 제언」 『개념과 소통』 34, 7-38면, 2024.

Ⅰ. 머리말

　우리 사회에 알파고의 등장 이후 최근에는 산업계뿐 아니라 우리 생활 전반에 영향을 끼칠 절대 영역으로 '인공지능'이 주요 키워드로 부상하였다. 현재도 '인공지능'이라는 키워드로 인터넷을 검색하면 수십 개에서 수백 개의 관련 기사와 글들이 검색된다. 시시각각 관련 산업과 기술, 문화 관련 글들이 매일 새롭게 업데이트되고 있어, 아마도 지금 이 글에서 말하는 여러 기술과 관련 논의는 독자들이 읽을 때쯤이면 이미 과거의 것일지도 모른다. 이런 종류의 신문 기사와 연구 결과물은 최신 기술과 관련 산업의 소개는 물론이요, 관련 기술들이 우리 사회에 끼칠 여러 영향, 그리고 이를 대비하는 윤리적·도덕적 규범, 그리고 학교 교육에서의 정보화 교육이나 코딩 교육의 중요성과 문제점, 관련 현상의 긍정과 부정, 윤리적 문제, 관련 기술과 관련된 정보, 새로운 기술들을 적용한 새로운 상품 등 전방위적이다. 그런 가운데 우리는 항상 인공지능을 수용하지 못하면 뒤처질 것이라는 암묵적 위협도 받고 있다. Chat-GPT를 비롯한 생성형 인공지능은 세상을 바꿀 일대 사건이며, 기계번역의 기술적 발전은 번역사와 통역사의 역할을 대신할 것이라 한다. 메타버스는 시공간의 한계를 뛰어넘고, 혼합현실은 가상과 실제의 공간 인식을 완전히 대체하여 직접 장소를 방문하거나 물리적 실험 공간과 재료가 없어도 경험할 수 있다고 한다. 누구나 전문적 코딩을 배우지 않아도 몇 개의 질문만으로 프로그램을 만들어낼 수 있는 세상이 되었다고 한다. 몇 년 내에 완전 자율 주행 교통이 보편화될 것이며, 인간의 전쟁을 인공지능이 탑재된 로봇들이 수행할 것이라고도 한다. 현재 산업계의 주요한 관련 직종은 노동자들은 실직하게 되고 소수의 전문 엘리트만이 필요한 세상이 되어간다고 할 뿐 아니라 인공지능을 이용하여 창작된 예술 작품과 인간의 예술 작품을 구분할 수 없는 상황이 되었다고 한다. 약한 인공지능에서 강한 인공지능이 되어 인간의 고유한 추론과 사유·판단 능력을 갖춰 통제 불가능한 상황이 예견되므로 기계를 통제할 수 있을 때까지 관련 기술의 발전을 제한해야 한다고도 한다. 인간은 가상 인간과 챗봇을 통해 종래와 같이 인간을 통해 정서적 소통은 물론 사랑을 위해 배우자를 만날 필요가 없는 세상이 되었다고도 한다. 애플과 구글과 같은 거대 IT 기업들은 모바일 기기를 통해 우리의 모든 경험을 데이터로 구축하여 이를 통해 인간을 통제할 수 있는 기술을 확보하고 있다고도 한다. 교육에서는 새로운 세상에서 낙후하지 않기 위해서는 '융합' 연구와 교육이 필수적이라고 말하면서 디지털과 관련된 다양한 소양 특히 '디지털 문해력'을 미래 세대 교육의 기초라고 말한다. 인문학이나 사회학과 같은 종래의 학문은 융합으로 변화하지 않으면 가치와 의미를 상실한다고 한다.

그런데 이와 같은 다양한 전망과 예측, 그리고 현실적 판단과 결정은 무엇에 근거하고 있으며 타당하고 합리적인 판단일까에 대한 진지한 성찰과 비판적 안목이 우리에게 있는가라는 근본적 질문이 필요하다.

본고는 최근 몇 년 사이에 발표자가 목도한 여러 현상들과 상황들을 이해하기 위해 제기되는 디지털 문해력과 한자 문헌 관련 연구에 있어 디지털 문해력을 갖춘 인재 양성에 대해 말하고자 한다. 디지털 인문학의 필요성과 적용 문제에 있어 한자 문헌 관련 학문 분야도 예외가 아니다. 디지털데이터

를 구축하고 활용하는 일련의 연구와 해석을 중시하는 새로운 인문학 연구
는 한 시대 혹은 한 지역의 유행이 아닐 것이다. 앞으로 디지털 인문학 관점
에서의 데이터 구축과 활용 연구의 중요성은 더욱 강화되고, 영향력은 더욱
확대될 것이라는 점은 의심의 여지가 없다. 이런 시대적 흐름 속에서 디지털
데이터를 구축하고 활용·분석·해석할 수 있는 역량을 갖춘 인재의 양성은
특정 직역이 아닌 모든 인재의 기본 역량이 될 것이다.

이미 알려진 사실이지만 한자 문헌을 연구 대상으로 하는 다양한 학문
분야에서 디지털 데이터 구축과 활용 연구는 최소 20여 년이 넘도록 성장하
고 발전하였다. 그러나 최근의 디지털 인문학 관점에서 볼 때 관련 연구는 여
전히 미흡하며, 미래 인재 양성을 위한 교육 관련 논의도 여전히 부족한 형편
이다. 이를 논의하기 위해 모든 데이터의 생산과 이용의 주체가 사람이며, 사
람에 의해 데이터의 생산과 이용이 제한될 수 있을 뿐 아니라 재생산과 새로
운 해석이 가능함을 말하고, 디지털데이터를 이용하는 것과 기존의 연구의
차이를 원경과 근경이라는 키워드로 풀이하고자 하였다. 또한 학문의 특성
에 근거한 특수한 디지털 문해력과 보편적 디지털 문해력을 논의하고 마지
막으로 교육의 주체가 미래세대가 아닌 현세대임을 강조하였다. 이와 같은
과정을 통해 접시가 아닌 냄비를, 냄비가 아닌 요리법과 재료를 우선 통찰하
는 힘의 필요성과 우리 교육 현장에서 미래를 위해 추구해야 할 바에 관해
공유하고자 한다.

본 논의가 향후 한자 문헌 관련 연구 인재 양성을 수행하는 다수의 전공
영역에 관심을 일으켜, 새로운 미래 교육과정의 편성에 관련된 논의를 촉발
하여 "누가 옳은가?"가 아닌 "무엇이 옳은가?", 그리고 우리는 지금 "무엇을
해야 하는가"에 대한 생산적 논의가 촉발되기를 기대한다.

Ⅱ. 디지털 데이터 관련 연구를 대하는 태도

1985년 이후 세상에 등장한 보석글(1985), 하나워드(1988), 훈민정음 (1992년), 훈글(1988) 등의 워드프로세서 등의 응용프로그램은 고문자 문헌 관련 수요자들에게는 새로운 세상이 열림을 의미하였다. 기계화에 있어 항상 불가능하다고 여겨졌던 "고어"와 "한자"를 물리적인 도구를 통해 입출력하고 정보화에 참여할 수 있게 되었다. 고문자 관련 문헌 이용자들은 누구나 할 것 없이 기술적으로 처리할 수 없던, 하지만 필요했던 다양한 문헌을 앞다투어 디지털 데이터화하여 다양한 방면에 활용하였다. 디지털데이터는 통신 기술의 발달을 통해 대량 유포되었을 뿐 아니라, 다양한 관련 데이터베이스는 시간과 공간을 초월하여 손안의 도서관 역할을 하며 지식 정보 사회로 발전할 수 있는 토대가 되었다.

한자 관련 문헌의 디지털 데이터로의 전사는 1980년 개인용 컴퓨터가 보급된 이후 현재까지 일관되게 수행된 일련의 공정이었다. 다양한 한자 문헌의 디지털 전사는 구축자와 이용자 모두가 만족하였다. 하지만 이런 만족은 제한적이었다. 한자 문헌 관련 연구자들 대부분은 여전히 전통적인 연구 방법이 주이며, 디지털 데이터는 극히 보조적 입출력 수단에 불과하다는 인식을 보였다.

정보 통신 기술과 사회의 요구 변화에 따라 끊임없이 발전하는 구글과 같은 상업 회사에서 개발하는 다양한 서비스, 곧 시맨틱웹, 메타버스, NFT, 암호화폐, VR과 AR 등의 일련의 상업적 서비스는 최소한 한자 관련 문헌 관련 종사자들에게는 관계없는 것으로 여겨졌다. 한자 코드나 속성정보와 같이 한자 문헌 관련 종사자들에게 관련 있다 하더라도 그 관련성이 현저히 적거나 일부 종사자들에게 필요한 것 또한 관심의 대상이 아니었다. 데이터를 분석하고 시각화하는 것은 관련 종사자들이 하는 일종의 전문적 영역일 뿐

대부분의 한자 관련 문헌 종사자와는 관계없는 것이었으며, GIS와의 연계도 있으면 좋지만 없어도 관계없는 것으로 인식되었다. 한자 폰트 개발, 입력기 개발과 개선, OCR의 고도화, 자동 표점, 시멘틱 검색 등은 있으면 편리하고 이용도 할 수 있겠으나 구현이 불가능하다는 혹은 경제적 효율이 낮을 것이라는 예단과 추측, 그리고 한두 번의 실패 경험과 누군가가 해주면 사용하겠지만 나의 역할은 아니라는 주변인으로서의 태도 등 다양한 요인은 한자 문헌 관련 연구에서 디지털 데이터 구축과 활용 연구를 뒤처지게 하였다. 아무리 사회에서 인공지능과 디지털 인문학이라는 새로운 연구 영역과 방법론이 제시되고 화두로 떠오르고 있을 뿐 아니라, 사회 전반에서 다양한 방면으로부터 압력이 가해져도 정작 학계나 교육 현장에는 큰 변화가 일어나지 않고 있다. 여전히 한자 관련 문헌 디지털 데이터는 입출력이 가능하고 검색이 가능한 정도이면 충분하다는 인식은 변화하지 않고 있는 셈이다.

그럼 디지털 인문학 연구 방법은 전통적인 인문학 연구와 다른 것일까? 실제 전통적인 동아시아 한자 문헌 학습과 연구에서 개인 혹은 다수가 수행했던, 혹은 수행해야 하는 일련의 연구 방법은 디지털 데이터 활용 연구와 일대일로 대응된다.

전통 동아시아 고전학 연구의 영역	대응 데이터와 알고리즘 활용 영역
(편)저자, 간사(刊寫)정보, 판사항, 지질 등 물리적 특성	(편)저자, 출판일, 출판사, 문자 형태, 지질 등 물리적 특성
목차와 구성 특성 파악	디지털 데이터 필드 구축
서사, 활자	입력(키보드, 쓰기, OCR)
문장 분석: 문장, 구, 절, 표점, 문장 부호 부여	기계적 형태소 분석, 구두점, 자동 표점, 자동 문장부호
인명, 지명, 관직명, 건물명, 연호 등 특수 명사 분석	자동 개체명 인식
수동 한자, 어휘별 사용량	빈도 분석
주제별, 소재별 분류	자동 태그, 토픽 분류

문장 내용 요약하기	문장과 동일한 언어, 학습이 된 경우 생성형 인공지능을 활용한 요약
관계도 구성	네트워크 및 다양한 분석 및 시각화
연대별 구성	타임라인 시각화

〈전통 동아시아 한자 관련 문헌 연구와 디지털데이터 활용 연구의 대응 관계〉

위 표의 간단한 대응에서 보듯, 실제로는 아날로그 데이터를 활용하였던 연구가 이제 디지털 데이터를 활용한 연구로 그 연구 대상물의 매체적 속성이 달라졌을 뿐 그 근본적인 연구의 방법이나 목적 등은 달라지지 않는다. 디지털 인문학이란 여전히 인문학 연구의 한 영역이며, 디지털 데이터를 활용하는 한자 관련 문헌 관련 연구도 관련 연구의 속성적 특성을 부정하거나 축소하는 것이 아니다.

그럼에도 불구하고 디지털 인문학 연구 방법론의 도입에 대해서는 여전히 다양한 관점이 존재하고 있다.

첫째 부류는 부정이다. 모든 새로운 기술과 사회의 변화에서 나타나는 일반적인 현상이다. 전면 부정이든 부분 부정이든 이들은 인문학 연구, 특히 한자 문헌을 위주로 하는 연구 영역에서만큼은 아무리 인공지능 등 신기술이 발달하더라도 관련 인문학 연구자를 대체할 수 없으며, 오히려 이러한 연구 방식이 인문학 연구자의 사고와 인식의 확장을 가로막을 수 있다고 한다. 따라서 우리는 전통적인 방법을 고수하거나, 컴퓨터의 새로운 기능을 최소화하여 활용하는 정도에 머물러야 한다는 견해이다. 이들은 전통적인 방법과 해석론만 가장 가치 있다고 여긴다. 일부에게는 기술의 발달이 직역(職役)의 생존에 위협을 준다고 하면서 그것을 멀리하려는 태도를 보이기도 한다. 이 부류는 어떻게든 대상의 부정적인 면을 발견하려 노력하고, 부정적인 이유를 찾아내 아주 작은 이유로도 변화의 수용을 거부하려는 태도를 견지한다. 고전을 바라보는 태도와 그 가치는 시대마다 지역마다 달라진다. 절대 불변적인 가치와 위상은 존재하지 않으나, 그들에게 이런 당위는 중요하지 않다.

둘째 부류는 신기술에 대한 전면적 긍정을 넘어 환상까지도 갖는 부류이다. 현재 제시되거나 발달하고 있는 인공지능이나 LLM 등을 볼 때, 이미 인공지능이 인간의 능력을 넘어섰으며, 앞으로의 세상은 인공지능이 모든 것을 대체할 것이라는 희망과 낙관, 그리고 단순한 희망과 낙관을 넘어 과신과 환상을 말한다. '더 이상 언어 번역가는 필요치 않을 것'이며, '최소한 그 역할은 매우 적어질 것'이라든가, '대개의 앱 개발 코드는 챗GPT에 물어서 다 해결할 수 있다'던가, '생성형 이미지가 생성한 모델들로 인해 영화배우와 같은 연기자는 더 이상 필요치 않을 것'이라는 등의 주장이다. 이윤을 추구하는 기업은 과장·위협·소외·욕구 등 다양한 심리적 방법을 이용하여 상품의 판매를 극대화하고 있다. 여기에 정부의 몫도 크게 작용한다. 우리는 이미 여러 번 이러한 경험을 하였다. 1997년 씨티폰이 등장하였을 때 세상은 들썩였다. 1999년에는 홈페이지 하나 정도는 모든 가정이 운영해야 한다는 100만 가정 홈페이지 캠페인이 일었다. 인터넷 신문이 등장하자 종이 신문의 종말을 말한다는 신문 기사가 수도 없이 올라왔다. 1992년 스마트폰이 등장하면서 손 안의 컴퓨터로 완전히 PC를 대체할 것이라고 했다. 그리고 가장 최근 2022년 NFT와 META VERSE는 또 다른 기적을 만들 것이라고 하였다. 그러나 위의 모든 것들은 모두 기대와 달랐다. 오히려 누가 관심을 가지겠냐는 의문으로 시작한 것이 성공적으로 정착한 예도 발견된다. 문자 메시지가 있는데 누가 SNS를 사용할 것인가라는 평가를 들은 다양한 SNS는 현생 인류가 가장 많이 사용하는 앱이 되었다. 환상은 여전히 환상일 뿐 현실이 아니며, 공상과 이상은 다르다. 현실과 이상을 환상과 공상으로 인지하는 것은 지와 무지의 모호한 경계에 있기 때문이다. 이러한 현상은 우리 학계에서도 쉽게 찾을 수 있다.

최근의 한자 문헌 관련 연구에서 디지털 인문학 연구 방법론의 다양한 적용 사례에서도 쉽게 발견된다. 최근의 여러 연구를 주의 깊게 보면 주와 객이 바뀐 듯한 연구들을 종종 발견할 수 있다. 즉 무엇을 증명하거나 실증하기 위해 가장 적합한 데이터를 전처리 혹은 정제하고 가장 적합한 데이터 분석 방법을 활용하여 본래 연구 목적을 달성하는 것이 아니라 처음부터 데이터 처리의 연구 방법을 미리 정하고 연구 대상이나 내용을 의도에 맞게 선정하려는 경향을 보이는 경우도 종종 발견된다. 연구의 내용에서 디지털 데이터와 분석의 방법을 제시하거나 이용했다는 방법론 이외에는 연구 대상과 연구 방법에 있어 논리화·객관화되지 않은 연구를 세상에 제출하기도 한다. 어떤 경우에는 사용한 디지털 데이터와 분석 방법 자체가 많은 억측과 오류를 안고 있음에도 이를 간과하거나 묵인하기도 한다. 그럼에도 이들이 좋은 '연구'로 학계에 수용되는 것은 비단 그들만의 문제가 아니다. 이는 수용자에게도 책임이 있다. 수용자의 문제에는 크게 두 요인이 있다.

첫째, 다수의 수용자는 디지털 데이터와 데이터 분석 알고리즘, 혹은 인터넷을 통해 제공되는 정보와 지식은 무결성 혹은 무오류일 것이라고 확신하는 무비판적 태도를 지니고 있는 경우가 종종 발견된다. 기계번역기를 사용하고 내비게이션 등 디지털 관련 기기를 사용하는 태도 속에 숨겨진 내면의 믿음이다. 틀릴 수 있다는 것은 의심의 영역일 뿐 실제 행위에서는 의심 없이 수용한다. 관련 연구에서 연구자가 제시하는 데이터와 분석, 그래프 등은 컴퓨터를 활용한 결과이니 신뢰할 만하다는 믿음의 태도이다. 잘못되었을 것이나 데이터의 오류, 분석 방법의 오류가 있을 수도 있다고 의심하지만, 수용자 스스로 연구의 구체적인 오류나 편향을 제시하지 않은 채 적당한 인정의 태도를 지닌다.

둘째, 수용자가 제공되는 데이터와 분석을 검토할 만한 능력의 부족함에서 기인하기도 한다. 현재까지 디지털 데이터를 자유롭게 활용할 수 있는 사람은 다수가 아니며, 알고리즘이나 분석 방법에 대한 지식과 견해 그리고 경험을 갖추지 못한 경우도 많다. 이런 상황에서 데이터를 이용한 연구임에도 불구하고 여전히 데이터를 이용한 객관적 검증을 시행하지 못하기 때문에, 문자로 기록된 글만을 보고 수용자는 자신의 직관적이거나 주관적 경험을 통해 연구 결과를 평가하려는 태도를 보인다. 이러한 수용자의 문제는 결국 연구자가 연구에 사용한 데이터와 알고리즘을 공개하지 않아도 된다는 왜곡된 학술 환경을 유발한다. 왜곡된 학술 환경은 학문 발전을 저해하는 요인이 된다. 이런 환경으로 인해 아무리 검토자와 수용자가 충분한 데이터와 분석을 검토할 수 있는 능력을 갖추고 있더라도, 연구자가 연구에 사용한 데이터와 알고리즘을 제공하지 않기 때문에 검토자와 수용자는 이를 재현하여 검토할 수 없다. 반면 기존의 인문학 연구는 이를 참고문헌과 주석을 통해 해결하였다. 검토자와 수용자는 참고문헌과 주석을 통해 연구에 활용한 데이터의 진실성 여부와 적절성을 파악할 수 있다. 이를 통해 객관적인 연구를 진행할 수 있는 기초가 되었다. 그러나 디지털데이터를 이용한 연구는 그런 객관적인 증거 자료를 제시하지 않는 것이 일반화되었다. 연구자가 사용한 데이터의 출처를 밝히지 않는 것도 문제이거니와 설사 디지털데이터의 출처를 밝히더라도 그것만으로 충분치 않다. 연구자는 종종 입수한 디지털 데이터에 자신만의 정제 방식을 거친다. 그렇다면 어디서도 관련 데이터를 찾을 수 없다. 연구자에게만 존재하는 데이터이기 때문이다. 이런 이유로 아무리 참고문헌이나 주석에 어떤 데이터라도 표시하더라도 그것이 실제 연구용 데이터가 아닌 경우는 허다하다. 곧 디지털 인문학 관련 연구가 객관성과 과학성을 인정받으려면, 최소한 관련 연구의 심사자에게 관련 디지털 데이터와 관련 분석 사용 알고리즘 등이 제공되어야 하며, 이를 검증받아야 한다. 이 과정은 자연과학이나 공학 관련 연구 분야에서는 당연한 과정이지만, 디지털 데이터를 이용한 인문학 연구 대부분에서는 디지털데이터나 분석 도구 제공 의무가 존재하지 않고, 이는 관련 연구의 발전을 가로막는 주요한 요인이다.

　이런 연구의 신뢰성에 대한 의심은 결국 여러 의미의 무비판적 '믿음'과 '신뢰'가 배경이 된다. 하지만 그 신뢰할 수 없는 결과는 결국 첫 번째 부류를 통해 '부정'의 중요한 근거가 되기도 한다. 두 번째 부류와 첫 번째 부류는 완전히 상반되는 것처럼 보이나 실제로는 모두 디지털 인문학의 발전을 저해하는 태도인 셈이다.

세 번째 부류는 바로 위에서 말한 부정과 긍정이 아닌 비판적 수용을 통해 발전을 모색하는 부류이다. 인공지능, LLM을 비롯한 생성형 인공지능, 디지털 인문학 방법론은 인류의 문제를 해결할 수 있는 만능열쇠가 아니며, 어떤 인공지능도 스스로 판단하고 결정하지 못하며, 정답만을 내놓지도 않는다는 사실을 인지할 뿐 아니라, 디지털 데이터는 인간에 의해 디지털화된 데이터에 불과하며 데이터를 처리하는 방법은 규정화하거나 획일화할 수 없고, 인문학 연구자들의 디지털 데이터와 데이터의 처리와 분석을 통해 기존의 연구를 보완하거나 발전시킬 수 있는 새로운 동기와 인식을 부여하는 '도구'적 역할이라는 점을 명확히 이해하는 부류이다. 이 부류는 개별적인 데이터 전사와 처리의 일련의 과정, 분석과 시각화에 관련된 다양한 알고리즘과 컴퓨터가 처리하는 방식을 이해하며, 그 장점과 단점을 통해 어떻게 이용하는 것이 해당 연구에서 가장 보편적 · 과학적 · 효율적인가를 고민한다. 무조건적인 혹은 치우친 부정도 긍정도 아닌, 구체적이고 실용적인 접근을 하는 부류이다.

물론 이상의 세 부류 외에 멀리 떨어져 관망하는 부류도 있다. 이들은 어떤 부류의 생각에도 동의하지 않은 채, 향후 흘러가는 경향을 보거나 자신과는 관계없다고 결정하고 옆으로 비켜 서 있다. 설사 당장 상황이 바뀌더라도 여전히 자신의 태도를 견지한다. 이러한 부류 중 세 번째 부류의 관점과 태도가 현재와 미래의 한자 문헌 관련 인재들이 갖추어야 할 태도임은 의심의 여지가 없다.

사실 한자 문헌 관련 연구에서 디지털 인문학 연구 방법론의 도입은 전혀 다른 이질적인 것이 아니다. 지금까지 진행했던 연구의 방향을 버리는 것이거나 의미가 축소되는 것이 아니다. 기존의 연구에 디지털 데이터와 분석 도구의 활용을 통한 양적 연구 방법을 보충하는 것이다. 물론 이를 실현하기 위해서는 관련 데이터의 완정성과 구조화된 문서의 제작과 공유, 분석 과정과 도구의 객관성과 타당성 확보는 기초 조건이다.

Ⅲ. 모든 것은 사람에 의해서

인공지능의 발달에 가장 필요한 세 개의 요소는 인간의 뇌를 대신할 수 있는 처리 장치와 데이터, 그리고 이를 운용할 수 있는 인간이다. 그중 데이터에 대한 사람들의 인식 가운데 우리가 유의해야 할 것은 데이터는 과학이며, 과학은 절대적이라는 신념과 믿음이다. 그러나 종종 그러한 신념과 믿음은 '진실'이 아닌 것임을 우리는 여러 사례를 통해 확인할 수 있었다.

2021년 Carlisle은 Anaesthesia라는 학술 잡지에 2017년 2월부터 2020년 3월까지 게재된 526편의 논문을 검증하여 그중 73편(14%)에 문제가 있음을 지적하였다. 73편의 학술 논문은 부정확하거나 잘못된 데이터를 사용했고, 그중에서도 43편(8%)이 부정확하거나 신뢰할 수 없는 데이터를 이용한 것이라고 검증하면서, 이러한 신뢰할 수 없는 데이터와 방법을 이용한 논문들은 좀비 논문이라고 주장하였다.[1] 그의 검증이 중요한 이유는 우리가 절대적 과학에 근거하였다고 신뢰하는 의학에서조차, 그리고 국제적 신뢰도가 높은 학술지조차도 데이터의 조작이 수시로 일어날 수 있음을 확인하였다는 점이다.

우리나라에도 비슷한 사건이 있었다. 2000년대 초 우리나라에서 최고의 과학자이자 노벨상 후보로 추앙받던 황우석 박사의 예이다. 황우석의 연구

---

[1]   Carlisle, J. B. "False individual patient data and zombie randomised controlled trials submitted to Anaesthesia." *Anaesthesia* 76, no. 4, pp 472-479. (2021)

가 위조되었다는 의심은 디시인사이드 과학갤러리에서 제기되었다. 당시 몇 몇 참여자는 황우석의 논문에 실린 사진 중 일부가 조작되었다고 주장하였다. 그리고 이 의심은 2005년 12월 생물학 전공자들의 모임인 BRIC 게시판에서 검증이 이루어졌다. 이후 여러 검증 단계를 거치면서 각기 다른 줄기세포임에도 같은 증거 사진이 각기 다른 논문들에서 게재되었음이 확인되었다. 검증 이후 황우석 박사는 국민 전체를 속인 과학자가 되었다.

과거가 아닌 현실의 예로 보자. 최근 들어 선풍적 인기를 구가하고 있는 것 중 하나가 Chat-GPT이다. Chat-GPT가 주목되는 가장 큰 이유의 심층에는 인간의 "편리함" 추구에 있다. 인간이 더 이상 오랜 시간과 노력을 기울여 정보를 검색하고 수집하며 그것을 통해 분석하고 추론하여 합리적 결론을 내놓지 않아도 되는 편리함이다.

주지하듯 인터넷은 컴퓨터의 활용 범위를 완전히 새로운 형태로 바꾸었다. 인터넷 이전의 컴퓨터는 폐쇄적인 환경에서 정보를 저장하고 이를 수치화하는 형태였다. 데이터와 정보는 여전히 독점적이었고 폐쇄적이었다. 데이터와 정보의 독점은 지식의 독점으로 연결된다. 인터넷은 이러한 폐쇄적 환경을 함께할 수 있는 공개적 형태로 바꾸었고, 데이터와 정보·지식은 연결된 형태로 변화되고 공유되었다. 누구나 컴퓨터만 있다면 필요로 하는 데이터를 쉽게 수집하고 정보를 취득하며, 이를 활용해 지식을 구축하고 지혜에 도움을 받았다. 사용자는 수많은 컴퓨터에 있는 정보를 '검색'을 통해 취득할 수 있을 뿐 아니라, 인간과 인간 사이의 다양한 네트워크를 구축할 수 있게 되었다. 누구나가 도서관에 가지 않아도 전 세계에 흩어져있는 지식과 정보를 검색할 수 있었다. 이뿐 아니라 다양한 데이터와 정보가 쉽고 빠르게 복제되어 시공간의 제한 없이 유포될 수 있다. 정보의 독점이 사라진 것이고, 지식의 독점화가 더 이상 의미 없는 것이 되었다.

그러나 누군가는 계속하여 지식을 정보화하는 과정과 사용자는 여전히 검색하고 수집한 후 수집된 정보를 판별하고 연역과 귀납·추론을 통해 지식을 경험하고 습득하는 과정이 필요했다. 인터넷에 있는 모든 정보가 너무 많아 어떤 정보가 유의미하고 진실인지 파악하기 어렵기 때문이었다. 이를 보완해 준 것은 네이버 지식인과 같은 소셜 서비스였다. 자신이 정보를 수집하는 것이 아니라 전문가들이 원하는 정보를 제공해 주는 형태였다. 그러나 인간의 욕구는 이 과정조차 넘어서길 원하였다. 보다 완전한 데이터 수집과 분석을 거친 정보 형태가 개인 맞춤형으로 제공되기를 희망하였다. 마치 족집게 과외 교사처럼 필요한 질문에 정확한 답을 제공해 주는 무엇인가가 있으면 좋겠다는 욕구이다. 그러나 이러한 욕구에 가장 적합한 것이 챗GPT로 포장되었다. 초기에 오픈AI의 챗GPT는 마치 거대한 도서관 혹은 전문가와 개별 인간의 만남처럼 그려졌다. 그러나 사용자가 늘면서 챗GPT가 실시간 학습이 불가할 뿐 아니라, 환각, 기억력의 한계, 저작권 침해, 편향, 복잡성, 지식의 독재 등의 문제가 대두되었다. 또한 GPT를 이용함에 있어 다양한 우려의 목소리도 커지고 있다. 그러나 필자가 생각하는 보다 큰 문제는 해당 지식을 원하는 사용자 스스로 데이터를 분석·해석하지 않고 제공되는 데이터를 이용하는 과정에서 스스로의 유추와 판단 능력을 상실하고 있다는 점과 제공되는 지식의 편향성 문제이다. 인종을 차별하거나 여성을 비하하고, 역사적 사실이 왜곡되는 등의 모든 현상, 구체적으로 독도와 죽도 중 어느 것이 더 많이 사용되는가, 『훈몽자회』는 초등 교육서인가 아닌가의 문제는 결국 데이터의 정확성 문제이며, 한번 잘못 기억된 데이터는 쉽게 고쳐지지 않은 상태에서 유지된다. 인터넷에 유통되는 수많은 정보와 데이터가 '사실' 혹은 '진실'인가에 대한 검증 절차를 생략하고 무분별하게 수집된 데이터는 결국 편향성, 정확성, 균질성 문제로 대두되고 종국에는 다른 문제를 만들어내는 셈이다.

　이 과정에서의 핵심은 데이터 구축자와 사용자의 지식과 판단력의 정도이다. 사용자가 검색 혹은 질문에 대한 답변을 보고 가짜, 혹은 미진하다고 인식하고 판단할 수 있는가이다. 주지하듯 인터넷상의 정보 유통의 속도는 이전의 시대와 비교할 수 없을 정도로 빠르게 확산한다. 거짓 정보나 편향된 정보가 진짜로 둔갑하는 것은 결국 소비자, 인간의 지적 능력과 연결된다. 인간은 자기 영역, 자신이 잘 알지 못하는 영역에 대해서는 여전히 과신하는 태도를 보인다. 영어를 잘하는 사람은 기계는 초벌 번역 정도이고 나에 의해 수정이 필요하다고 여기지만, 상대적으로 능력이 떨어지는 언어의 경우 기계의 번역을 그대로 수용하려는 태도를 가진다. 한번 사용해 보고 잘 되네, 안 되네라는 주관적 판단을 하고 맹신과 과신, 혹은 불신의 태도를 견지하기도 한다. 무엇 때문에, 어떻게 그것이 만들어졌는가를 궁구하지 않고 자신이 투입한 질문과 요구에 대한 대답만을 가지고 판단하는 셈이다.

　한편 인공지능 결과물은 이용과 연구 등 모든 입장에서 명확한 한계가 있다. 대부분의 인공지능 알고리즘은 대량의 데이터에서 확률적 모델을 사용하고 있다. 확률적 모델을 사용한다는 의미는 투입되거나 학습된 데이터에서 가장 보편적이고 공통적인 결과를 추출하고, 새로운 질문이나 과업을 그와 가장 비슷하게 구현하거나 찾아낸다는 의미가 된다. 결국 일반적으로 AI를 활용한 결과물은 그 어떤 것도 예측값에 불과할 뿐 실젯값이 될 수 없는 한계를 지니고 있다. 학습과 결과물을 내놓는 과정에서 잃어버린 정보가 있기 때문이다. 이 잃어버린 정보는 대체적으로는 문제가 없는 것처럼, 곧 대세처럼 보이나 우리가 원하는 '사실'은 아니다. 곧 근사치에 가깝게 표현하거나 구현할 수는 있으나 여전히 진실은 아닌 셈이다. 이런 현상은 일반적인 통계나 착시에서도 드러난다. 흔히 말하는 데이터 시각화는 많은 인문학자에게 숫자와 그래프에 대한 환상을 제공하기도 한다. 최근 많이 이용되는 워드 클라우드나 네트워크 분석의 시각화에서 도출되는 정보는 대체로 크게 표현되는 것, 연결이 많이 된 것을 중심으로 삼고 이를 해석하려 한다. 문제는 그러한 데이터의 전처리 과정이나 후처리 과정, 분석에서 사용한 도구의 정확함과 장단점 그리고 시각화 과정에서 생기는 문제점에 대해서는 주목하지 않는 경우가 있다.

학문하는 태도에 관해 동양고전인 중용은 "博學之하며 審問之하며 愼思之하며 明辨之하며 篤行之"라고 한다. 이 뜻은 널리 배우고 깊이 물으며, 신중하게 생각하고, 확실하게 구분하며, 충실하게 행하는 태도를 말한다. 사실 학문만이 아니라 우리가 오감을 통해 받아들이는 모든 것들, 특히 인지적 사고에 필요한 조목들이다. 다양한 디지털 데이터를 구축하거나 마이닝하는 것, 분석의 도구 사용이나 분석을 위해 토픽 분류에서 토픽의 개수와 토픽의 주제를 설정하는 것 또한 인간의 몫이다. 인공지능을 보다 잘 이용하기 위해서는 우리는 더욱 해당 분야의 전문가가 되어야 한다. 조작된 사진과 실제 사진의 구분, 인공지능의 생성품과 인간 창작품의 구분은 결국 인간의 역할이다. 수많은 데이터를 생산하고 분석하고 해석하는 일, 곧 현상의 본질이 무엇인가를 찾아내는 것은 연구(research)의 영역이며, 연구의 영역은 인간의 영역이다. 우리에게 디지털로 유통되는 모든 것들은 '믿음'의 대상이 아니라 관찰이나 반문의 대상이며, 성찰과 통찰을 통해 수용되어야 하는 것들이다.

이처럼 디지털 인문학 연구에서는 대상 디지털 데이터의 완정성과 분석의 객관성, 주체적이고 창의적인 온고지신의 태도를 지닌 비판적 해석 능력을 중요시한다. 엘리안 스트로스베르는 "과학은 예술에 방법론적 도구를 제공하고, 예술은 과학의 발전에 창의적 모델을 제공하며 진화해 왔다."라고 말한다.[2] 곧 디지털 데이터와 기술을 활용하여 분석하는 과정을 넘어 해석하는 것은 일종의 창의적 인문 관점의 행위이며, 이 행위를 실제 수행할 수 있는 역량을 갖춘 인력을 양성하는 과정이 새로운 교육의 방향이 되어야 한다. 교육은 인재를 양성하는 과정이며, 인재란 사회가 요구하는 능력을 갖춘 사람을 말한다. 따라서 사회가 처한 내외부적 환경에 따라 각기 다른 능력과 기능을 갖춘 인재를 요구하는 것은 당연하다. 사회는 빠르게 변화하고 있고, 우리는 그 변화를 현재 곳곳에서 직접 경험하고 있다.

---

2   엘리안 스트로스베르 지음, 김승윤 옮김, 『예술과 과학』, 을유문화사, 2002.

IV. 근경과 원경

　　인문학은 인간의 가치 탐구와 표현 활동 등의 모두를 포함한다. 사실 자연 현상이 아닌 인간이 개입되는 모든 행위는 인문학에 해당하며, 인문학의 가장 기초적인 활동은 언어와 언어를 기반으로 하는 문학, 역사, 철학, 법률, 고고학, 예술과 비평 등 그 범위를 한정하기 어렵다. 곧 인문학을 통해 우리는 나와 너, 우리를 넘어 과거와 현재, 그리고 미래의 인간에 대한 이해와 통찰을 시행함에 목적이 있다. 단순히 언어 현상을 연구함이 아니라 인간이 언어를 통제하고 사용하는 기제와 그것을 통해 발현되는 모든 것이 연구 대상이 된다. 인공지능의 이해는 인문학과 관련이 깊다. 인공지능은 메타 인문학, 곧 인간의 사유와 행동에 대한 자연원리적 이해를 통해 개인과 사회가 만나고 있는 다양한 문제를 합리적이고 효율적인 방안을 모색하기 위한 활동이다.

　　이 과정에서 인류는 끊임없이 편리를 위한 도구를 개발하고 사용하면서 발전해 왔고, 반복적이고 대량의 정보를 수집하고 정리하는 도구로 컴퓨터를 개발하였다. 컴퓨터는 인간의 뇌와 기억, 입력과 출력을 모방하면서 발전되었고, 관계와 관계로 연결되었다. 다만 인간은 자연언어를 사용하였고, 컴퓨터는 통제언어를 사용하였다는 점에서 큰 차이가 있다. 이를 인간 가독형언어와 기계가독형언어로 명명하고 이 둘 사이의 연결을 번역과 같은 인코딩과 디코딩으로 사용할 뿐이다. 컴퓨터가 대량의 데이터를 연산 처리하는 과정에서도 여전히 인간은 개입하고 있다. 인간에 의해 개입된 통제된 환경을 벗어나 컴퓨터 스스로 창작을 시도하지 않는다. 어떠한 컴퓨터도 인간처럼 스스로 호기심을 가지고 묻고 판단하고 결정하지 않는다. 모든 것은 어떤 인간에 의해 도구로 활용된다는 사실은 매우 중요하다.

　따라서 인간 스스로 무엇인가를 기획하여 데이터와 정보를 수집하고 이를 다른 사람이 이해할 수 있도록 시각화하는 일과 가공하고 분석하는 일련의 기획과 관리 능력을 요구받게 된다. 다시 말해 컴퓨터를 통해 데이터를 읽고 해석할 수 있는 능력, 더 나아가 데이터를 목적에 맞게 활용하는 기술적 능력과 해석까지의 모든 능력을 우리는 디지털 문해력이라고 칭하게 된다. 그런 이유로 여기서 말하는 문해력은 인간의 언어를 통해 문화를 이해하고 문해하는 능력이 아니라 컴퓨터에 투입되고 산출되는 결과와 그 결과를 해석하는 모든 인지 능력을 말한다.

　지금 우리는 디지털에 대해 말하나 실제 이러한 활동은 인간이 연구를 시작하면서부터 시작되었다. 우리는 현상의 관찰을 통해 연구 주제를 설정하고 문헌 조사 등의 자료 수집을 통해 가설을 설정하고 자료를 수집, 분석, 해석하게 된다. 이 과정에서 때로는 질적 연구 방법을 때로는 양적 연구 방법을 사용한다. 비교하고 대조하고, 분류하며, 연역, 귀납, 유추, 오류 검토 등의 추론을 시행한다. 이를 통해 자신만의 시각으로 연구 대상을 해석하게 된다. 따라서 디지털 인문학은 디지털 데이터와 알고리즘을 활용하여 기존의 방법으로 파악하기 어려웠던 인문 지식을 새롭게 파악함에 있다. 여기서 필요한 태도가 멀리보기와 가까이보기이다.

　멀리보기에서 일부 데이터는 간과되는 요소로 취급된다. 디지털 데이터를 이용한 연구에서는 대체적인 통계와 확률을 중시하다 보니 소수이거나 특별한 것에 대해서는 주목하지 못하는 경향이 발생하기도 한다. 주지하듯 인문학은 오히려 소외되는 현상이나 다른 이들이 집중하지 않는 작은 변화에 집중한다. 보편과 특수에서 보편도 중요하나 특수도 중요한 의미를 지니고 있기 때문이다. 다시 말해 AI 정확도가 95%라는 것은 여전히 5%의 틀림이 있다는 의미이고, 무엇이 오류인지 알 수 없는 상황에서 검증해야 한다는 의미가 된다. 사실 기계가 할 수 있는 일은 여전히 분석의 영역이며, 해석의 영역은 인간의 영역이다. 인문학에서는 1%의 소외도 중요한 연구 대상이 된다. 창안과 창신뿐 아니라 주류와 비주류의 문제, 곧 인간은 '왜'라는 것을 탐구하는 영역은 모두 '그러하다'가 아니라 '아닌' 것에 주목해야 할 때가 있기 때문이다.

반면 가까이보기에서는 데이터 하나마다 정확성이 매우 중요한 요소가 된다. 예를 들어 『천자문』은 우리나라뿐 아니라 동아시아의 한자문화권에서 오랫동안 주요 학습 교재로 광범위하게 사용된 서적이다. 따라서 많은 판본이 존재하고, 판본마다 약간의 차이가 존재한다. 10여 종의 『천자문』의 자종에 차이가 있는지 검토하기 위해서는 개별 판본마다의 입력 데이터의 정확성은 매우 중요하다. 반면 개별 판본이 사용된 시기 혹은 출판 지역, 사용 지역, 사회 구성원의 인식과 태도 등에 대한 것은 『천자문』과 관련된 다양한 문헌 자료뿐 아니라 기사 등의 대규모 데이터를 통계적으로 처리하기 때문에 일부 데이터의 유실이 있더라도 큰 맥락은 파악할 수 있게 된다. 요즘 우리가 흔히 빅데이터라 불리는 분석이 여기에 해당한다. 이렇게 보면 멀리보기와 가까이보기는 연구의 대상과 목적, 그리고 지향 등이 다르며 서로 상호 보완적 관계에 있다.

다른 예를 보자. 대만의 중앙연구원에서는 오랜 시간 동안 전문가에 의해 다양한 상고와 중고 한어 주석 코퍼스를 완성하였다. 이 주석 코퍼스를 이용하여 특정 한자의 품사적 특징을 고찰하거나 통시적 특성, 공시적 특성을 연구할 때는 '가까이보기'와 '멀리보기' 모두를 충족할 수 있다. 문제는 모든 데이터가 이렇게 정제된 데이터가 아니라는 점이다.

최근의 여러 연구 경향 중 하나로 '연구 경향성'에 관한 분석이 있다. 모든 연구가 그렇지는 않지만, 일부 연구의 경우 해당 연구와 관련된 '초록'을 수집하거나 '제목'만을 수집하여 연구 경향을 파악하려 시도하는 경우가 있다. 분석 알고리즘 이전에 이렇게 수집된 데이터가 밝히고자 하는 연구의 경향성을 파악하는데 유용한 데이터인가에 대한 의구심이 든다. 데이터로 사용하기 위해서는 제목이나 초록의 내용이 해당 연구를 대표할 수 있거나 잘 요약하였다는 긍정이 필요하기 때문이다.

한국어 데이터를 분석하는데 n-gram의 방식의 일부 유용하기도 하지만 대부분 별도의 형태소 분석기를 사용하고 그 결과를 정제하여 기초 데이터로 제작하여 사용하며, 일본어나 중국어도 해당 형태소 분석기를 사용해야 함은 관련 연구자들에게는 보편적인 사실이다. 어떤 형태소 분석기도 모든 언어에 일반화하여 정확성을 담보하기 어렵기 때문이다.

곧 멀리보기와 가까이보기에서 무엇보다 중요한 것은 로우데이터, 데이터 분석, 정제의 정확성과 적용 알고리즘의 특성을 이해함이다. 이러한 기초 단계가 없을 때 관련 연구의 신뢰도는 확인할 수 없기 때문이다.

이런 문제가 야기된 이유는 그간의 학문적 풍토 때문이다. 종래의 인문학 연구 대부분은 주석이나 참고 문헌을 통해 본인이 참고한 데이터를 제공함에 그쳤다. 이를 통해 검증을 통한 신뢰도를 높일 수 있었다. 대부분의 연구 경향 또한 자료에 근거한 분석과 해석의 시각과 관점으로 논리적 글쓰기에 치중하였다. 연구자의 연구 성과에 대한 심사와 평가 과정에서도 이와 비슷한 형태를 유지하고 있다. 따라서 표나 그래프 등은 그리 중요한 검증의 내용이나 대상이 되지 않았다. 목록을 정리하거나 일목요연하게 관련 내용을 제시함이 목적이었다. 그러나 최근 디지털 데이터를 이용한 관련 연구들이 나오는 환경에서도 종래와 같은 심사와 평가가 옳은 것인가에 대한 의문이 제기될 수 있다. 데이터의 정확도, 전처리와 후처리의 적합성, 분석의 타당도와 신뢰도 등을 검증할 방법이 없기 때문이다. 최소한 데이터를 이용한 연구의 경우 검증을 위해 심사자들에게만이라도 사용된 데이터와 처리 방법에 대한 자료가 제공되어야 하는 이유이다. 이런 연구에서 표나 그림이 중요한 것은 수많은 데이터를 직접 처리해 보지 않더라도 결과물로 제공되는 표와 그림을 통해 연구의 타당도와 핵심 근거를 확인할 수 있기 때문이다. 표와 그림에서 제시되는 수치와 그래프 등의 해석이 중요한 이유이다.

V. 보편과 특수의 디지털 문해력

디지털 문해력 또한 보편적 문해력과 특수한 문해력으로 구분할 수 있다. 보편적 디지털 문해력이란 디지털 플랫폼의 다양한 미디어를 경험하며 명확한 정보를 찾고, 평가하고, 조합하는 기초적인 능력을 뜻하지만, 특수한 문해력은 전문 분야에 활용되는 능력을 말한다. 곧 보편적 문해력이란 결국 박(博)한 능력이며, 특수한 문해력이란 정(精)한 능력이다.

박(博)한 능력이란 컴퓨터 활용 능력뿐 아니라, 다양한 디바이스를 활용하는 능력, 디지털 환경을 통해 접하는 각종 정보의 이해와 그러한 정보를 생산하는 코딩 능력, 정보에 대한 분석과 활용을 통해 자기주도적 정보 활용으로 문제를 해결하는 방안에 대한 능력을 말한다. 따라서 이러한 능력은 비판적 사고와 효율적 소통, 창의, 기능적 기술 등을 포함하는 기초 능력을 말한다고 할 수 있다. 후술하겠지만 이러한 능력의 어려움은 수집된 정보와 지식에 대한 비판적 사고력에 기초한 창의에 있으며, 이는 자신이 습득한 언어와 다른 언어를 직관적이고 객관적으로 받아들이는 학습에 있다.

디지털 문해력은 간단하게는 plain text와 csv(comma separate text), html, xml 문서 간의 차이나, 확장자의 차이, tagging과 labeling, CNN과 GAN 등뿐 아니라, 엑셀과 파워포인트 등과 같은 프로그램의 사용법 등도 포함된다.

최근 흔히 등장하는 GPT에 대한 이해도 해당한다. GPT(Generative Pre-trained Transformer)란 언어 모델(Language Model, LM)에서 확보한 대규모의 데이터셋을 이용하여 텍스트와 다양한 콘텐츠 데이터를 인식하여 확률 값을 부여하여, 다음 구성 요소를 예측하거나 생성하여 요약, 번역, 예측, 생성함을 말한다. 이 기술의 핵심은 두 가지이다. 하나는 트랜스포머 기술이다. 트랜스포머 모델이 주목받은 것은 자기주의(self attention)를 기반으로 라벨

이 없는 말뭉치를 대상으로 스스로 양방향 모델을 학습할 수 있는 BERT를 가능하게 한다는 점이다. 이를 통해 초거대 언어 모델이 개발될 수 있었다. 두 번째는 사용되는 데이터셋이다. 쉽게 말하면 트랜스포머 모델은 요리법이며, 실제 요리할 재료는 데이터이다. 좋은 재료가 좋은 음식을 만들 듯, GPT 성능의 향상은 결국 데이터에서 결정된다. 그럼 데이터를 만드는 주체는 누구인가? 컴퓨터는 거짓 정보를 거짓 정보로 인식하고 판단할 수 있을까? 그렇지 않다. 통계적 모델이라는 뜻은 다수의 것이라는 의미이다. 곧 일반적인 데이터가 그렇다면 그렇게 학습하고 결과도 그렇게 도출하지 않는다는 의미이다.

이 같은 지식과 이해는 보편적 지식에 속한다. 이러한 보편적 지식은 다음과 같은 표를 이해하기 위한 기초이다. 다음 표는 모델별로 『사기』를 형태소 분석한 결과를 보여주는 기사에서 발췌하였다.[3]

预训练语料构成	模型名	P(%)	R(%)	F1(%)
繁体	GujiBERT_fan	92.8	94.28	93.53
繁体	GujiRoBERTa_fan	92.71	93.92	93.3
繁体	SikuBERT	92.5	93.92	93.2
繁体	SikuRoBERTa	92.43	93.73	93.07
繁体	BERT-base-Chinese	90.16	92.12	91.12
繁体	Chinese-Roberta-wwm-ext	88.86	90.65	89.75
简体	GujiBERT_jian	91.93	93.55	92.73
简体	GujiRoBERTa_jian	91.7	93.39	92.53
简体	BERT-base-Chinese	87.36	89.82	88.57
简体	Chinese-Roberta-wwm-ext	88.37	90.39	89.37
简体	GuwenBERT	92.84	94.66	93.73
简体+繁体	GujiBERT_jian_fan	97.65	97.29	97.02
简体+繁体	GujiRoBERTa_jian_fan	95.91	96.78	96.34
简体+繁体	BERT-base-Chinese	95.75	96.53	96.14
简体+繁体	Chinese-Roberta-wwm-ext	94	95.33	94.66
简体+繁体	RoBERTa-classical-Chinese-base-char	94.76	94.83	94.76

〈인공지능 모델별 『사기』 텍스트를 형태소 분석한 결과〉

---

3   https://mp.weixin.qq.com/s/aYCP9gFXg5qAdGcGjk2AFg

이 표의 이해에서 중요한 단위는 P와 R, F1과 그 수치이다. 우리는 이 수치를 통해 개별 모델의 성능을 이해할 수 있기 때문이며, 이 모델 평가에 사용되는 수치의 개념은 모든 인공지능 모델에서 공통적으로 사용되고 있기에 보편적 문해력이라고 할 수 있다.[4] 그러나 각 모델을 개발하는 것은 보편적인 것이 아니라, 특수한 영역이다. 곧 전문 영역이다. 이를 정(精)한 능력이라 표현한다. 다시 말해 자신이 종사하는 전문 분야에 활용되는 능력을 말한다.

예를 들어 위의 표에서 동양 문헌을 대상으로 하는 디지털 문해력은 아래와 같은 질문에 대한 답을 찾아가는 과정이라고 할 수 있다.

- 문자 코드 중 한자 코드란 무엇이지?
- 한자를 어떻게 입력하지?
- 한자 간의 관계를 어떻게 처리하지?
- 문헌의 시각적 속성을 어떻게 처리하지?
- 언어의 특성을 기계가 파악하여 처리할 수 있을까?
- 문헌 분석에 어떤 알고리즘, 툴을 적용할 수 있지?
- 어떻게 구조화 시킬 수 있을까?
- 어떻게 분석하지?
- 어떻게 지식을 시각화하지?
- 어떤 분석툴의 이용이 우리에게 유의미할까?
- 분석의 결과가 신뢰 가능하고 예측 가능한가?
- 가설의 증명 혹은 기존 연구와 어떤 차별성을 지니는가?
- 데이터와 분석에 오류와 의도성이 없는가?
- 시각화된 결과는 어떻게 해석해야 할까?

---

4 각각의 평가 지표에 대한 설명은 인터넷을 통해 쉽게 찾을 수 있다.

위의 질문에는 보편적 질문과 특수한 질문이 섞여 있다. 그리고 이러한 보편적 질문에 대한 대답은 해당 지식에 대한 기초적 지식의 바탕이 있어야 하며, 특수한 질문은 그 보편적 지식 위에서 성립된다. '이순신의 어머니는 신사임당'을 거짓으로 판단하는 것은 우리가 한국인으로 교육받았던 지식과 다르기 때문이며, 이는 한국인의 보편 교양이다. 그러나 이를 형태소로 분석하는 것이나 위와 같은 정보가 유통되는 관련 데이터를 수집하여 정제하는 것은 특수한 전문 영역이다.

이제 보편과 특수의 상황을 몇 가지 예로 보자.

첫 번째 예는 인공지능 문자 인식에 관한 것이다.[5]

Methods	Pretraining	Scene	Web	Document	Handwriting	Avg	#Params
CRNN [42]	×	53.4	54.5	97.5	46.4	67.0	-
ASTER [43]	×	54.5	52.3	93.1	38.9	64.7	-
MORAN [33]	×	51.8	49.9	95.8	39.7	64.3	-
SAR [26]	×	62.5	54.3	93.8	31.4	67.3	-
SRN [50]	×	60.1	52.3	96.7	18.0	65.0	-
SEED [39]	×	49.6	46.3	93.7	32.1	61.2	-
TransOCR[4]	×	63.3	62.3	96.9	53.4	72.8	84M
MaskOCR (ours, ViT-S)	√	71.4	72.5	98.8	55.6	78.1	36M
MaskOCR (ours, ViT-B)	√	73.9	74.8	99.3	63.7	80.8	100M
MaskOCR (ours, ViT-L)	√	**76.2**	**76.8**	**99.4**	**67.9**	**82.6**	318M

〈인공지능 모델별 성능 비교〉

위의 표에서 Pretraining의 항목은 ImageNet이라는 대규모 이미지 학습 데이터를 사용하여 사전 학습 진행 여부를 나타내며, Scene은 도로나 거리와 같은 사진에서의 글자 인식, Web은 웹 브라우저 환경에서 글자 인식, Document는 문서 내 글자, Handwriting은 필기체에 대한 글자 인식 성능을 말한다. 앞의 methods는 모델명을 말하며, Avg는 평균적인 인식률을 말한다. 여기까지는 일반적인 인식 혹은 지식에 해당한다고 할 수 있다.

---

5 다음의 〈표3〉과 〈그림1〉의 예시는 다음의 연구 성과에서 발췌 인용하였다. 허철·조성덕·최동빈, 「인공지능 활용 초서 OCR 개발 과정과 과제」, 『한문학논집』 65, 211-236면, 2023.

그러나 다음 그림을 이해하는 것은 한자 초서 자형에 대한 이해와 모델
에 대한 이해가 결합되어야 가능하다.

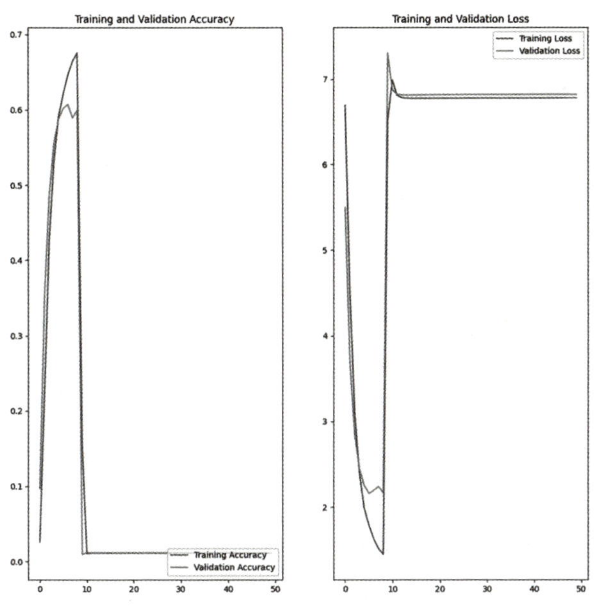

〈그림1〉 VGG19 학습 및 성능평가

레이어를 19층으로 쌓는 VGG19에 대한 학습 및 평가를 보면 학습할 때
최대 정확도는 68%로 VGG16보다는 높은 정확도를 보이며 평가에도 최대
정확도 60%를 달성하였으나, 학습이 지속됨에 따라 성능이 오히려 하락하
는 모습을 보인다고 할 수 있는데, 이 근거는 바로 초서 자형의 특성에 기인
하기 때문이다.

기계번역 특히 인공지능을 활용한 기계번역을 거론할 때마다 어떤 모델
을 사용했는지, 어떤 데이터를 어떻게 얼마나 많은 양의 데이터를 가공했는
지를 묻곤 한다. 또 성능 이야기도 빠뜨리지 않는다. 다음은 신문 기사의 일

부이다.

긴 하나의 문장으로 구성된 고문헌 문장들을 기계번역 모델 학습용 데이터로 만들기 위해서는 문장 분리 지점과 번역된 한국어 문장 분리 등이 중요하다.

이를 위해 회사는 고전한자를 뜻 단위로 분리해 주는 고전문헌용 토크나이저를 별도 개발해 학습용 데이터로 구축이 가능하도록 구현했다는 설명이다. 이렇게 단계별로 단문, 중문, 장문에 이르기까지 성능을 지속해서 고도화시키면서 고전한자 인식이 가능해졌다.

승정원일기 원본 데이터가 기계번역 학습용 데이터로 부적합해 별도 학습용 데이터가 필요한 상황에서 100만 코퍼스 이상 데이터 확보에 데이터 증강 기술도 들어갔다. 기존에는 50만 코퍼스 수준으로 데이터가 부족했다.

이후 이와 별개로 지난해 중앙대학교 김영빈 교수 연구팀이 조선왕조실록 데이터 기반 AI를 이용해 단기에 초벌번역에 성공한 예가 있다.

업계 관계자는 "지금도 승정원일기 번역본은 초벌번역 수준으로 완전한 수준의 번역까지는 AI를 적용한다 해도 꽤 많은 시간이 걸릴 것으로 예상된다. 정부 예산에 따라 사업 속도가 달라질 수 있는 만큼, 안정적인 예산 지원이 뒷받침돼야 할 것"이라고 말했다.[6]

기사를 통해 현재 우리나라에서도 고전문에 대한 기계번역 시도가 이루어지고 있으며, 초벌번역 수준까지 발전하였다는 사실도 확인할 수 있다. 그런데 의문이 든다. 고문헌 문장 형태소 분석기가 개발되었나? 기계번역 학습용 데이터는 어떻게 구축하였나? 초벌번역이란 어느 수준을 말하는가? 누가

---

[6] 인용한 신문 기사는 교정하지 않았다. 이 또한 디지털 데이터의 문제점 중 하나이기 때문에 원문을 그대로 인용하였다. https://www.ddaily.co.kr/page/view/2022040108333901976

이 번역을 평가하였는가? 등등이다. 이 기사 어디를 살펴봐도 성능에 대한 객관적 수치가 보이지 않는다. 누가 어떤 과정으로 평가했는지도 보이지 않는다. 번역이란 결국 번역 결과물에 대한 확신을 필요로 함에도 이에 대한 명확한 설명이 보이지 않는다. 물론 인터넷 검색을 통해 BLEU 점수를 예시로 드는 기사와 보고서를 찾을 수 있다. 그러나 기계적 평가가 아닌 전문가 집단에 의한 수동평가에 대해서는 여전히 의문이 든다.

　　보편적으로 기계번역의 자동평가는 참조번역(reference translation)과 후보번역(candidate translation)을 고려하여 기계번역의 품질을 평가한다. 자동평가는 명료성(intelligibility), 정확성(accuracy), 유창성(fluency) 등을 기준으로, 기계가 번역한 일부 텍스트의 품질을 평가하는 방법이다. 현재 일반적으로 알려져 있는 지표는 BLEU, METEOR, ROUGE, LePOR, BLEUmod., WER 등이 존재한다. 고전번역에서 주로 사용하였으나 실제 실험 과정에서 짧은 번역일 때 점수가 높게 나오며, 유의어나 반의어를 유의미하게 구별하지 못하고, 통사적인 측면을 고려하지 않는 평가 방식이라는 단점을 가진다. 이는 BLEU의 알고리즘이 일치하는 단어의 수(n)를 계산하는 일종의 n-gram 방식으로 두 언어를 비교하여 정밀도를 계산하기 때문이다. METE-OR(Metric for Evaluation of Translation with Explicit ORdering)은 1-gram의 정밀도(precision)와 재현율(recall)의 조화평균을 기반으로 측정하여 BLEU 점수에 비해 재현율에 많은 가중치를 부여하는 방식이다. 때문에 METEOR 평가 방식은 조화평균에서 정밀도와 재현도에 부여되는 가중치에 대한 타당성 문제가 존재한다. METEOR 점수의 조화평균은 단순한 조화평균이 아니라 정밀도와 재현도의 비율이 9:1이다. 즉 재현도를 고려하기는 하나, 여전히 정밀도에 높은 가중치를 부여하는 방식이다. 정밀도에 비해 재현도가 기계번역 평가에서 좀 더 의미 있는 지표로 알려져 있어 재현도를 반영해야 한다는 주장이 설득력이 있으나, 왜 정밀도와 재현도의 비율이 9:1인지에 대한 의문은 존재한다. 최근에는 정밀도나 재현도 모두 각각의 장단점이 있어서 어느 쪽이 기계번역의 품질 평가에 더 의미 있는 지표인지 단정하기 어렵다는 연구도 있다.

이런 문제로 수동평가 모델이 제안되었다. 수동평가의 모델은 다양한 논의를 거쳐 전문가 집단에 의해 실행된다. 일반적으로 명료성과 충실성의 큰 평가 분야를 가진다. 평가자에 대한 신뢰도의 문제, 평가의 균질성 등에 대한 선제적 조치가 필요하지만, 기계적 평가만으로 측정하기 어려운 신뢰도를 평가함에 반드시 필요한 평가 방법이다. 이때에도 한문과 한국어라는 두 개 언어의 특성에 따라 각기 다른 평가 모델이 제안되고 적용되어야 한다. 이처럼 어떤 평가 모델도 장단을 가지고 있음에도 불구하고 BLEU만을 강조하는 것은 문제가 있다.

평가 모델에 관한 이러한 지식은 보편적 지식에 해당한다. 반면 고전한문의 수동 번역 척도 개발과 적용은 특수한 영역에 속한다.[7]

또 다른 예를 보자.

한문 언어 정보를 분석하는데 국내에서 제안하는 대부분의 방법은 n-gram 방식이다. 이는 글자의 숫자를 이용해 하나의 문법 단위로 보고 분석하는 방법이다. 하지만, 한문은 1개의 글자가 하나의 단어가 되기도 하며, 두 개 혹은 세 개의 글자가 하나의 단어가 되기도 한다.

예를 들어 『연암집』 중 "遊乎三韓三十六都之地。東臨滄海。與天無極。而名山巨嶽。根盤其中。野鮮百里之闢。邑無千室之聚。其爲地也亦已狹矣。非古之所謂楊墨老佛而議論之家四焉。非古之所謂士農工商而名分之家四焉。是惟所賢者不同耳。議論之互激而異於秦越。是惟所處者有差耳。名分之較畫而嚴於華夷。嫌於形跡。則相聞而不相知。拘於等威。則相交而不敢友。其里閈同也。族類同也。言語衣冠其與我異者幾希矣。既不相知。相與爲婚姻乎。不敢友焉。相與爲謀道乎。是數

7 　기계번역에 대한 평가는 다음의 연구 성과를 참고하기 바란다. 정성훈·하지영·김우정. 「한문고전문헌의 기계번역 평가방안 탐색」 『한문학논집』 60, 105-156면, 2021.

家者。漠然數百年之間秦越華夷焉。比屋連墻而居矣。其俗又何其隘也。洪君德保。嘗一朝踔一騎。從使者而至中國。彷徨乎街市之間。屛營於側陋之中。乃得杭州之遊士三人焉。於是間步旅邸。歡然如舊。極論天人性命之源。朱陸道術之辨。進退消長之機。出處榮辱之分。攷據證定。靡不契合。而其相與"의 문장을 1-gram으로 분석하면 다음과 같다.

遊/乎/三/韓/三/十/六/都/之/地/東/臨/滄/海/與/天/無/極/而/名/山/巨/嶽/根/盤/其/中/野/鮮/百/里/之/關/邑/無/千/室/之/聚/其/爲/地/也/亦/已/狹/矣/非/古/之/所/謂/楊/墨/老/佛/而/議/論/之/家/四/焉/非/古/之/所/謂/士/農/工/商/而/名/分/之/家/四/焉/是/惟/所/賢/者/不/同/耳/議/論/之/互/激/而/異/於/秦/越/是/惟/所/處/者/有/差/耳/名/分/之/較/畫/而/嚴/於/華/夷/嫌/於/形/跡/則/相/聞/而/不/相/知/拘/於/等/威/則/相/交/而/不/敢/友/其/里/閈/同/也/族/類/同/也/言/語/衣/冠/其/與/我/異/者/幾/希/矣/旣/不/相/知/相/與/爲/婚/姻/乎/不/敢/友/焉/相/與/爲/謀/道/乎/是/數/家/者/漠/然/數/百/年/之/間/秦/越/華/夷/焉/比/屋/連/墻/而/居/矣/其/俗/又/何/其/隘/也/洪/君/德/保/嘗/一/朝/踔/一/騎/從/使/者/而/至/中/國/彷/徨/乎/街/市/之/間/屛/營/於/側/陋/之/中/乃/得/杭/州/之/遊/士/三/人/焉/於/是/間/步/旅/邸/歡/然/如/舊/極/論/天/人/性/命/之/源/朱/陸/道/術/之/辨/進/退/消/長/之/機/出/處/榮/辱/之/分/攷/據/證/定/靡/不/契/合/而/其/相/與/

와 같이 각기 다른 형태로 분석됨을 확인할 수 있다. n-gram 방식이 사용에도 편리하며 모든 언어에 적용할 수는 있으나, 한문 문장 분석에는 적합한 방식은 아니다. 마찬가지로 한국어에 특화되거나 일본어에 특화된 형태소 분석기가 별도로 존재하는 것은 해당 분야만이 가진 특수성 때문이다.

이를 중국에서 개발된 인공지능을 활용한 형태소 분석기 중 吾與点[8]에 투입하면 다음과 같은 결과를 얻을 수 있다.

遊/乎/三/韓/三/十/六/都/之/地/，/東/臨/滄海/，/與/天/無/極/，/而/名山/巨嶽/，/根/盤/其中/，/野/鮮/百/里/之/闢/，/邑/無/千/室/之/聚/，/其/爲/地/也/，/亦/已/狹/矣/。/非/古/之/所/謂/楊、/墨、/老、/佛/，/而/議論/之/家/四/焉/；/非/古/之/所/謂/士、/農、/工/，/商/，/而/名分/之/家/四/焉/。/是/惟/所/賢/者/不/同/耳/。/議論/之/互/激/，/而/異/於/秦/越/，/是/惟/所/處/者/有/差/耳/。/名分/之/較畫/，/而/嚴/於/華夷/，/嫌/於/形跡/，/則/相/聞/而/不/相/知/，/拘/於/等威/，/則/相交/而/不/敢/友/。/其/里閈/同/也/，/族類/同/也/，/言語/衣冠/，/其/與/我/異/者/幾希/矣/。/既/不/相/知/，/相與/爲/婚姻/乎/？/不/敢/友/焉/，/相與/爲/謀道/乎/？/是/數/家/者/，/漠然/數/百/年/之/間/，/秦/越/華夷/焉/，/比/屋/連/墻/而/居/矣/，/其/俗/又/何/其/隘/也/。/洪君德保/嘗/一/朝/踔/一/騎/，/從/使者/而/至/中國/，/彷徨/乎/街市/之/間/，/屛/營/於/側陋/之/中/，/乃/得/杭州/之/遊士/三/人/焉/。/於是/間/步/旅邸/，/歡然/如/舊/，/極/論/天人/性命/之/源/，/朱陸/道術/之/辨/，/進退/消長/之/機/，/出處/榮辱/之/分/，/攷/據/證/定/，/靡不/契合/。/而/其/相與/。

위의 '/'는 분사를 표현하기 위해 빈칸에 표시한 것이다. 결과에서 알 수

있듯 1자가 하나의 단어가 되는 것 이외에도 2자가 하나의 단어가 되는 것으로 滄海, 巨嶽, 其中, 議論, 名分, 較畫, 華夷, 形跡, 相交, 里閈, 族類, 衣冠, 幾希, 相與, 婚姻, 謀道, 漠然, 華夷, 使者, 中國, 彷徨, 街市, 側陋, 遊士, 於是, 旅邸, 歡然, 天人, 性命, 朱陸, 道術, 進退, 消長, 出處, 榮辱, 靡不, 契合, 相與 등 모두 38개를 추출하였으며, 洪君德保은 4자 어휘로 추출하였음을 확인할 수 있다. 물론 이러한 결과가 모두 정확한 것은 아니다. 단지 실험을 통해 한문(고전적)에 적합한 분석기가 별도 존재해야 함을 설명하기 위함이다.

기계분석에서 왜 형태소 분석이 필요하며, 어떤 형태소 분석기가 개발되었는지, 그 효과성에 대한 검토는 어떻게 해야 하는지는 보편적인 내용이며, 한국어, 일본어, 영어와 한문과 같은 해당 언어의 특수한 환경에 적합한 내용은 특수한 내용인 셈이다.

VI. 융합·통섭 교육의 의미

당위적이지만 한자 문헌 관련 인재 양성 과정에서 이러한 변화를 경험하기란 쉽지 않다. 디지털 문해력에 관해서는 이미 여러 논의가 제기된바 있으나[9], 동아시아 고전학 관련 교육 사례에서는 연구자의 실제 교과목 개설과 관련된 일부 사례나 활용 사례가 제시되어 보편화된 교육과정 설계로 적용하기에는 부족한 점이 있다.[10] 여러 이유가 있겠으나 가장 큰 이유는 현재까지

9　동아시아 고전 관련 디지털 문해력과 관련해서는 이미 허철(2020)에서 초보적인 수준으로 논의를 한 바 있다. 「新時期漢字學與人文學研究發展方向探析-迴歸本位·數字遊民時代·大數據·技術開放·再數據」, 『한자연구』 26, 77-93면, 2020.

10　국내와 중국 및 대만의 상황에 관해서는 다음의 연구 성과가 있다. 양원석, 「중국의 디지털 기술을 활용한 漢字 教育」, 『한문교육논집』 58, 219-238면, 2022.; 정동운, 「디지털 매체(콘텐츠, 미디어)를 활용한 한국의 한자, 한문교육 - 디지털 媒體를 활용한 중등학교 교수·학습 자료와 수업 사례를 중심으

디지털 데이터를 활용한 한자 문헌 관련 연구가 무엇을 해야 하며, 해당 영역에서 미래 세대가 어떤 기초 능력을 갖추어야 하는지에 대한 섬세한 연구가 부족함에 주요 원인이 있다. 여전히 전통적인 연구 방법이 주류이며, 혹 디지털 인문학 관련 연구를 시도하더라도 그 연구 데이터와 연구 방법이 미래 인재 양성을 위한 것인가라는 의문이 제기되기 때문이다.

교육 활동은 유목적적 활동이며, 목적과 목표는 지향점이라는 사실은 변함이 없다. 그렇다면 디지털 데이터 구축과 활용은 그 대상자가 '누구'인가에 따라 각기 다른 목표를 갖게 된다. 한자 문헌 관련 학문 인재 양성의 목표가 일반적인 디지털 문해력 신장과 동일하지 않으며, 한국의 인재 양성의 목표나 층위별 인재 양성의 목표가 다른 국가와 동일할 수 없다. 초등학교와 중학교, 대학교 등의 대상에 따라서도 달라진다. 따라서 핵심적 질문은 해당 학습자에 따라 우리는 어떤 목표를 제시하고 설정해야 하는가에 있다. 두 번째로 고민해야 할 것은 그럼 어떤 교육과정과 모델을 제시하여 가장 적은 노력으로 제시된 역량을 갖추도록 할 것인가에 있다. 곧 교육 활동의 효율성 관련 논의이다.

디지털 문해력 습득의 어려움은 "수집된 정보와 지식에 대한 비판적 사고력에 기초한 창의에 있으며, 이는 자신이 습득한 언어와 다른 언어를 직관적이고 객관적으로 받아들이는 학습에 있다."라고 하였다. 이는 현재와 같은 문과와 이과, 혹은 전문화된 영역 전문가로서의 일관된 학습에서 기인한다. 독서력이 풍부한 문과 학생일지라도 수학적 지식 습득에 어려움을 느끼는 이유는 수학적 언어가 낯설기 때문이며, 수학과 과학을 논리적으로 습득한

로-」, 『한문교육논집』 58, 169-218면, 2022.; 유인태, 「디지털 한문학의 가능성과 그 실현에 관한 모색」, 『동아한학연구』 17, 9-42면, 2023.; 유인태, 「한문학 데이터 편찬 교육의 실제 - 고려대 한문학과의 〈한문학데이터큐레이션〉 강의 사례를 중심으로-」, 『한문교육논집』 62, 301-332면, 2024.; 이민우, 「텍스트 마이닝 기반 역사 연구에서 한국 고전 한문 자료 활용의 어려움」, 『대구사학』 155, 1-29면, 2024.; 양원석·박영미·최지연, 「국외 동양고전 관련 디지털 인문학 교육의 현황」, 『InDi(인문+디지털) 학술대회』, 2021.05, 75-103면, 2021.; 최지연·이해윤, 「대만과 한국의 디지털 인문학(고전) 교육 정책 연구」, 『한문학논집』 64, 35-64면, 2023.

학생일지라도 문학 작품을 해석하는 어려운 것은 문학적 언어의 낯섦에서 기인한다. '황당'이라는 단어는 쉽게 받아들여 사용할 것처럼 보이지만, 荒唐의 뜻인 '말이나 행동 따위가 참되지 않고 터무니없다(표준국어대사전)'의 뜻은 거칠다 황과 거칠다 당으로 구성되어 있고, 여기서 '거칠다'는 무슨 의미인지 이해하기 어렵다.

비슷한 예로 인공지능 관련 주제에서 빠지지 않는 어휘가 있다. '벡터공간'이다. 벡터가 스칼라와 연계되는 개념임을 이해하기 쉽지 않고, 벡터를 이해하더라도 공간을 이해하기는 어렵다. 벡터공간을 이해하면 왜 행렬과 cos 함수(벡터의 내적)가 사용되는지 이해하게 되지만 이를 다시 수식화하면 더 어려운 이해가 필요하다.

우리는 같은 언어를 사용하는 것 같으나 실제 언어는 사람의 인지적 능력마다 각기 다른 의미로 받아들이게 되며, 이를 이해하기 위해서는 목적 언어와 언어의 개념에 대한 이해를 필요로 한다.

한문은 한문만의 독특한 언어 현상이 있고, 한국어는 한국어만의 독특한 언어 현상이 있듯이, 컴퓨터는 컴퓨터만의 언어가 존재하고, 그 언어는 수학적 기초 위에 성립하였다. 따라서 수학적 기하, 선형 대수, 확률, 통계 등의 다양한 수식에 대한 이해가 우선 이해되어야 한다. 다음은 최근의 언어 정보에서 많이 활용되는 BERT 모델과 OpenAI GPT, ELMo의 모델 구조이다.[11] 인문학 관련자 대부분이 이 그림을 보고 모델의 특성을 해석하며 이해하는 데는 상당한 노력과 시간이 필요하다.[12]

---

11   https://www.researchgate.net/figure/Differences-between-BERT-GPT-and-ELMo-BERT-uses-a-bi-directional-Transformer-OpenAI_fig2_340797092

12   BERT는 사전 학습을 위해 두 가지 방법(Masked Language Model(MLM)과 Next Sentence Prediction (NSP))을 사용하는데 이 방법들은 BERT가 양방향으로 학습되어 문맥을 더 잘 파악할 수 있게 한다. ELMo는 좌-우(left-to-right), 우-좌(right-to-left) 문맥을 각각 독립적으로 계산하여 접합한 형태이고, OpenAI GPT는 좌-우(left-to-right)로만 계산하는데 두 방법 모두 공통적으로 양방향 문맥 등을 보지 못하여 충분히 언어 표현을 하지 못하는 단점이 존재한다고 알려져 있다.

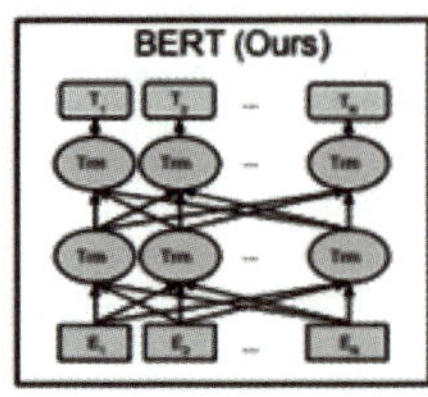

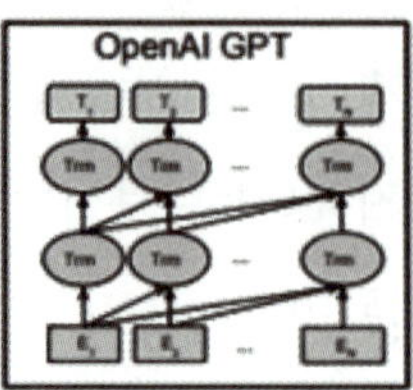

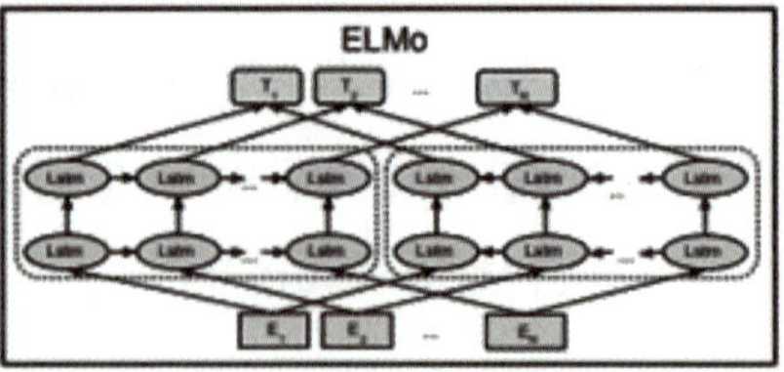

〈언어 모델별 차이〉

　　하지만 개념을 이해하는 것과 개별 알고리즘의 장단을 이해하고 새로운 방법을 창안하는 것은 별개의 문제이고, 이 중간 과정에 필요한 것이 바로 '解惑'을 해줄 수 있는 선경험자의 지식과 다양한 정보 지식의 검색을 통해서 가능함은 이미 십수 년간의 경험을 통해 알고 있다. 이미 관련된 수많은 정보가 인터넷 공간에 있으며, 이를 해결해 줄 다양한 방식도 존재한다. 그러나 이들의 정보가 전문적 언어에 의해 서술되어 있음이 문제이다. 다시 스칼라와 벡터로 돌아가 보자. 네이버 사전에서 검색해 보면 다음과 같다.

　　스칼라 : 하나의 수치만으로 완전히 표시되는 양. 벡터, 텐서 따위의 유방향량(有方向量)에 대하여 방향의 구별이 없는 수량이다. 예를 들면 질량·에너지·밀도·전하량 따위를 나타내는 수이다.
　　벡터 : 크기와 방향으로 정하여지는 양. 힘, 속도, 가속도 따위를 이것으로 나타내며 화살표로 표시한다.

　　수학언어에 익숙한 인지 능력을 소유하였다면 스칼라와 벡터의 차이를 구분하기 어렵지 않다. 하지만 익숙지 않은 개인에게 이는 전혀 다른 언어처럼 보인다. 하지만 그 대상 학습자를 이해하면서 관련 지식을 이미 알고 있는 가르치는 자는 다르게 이해시킬 수 있다.

스칼라는 cm, kg, ml 등과 같은 거야. 예를 들어, 목적지까지 1km 남았어가 스칼라지, 그런데, 목적지까지 북동쪽으로 1km 남았다라고 하면 방향이 포함되고, 현재 60km/h로 달리는데 북동쪽으로 1km 남았으니까 1분이면 도착해도 방향과 속도, 가속도가 있으니 벡터가 된다. 이는 숫자의 쌍으로 표현되니 즉 n×1이나 1×n의 행렬과 같아, 여기서 n은 숫자야.

이와 같은 설명은 대상자를 잘 이해하는 선경험자이기에 가능한 설명이 된다. 가르침의 역할은 결국 대상자에 대한 이해를 바탕으로 한 맞춤형 학습을 말한다.

지금은 수학적 언어에 대한 것을 말하고 있으나, 사실 가르침의 역할은 여기서 그치지 않는다. 데이터를 수집하고 정제하는 과정에서의 문제점, 정제 후 분석에서의 지도와 조언, 그리고 분석에 대한 해석은 곧 가르침의 역할이다.

결국 교육의 현장에서 누구보다 먼저 디지털 문해력을 갖추어야 하는 대상은 가르침을 행하는 교육자인 셈이다.

조선 시대 최세진은 『훈몽자회』를 저술하면서 인(引)에서 이렇게 말하고 있다.

"요컨대, 세상의 부형되는 사람들로 하여금 우선 이 書를 닦아서 가정의 總丱의 학습에 서 교육을 베풀면, 蒙幼의 경우에 역시 鳥獸草木의 이름을 알 수 있어서, 결국 字와 物이 둘로 되는 잘못에 이르지 않을 것입니다."[13]

13　要使世之爲父兄者, 首治此書, 施教於家庭, 總丱之習則其在蒙幼者, 亦可識於鳥獸草木之名, 而終不至於字與物二之差矣.

결국 교육의 주체는 가르치는 사람이며, 교육자의 역할에 따라 학습자도 달라지게 됨은 15세기나 현재나 마찬가지이다.

VII. 한자 문헌 관련 디지털 문해력의 양성 관련 태도

관련 연구에서 학습자와 효율성보다 더 중요한 논의는 인재 양성과 관련된 디지털 인문학 연구의 성격에 대한 규정과 이해이다. 일반적으로 디지털 인문학 연구는 디지털 데이터를 제작하고, 이를 이용하여 기존 인문학의 문제를 보완하거나 새로운 인문적 시각을 제공한다고 한다. 관련 기술은 인문학 연구를 위한 방법론적 도구를 제공하며, 인문학은 관련 기술의 종합적 이용을 통해 점진적으로 발전해 나간다. 그렇다면 디지털 인문학은 보편성을 갖춘 독립적 학문일 수도 있으나, 기존 학문 학습과 연구에 제공되는 새로운 방법론일 수 있다. '방법론', 이 단어에 주목할 필요가 있다. 기존 학습과 연구의 새로운 방법론이란 결국 기존 개별 학문의 연구 방법과 함께 적용할 수 있는 방법이 될 수 있음을 말한다. 따라서 개별 전공 영역의 모든 교과목이 전산학 혹은 언어정보학과 같은 영역이나 디지털 인문학 관련될 필요는 없다. 기존의 전공 교과의 교과 내용의 변화만으로도 충분히 디지털 인문학 인재를 양성하는 내용으로 변화할 수 있다. '한자학' 강의에서 문자 코드에 대해 논의할 수 있고, '기초 한문' 강의에서 형태소 분석기를 이용해 볼 수 있다. 한시 강의에서 다양한 멀티미디어 자원이나 어의 분석, GIS를 접목할 수 있다. 한문 번역 관련 교과목에서도 다양한 기계번역 이론과 말뭉치 등에 관해 구성할 수 있다. 한자와 한문교육 현장에서도 그 가능성은 무궁하다. 데이터와 알고리즘의 이용을 넘어 제작과 활용, 혹은 비판적 분석을 통한 새로운 가치의 발견은 다양한 시도를 통해 가능하다. 문제는 현재의 교수자와 전문가 집단이 이러한 변화를 받아들이고 변화하고자 하는가이다. 필요성과 의지가 충분하다면 팀티칭, 프로젝트형 강의 등 다양한 방법을 고안할 수도 있다. 다양한 형태의 비교과 강의의 개설을 통한 다양한 융합적 형태도 가능하다. 교수자와 전문가 집단의 의지가 첫 번째 열쇠인 셈이다.

한편 교육과정에서의 층위에 대한 고민도 필요하다. 효율적인 교육과정 구성을 위해서는 해당 내용의 층위와 대상에 따라 그 영역이 마치 교양과 전공 영역으로 구분할 필요가 있다. 보편과 특수 영역은 해당 인재가 도달해야 할 목표와 연결되며, 그 목표는 교육과정의 설계와 연계된다. 보편적 디지털 문해력이란 대학 수학 능력 수준에서의 일반 학습과 연구에 필요한 소프트웨어 활용 능력, 기존의 다양한 데이터와 분석과 관련 학문의 기초적 지식을 융합하여 비판적으로 수용할 수 있는 능력을 말한다. 특수 영역이란 준전문과 전문 전공 과정으로 보편 영역의 바탕에서 전공적 지식이 강화되고 이 지식을 바탕으로 데이터를 처리하고 분석하며 해석하는 과정, 혹은 개발 과정으로 이는 각 학문장마다 다른 특성이 있다. 예를 들어, 문자인식과 관련된 기본적인 이론이나, 기계번역의 역사와 개발 과정, 인공지능의 일반적 특성과 문제점 등이 보편적 영역이라면, 한자 문헌의 특성과 관련된 문학·역사·철학·문헌학·서지학·예술학·의학 등이나, 한자 문헌과 관련된 일련의 연관되거나 심화되는 지식은 모두가 한자 문헌 관련 전문가의 영역인 특수영역이다.

자연어 분석을 예로 보자.

인간이 사용하는 모든 언어는 자연어이며, 이에 상대하는 것은 인위적인 규정을 통해 만든 인공언어(constructed language)이다. 인공언어 역시 인간의 사용을 위해 만든 언어로 컴퓨터 언어와는 구분된다.

따라서 자연어 처리(NLP)란 자연어 분석, 자연어 이해, 자연어 생성 등의 기술을 말하며, 자연어 분석은 분석의 층위에 따라 형태소 분석

(morphological analysis), 통사 분석(syntactic analysis), 의미 분석(se-mantic analysis) 및 화용(話用) 분석(pragmatic analysis)으로 구분한다. 컴퓨터를 이용한 대표적인 자연어 처리가 형태소 분석이다. 특정 문장이 있을 경우 형태소에 따라 분절(segment)하여 토큰화한다. 분절된 형태소에 따라, 빈도, 대응 관계 분석, 개체명 파악과 분석, 품사 분석이 가능하기 때문에 가장 기초적인 분석의 시작이다. 이는 한문에서 단음절사와 다음절사를 구분하고 분절된 사에 따라 개별 의미와 대응 관계, 품사와 문장 성분을 파악하는 단계와 다르지 않다.

자연어 처리 중 형태소 분석에 활용되는 분석 방법은 n-gram, HMM, CRF, word2vec, fasttext, LSA, Glove, ELMo, RNN-CRF, CNN-CRF, Bert 등으로 정리할 수 있다. 간단히 말하면 규칙 기반, 통계 기반, 인공지능을 활용한 연구 등으로 발전해 왔으며, 이는 비단 자연어 처리에만 국한되지는 않는다. 이러한 모델들은 범용적 특성, 즉 모든 언어에 적용할 수 있으나, 모든 언어에서 동일한 성능을 보이는 것은 아니다. 이러한 이유로 다양한 방법으로 발전해 왔다. 예를 들어, 한국어 분석을 위한 형태소 분석기 또한 다양한 파생 모델들로 발전해 왔고, 각각의 모델은 범용성에서 전문성으로 발전하였다. mecab-ko, 한나눔, KTS 꼬꼬마, 루씬, 키위, 카카오 Khaiii, 바른 등 다양한 현대 한국어 분석기가 사용되고 있다. 한문이라는 고전 언어의 경우도 중화권을 중심으로 CRF, Bi-LSTM-CRF, siku-BERT, sikuRoBerta, GujiBert, GujiRoBERTa 등 다양한 모델로 발전하고 있다.

위의 설명은 보편적 지식에 해당한다. 보편적 지식이며 교양이다. 그러나 한문 언어와 관련된 CRF, Bi-LSTM-CRF, siku-BERT, sikuRoBerta, GujiBert, GujiRoBerta의 원리나 개발 등은 특수한 지식과 연계된 한자 문헌 관련 연구자의 특수한 영역이다. 한국인 누구나가 관련 내용을 필요로 하지는 않기 때문이다. 다른 예를 보자.

한자는 인간의 가독형 기호이고, 전산코드는 컴퓨터 가독형 기호이다. 한자에 해당하는 대표적인 전산코드는 유니코드가 개발되기 이전 개별 국가별로 개발한 것들과 유니코드 개발 후에 적용된 것으로 구분된다. 기존의 개별 국가에서 개발한 전산코드의 경우 규모나 범위가 한정되어 있고, 언어별 호환성에 문제가 있었다. 특히 한자를 공통으로 사용하는 한자문화권 국가의 경우처럼 동일 요소가 많은 경우 중복 개발의 의미를 줄이고, 다양한 문자를 통일된 하나의 문자 집합 전산코드를 이용해 사용하자는 의견이 1987년에 미국에서 제안되었다. 곧 전 세계의 모든 문자를 컴퓨터에서 일관되게 표현하고 다룰 수 있도록 설계된 산업 표준의 명칭이 유니코드(영어: Unicode, 정식 명칭 The Unicode Standard)이며 유니코드 협회(Unicode Consortium)가 제정한다. 유니코드 협회에는 WG2라는 전 세계 문자를 총괄하는 조직이 있고, 그 하위에 한자 관련 전문위원회인 IRG가 존재한다. IRG는 1년에 2차례 정기 회의를 시행하는데, 위원회에는 한자를 사용하는 국가별 위원들이 존재하며, 그들은 유니코드 업데이트에 맞추어 코드 부여가 필요한 한자를 제출하고 기존 한자 코드와의 중복 여부, 코드 부여의 필요성 여부 등을 검토하여 한자 코드를 결정한다. 현재까지 개발된 유니코드 버전은 15.1이며, 2023년 현재 코드가 부여된 한자는 모두 97,680종이다. 그러나 이 숫자만큼 한자를 이용할 수 있는 것은 아니다. 코드가 정해지면 다음에는 컴퓨터에서 처리할 수 있는 글꼴을 필요로 한다. 글꼴은 국가마다 혹은 영리나 비영리 기관, 개인이 제작하는데, 폰트에 따라서 지원하는 영역, 즉 입출력 가능한 한자의 숫자는 폰트마다 각기 다르다.

한편, 폰트가 지원하더라도 응용 소프트웨어의 지원 여부가 중요하다.

예를 들어, 흔글의 경우 확장 B까지만, MS Office 같은 경우는 확장 D 까지만 지원한다. 물론 기술의 발달과 사용자의 요구에 따라 이 또한 증가할 것이다. 여기서 말하고자 하는 바는 현재 그렇다는 것이 아니라, 코드가 존재하고 폰트가 존재하더라도 응용 소프트웨어가 이를 지원해야 사용이 가능하다는 의미를 이해해야 한다는 것이다.

한편 이와는 별도로 입력기 또한 필요하다. 97,680종의 한자를 입력할 때 사용하는 방법은 두 가지가 있다. 하나는 유니코드 사이트에서 부수와 획수로 검색하는 방법이고, 또 다른 한자는 IDS(부건)를 이용한 검색 툴을 활용하는 방법이다. 익히 알려진 대로 우리나라의 경우 확장B 영역 조차 전체 음가가 부여되지 않은 상황에서 음가를 통한 입력은 불가능하다.[14] 이와 마찬가지로 중국이나 대만에서 개발된 입력기 또한 입력 가능한 한자의 범위가 다르다.

이상의 내용은 보편적 내용에 속한다고 할 수 있다. 하지만 음가나 IDS를 결정하거나 한자에 의미를 더하거나 자형을 분석하는 등의 내용은 한자를 대상으로 하는 전문적인 영역으로 특수 영역에 속한다고 할 수 있다.

곧 보편적 영역이란 한국인이라면 누구나 갖추어야 할 상식의 내용이라면, 특수 영역이란 해당 분야 관련 전문가들이 갖추어야 할 지식과 활용 영역을 말한다. 따라서 치환하면 보편과 특수는 교양과 전문의 영역이며, 다수의 보편적 지식과 소수 전문가 집단의 특수한 지식으로 말할 수 있다. 다시 말해 디지털 데이터의 처리와 기술에 관한 보편 영역은 기존 지식과 활용의 습득 과정이라면, 특수 영역은 개별 학문장만의 특성과 필요에 따라 처리하고 해석하는 능력의 연구 영역인 셈이다.

한편 기존 정보 제공 도구의 활용은 기존 교과목에서 적극적으로 디지털

---

14   이에 관련해서는 다음의 연구 성과가 있다. 허철·조성덕, 「한자 표준 속성정보 DB 고도화의 필요성과 과제」, 『대동한문학』 74, 357-380면, 2023.

자원 이용과 활용 방안의 모색 과정에 관한 교과목의 개발 또한 요구된다. 이미 수십 년간 한국을 비롯하여 중국, 대만, 일본, 유럽과 미주에서 구축한 다양한 디지털 자원은 그 수를 헤아릴 수 없을 만큼 많다. 최근에는 생성 모델을 통해 그 정보 취득 또한 더욱 용이해지고 있다. 이런 상황에서 개별 데이터와 정보 제공을 어떻게 사용할 것인가에 대한 능력은 기초적 정보 수용과 비판 능력이다. 이런 상황에서 교수자는 현재까지 개발된 여러 도구와 데이터를 이용하여 교수 자원으로 투입하여 학습자로 하여금 비판적 시각에서 습득하고 활용하도록 지도하는 방법에 대한 고민이 절실하다.

몇 가지 주요 관점을 제시하면 다음과 같다.

○ 데이터 처리 과정에서 데이터 전처리와 정제의 중요성에 대한 인식을 학습자 스스로 인지하는 과정이 필요하다. 기존의 여러 데이터를 무조건 수용하려는 태도가 아닌 무엇이 옳은 것인가를 스스로 발견하여 개선할 수 있는 다양한 데이터 처리 방법의 현황 파악과 학습과 참여를 유도할 수 있는 설계이다. 학습자 스스로 이 문제를 인지하고 데이터 후처리를 해야 하며, 후처리를 담당하는 연구자는 해당 문헌을 정확하게 파악할 수 있는 전문가여야 한다.

○ 학습자에게는 다양한 데이터와 알고리즘의 사용에 앞서 최소한의 제한을 다각도로 예측하고 구조화된 문서를 제작하는 방법이나 구조화에 포함될 정보의 구성과 분류, 그리고 구조화를 위한 문서의 형식과 소프트웨어의 사용 등은 절대가 아닌 유연하고도 자유로운 결정임을 스스로 인식하도록 하는 과정도 필요하다. 정답이 존재하는 것이 아니라, 비교를 통해 가장 많은 장점을 가진 방법을 선택할 뿐임을 인식할 필요가 있다.

○ 학습자 스스로 현상을 바라보는 시각은 하나가 아님을 인식하는 태도 또한 중요하다. 물리학의 양자역학 연구사에서 하이젠베르크와 슈뢰딩거의 논쟁은 어떤 것도 정답이 아닐 수 있거나 둘 중 어떤 것이 더 진리에 가깝거나 객관적이라고 말할 수도 있다. 여기서 주목할 것은 이 둘의 논리가 아니라 하이젠베르크가 영향을 받았다는 마흐의 "과학은 관측된 것만을 갖고 말해야 한다. 관측되지 않는 것은 과학이 아니다."라는 말이다.[15] 다시 말해, 디지털 인문학을 통해 밝히고자 하는 것은 측정과 검토, 그리고 재현 등 과정과 결과에 대한 객관성과 절차성이다. 완전한 데이터와 신뢰할 만한 분석 도구와 분석 데이터의 후처리를 통한 보정과 그 일련의 과정을 기록한 연구 노트가 있다면 우리는 최종적인 결과를 얻을 수 있다. 그리고 이를 다시 다양한 방법으로 시각화할 수도 있다. 남은 과제는 분석된 결과를 어떻게 해석할 것인가이다. 이 역할은 결국 해당 영역 전문가의 몫이다. 해당 학문 전문가가 아니고서는 해결할 수 없는 문제이다. 여기서 중요한 관점이 있다. 알 수 없는 복잡한 물리 현상보다 더욱 어려운 사람의 인식 세계를 수치라는 계량으로, 3차원이나 4차원만의 한정된 점과 선으로 파악하는 것은 어쩌면 처음부터 가능하지 않을 수도 있다. 직관과 주관, 인간만이 느낄 수 있는 고유의 오감과 오랜 기간의 학습, 다양한 지식과 경험의 융합은 대상 문헌 혹은 작가를 이해하는 중요한 인식 준거가 된다. 그리고 때로 이러한 직관과 통합적 사고는 계량을 넘어서지만, 때로는 지나치게 자기주관적 사고에 매몰되기도 한다. 양적연구와 질적연구가 균형을 맞춰야 한다. 양적연구와 질적연구는 그 방법에 있어서 다를 뿐, 그 방법 모두가 연구 대상 고전문헌의 내용을 더욱 잘 파악하고자 하는 시도라는 점에서 어느 것 하나도 소홀할 수 없기 때문이다.

이러한 태도를 습득하기 위해서는 기존의 교수 방법의 변화도 요구된다.

15 　베르너 하이젠베르크 저, 유영미 역, 『부분과 전체: 원자물리학을 둘러싼 대화들, 서커스』, 2016.

교수자 중심에서 탈피하여 학습자 중심으로 전환하려는 의지이다. 이를 위해 다양한 형태의 참여형 강의 개발은 우리에게 남겨진 과제이기도 하다.

물론 현재의 학문 간의 벽을 넘어서는 융합과 통섭의 교육과정 설계 또한 필요하다. 문제는 현실적으로 연계나 융합교육과정을 제외하고 기존 학과 간의 경계를 넘어서려는 의지를 실제로 보일 것인가이다. 현실적이지 않을 수 있다. 오히려 관련 문헌이 유사한 공통 과목을 개설하는 것이 대안이 될 수 있다. 개별 전공 영역별 전문 교과에서 타 전공과 공유할 수 있는 교과를 계열 혹은 유사 전공 공통 교과로 개설하는 방법이다. 이는 교양 수준의 누구나가 갖추어야 할 역량이 아니며, 한자 관련 문헌을 다루는 다양한 전공자들이 갖추어야 할 수준인 계열 교양 혹은 유사 전공 기초 전문 교과로 해당 전공 영역만의 독특한 학문적 세계와는 구분되는 특성을 설계할 수도 있다.

이상에서 많은 제안을 하였으나 인재 양성 성패의 정작 가장 큰 역할은 교수자의 인식과 태도, 행동이다.[16] 교육은 학습자와 교수자가 함께 수행하는 상호 활동이다. 교수자의 이해 정도와 노력에 따라 학습자의 태도와 수용은 달라지게 마련이다. 학습자 중심은 학습자의 성취를 중요하게 생각한다는 것이지 교수자의 역할이 부정된다는 것은 아니다. 교수자는 오히려 길을 제시하고 바른 방향으로 지도해주는 역할로 확장된다. 확장이라고 서술한 이유는 기존의 지식 전달에서와 다른 다양하고도 특수한 다양한 학습 환경과 학습자들의 태도를 수용하고 발전시키기 위해서는 교수자의 지식은 더욱 견고하고 보충되어야 하며, 새로운 기술과 관점, 사고에 있어서 더욱 유연해져야 한다. 이런 관점은 2024년 9월 6일 유네스코에서 발표한 "교사를 위한 AI 프레임 워크(AI competency framework for teachers)[17]"를 통해서도 확인할

---

16 교수자와 학습자 상호 간의 문제에 대해서는 다음의 연구 성과가 있다. 김보경·노언경, 「대학 교수자의 디지털 역량이 학습자의 디지털 역량 촉진에 미치는 영향: J 대학 사례를 중심으로」, 『대학 교수-학습 연구』 17(2), 108-130면, 2024.
17 https://www.unesco.org/en/articles/ai-competency-framework-teachers

수 있다. 교사에게 중요한 것으로 학생과 달리 AI를 만들고 사용하는 데 필요한 전반적 지식과 교수법, 교사 전문성 개발 역량을 말하고 있다. 결국 인재 양성의 책임은 교수자에게 있다. 교수자의 긍정적이고 적극적인 태도에 따라 디지털 데이터와 도구의 활용이 특정 영역에 국한된 것이 아니라 가변적으로 모든 영역에서 사용 가능한 도구가 될 수 있으며, 학문 후속 세대의 성장 가능성과 발전 정도도 변화한다.

Ⅷ. 맺음말

디지털 문해력은 결국 "음식은 냄비 속에서 만들어지나 사람은 접시를 칭찬한다."라는 말에서 모든 것을 파악할 수 있다. 본질은 음식이며, 음식은 좋은 재료와 요리법, 도구 그리고 요리하는 사람에 의해 만들어진다. 접시는 그것을 담아내는 그릇일 뿐이다.

다양한 디지털데이터를 구축하거나 마이닝하는 것, 분석의 도구 사용이나 분석을 위해 토픽 분류에서 토픽의 개수와 토픽의 주제를 설정하는 것 또한 인간의 몫이다. 인공지능을 보다 잘 이용하기 위해서는 우리는 더욱 해당 분야의 전문가가 되어야 한다. 조작된 사진과 실제 사진의 구분, 인공지능 생성품과 인간 창작품의 구분은 결국 인간의 역할이다. 수많은 데이터를 생산하고 분석하고 해석하는 일, 곧 현상의 본질이 무엇인가를 찾아내는 것은 연구(reseach)의 영역이며, 연구의 영역은 인간의 영역이다. 우리에게 디지털로 유통되는 모든 것들은 '믿음'의 대상이 아니라 관찰이나 반문의 대상이며, 성찰과 통찰을 통해 수용되어야 하는 것들이다.

디지털 문해력이란 결국 인문학적 관점에서 데이터와 데이터를 수집·정제·분석하는 방법과 이를 객관적이면서도 주관적으로 해석함을 의미한다.

따라서 결국 인문학자에게 디지털로 유통되는 모든 것들은 믿음의 대상이 아니라 관찰이나 반문의 대상이며, 성찰과 통찰을 통해 수용되어야 하는 것들이기에, 비판적 사고력과 판단력은 필수적이다. 더 이상 디지털과 기계에 대한 무조건적 맹신 혹은 불신이 아니라, 다양한 과정을 통해 신뢰할 수 있는 방향으로 발전시켜 나가는 것은 인간의 몫이며, 이는 현재를 살아가는 지식인들의 몫이다.

우리의 교육 목표는 새로운 시대에 한자 문헌 관련 디지털 데이터를 정확하게 구축 · 활용하여 분석하고, 이를 인문적 시각에서 비판적으로 해석하는 능력을 갖춘 인재를 양성함이다. 미래 한자 문헌 관련 인재가 갖추어야 할 디지털 문해력은 해당 데이터와 데이터를 수집·정제·분석하는 방법과 이를 해당 전공 영역 지식의 기초 위에서 객관적이면서도 주관적으로 해석할 수 있는 능력이다. 이제 우리는 이와 관련된 진지한 논의를 넘어 지속적인 시행이 필요한 시점이 되었다. 세상의 변화는 곧 교육의 변화를 요구하고, 교육의 변화는 미래를 이끌어가는 원동력이기 때문이다.

한국어 분석 구문 표상 방안 재검토

—

박 철 우

안양대학교 국어국문학과 교수

—

Ⅰ. 머리말

Ⅱ. 문장 구조 표상 방식의 발달과 유형

Ⅲ. 기본 원칙의 결정을 위한 고려 사항들

Ⅳ. 맺음말

Ⅰ. 머리말

문장 구조의 표상 방식을 고안하고 그것을 일반화하려는 노력은 문법학의 역사만큼 오래되었다. 하지만 오늘날까지도 충분히 확립되었다고 볼 수 없다. 학문적으로나 교육적 목적으로나 완성되었다고 볼 수는 없다는 뜻이다. 그것이 어려운 이유는 기본 언어 단위의 확정과 언어 구성체의 구성성분의 유형을 일반화하는 일에서부터 보편성이나 일관성이 확보되기 어려웠기 때문일 것이다. 특히 한국어의 경우, 문법학이 한국어 자체에 대한 분석이나 독자적인 문법 이론에 의해서 시도된 것이 아니기에 더욱 그러하다고 생각된다. 이 연구에서는 한국어 문장의 구문 표상 체계를 표준화할 때 고려해야 할 사항들에 대해 가장 기본적인 가정으로부터 기본 구조와 확장된 구조에 대한 전체적 표상 체계를 재수립하는 데 목적을 둔다.

오늘날 구문 분석 결과를 표상하는 시도는 주로 언어 자료의 주석 말뭉치 가운데 구문 분석 말뭉치를 구축하는 작업에서 이루어지는데, 이러한 시도 자체가 기존의 한국어 연구에 의존하기보다 영어 등 다른 언어에서 이미 이루어진 작업 원칙에 기반을 두는 일이 많고 그러다 보니 한국어를 충실히 표상하는 시도 이전에 기계 번역 등 다른 언어와의 대응을 먼저 고려하게 되고 그런 가운데 언어 보편성의 포착과 전산 작업의 효율성이 더 우선시되기도 했다고 여겨진다. 하지만 언어 자료에서 주석을 부여하는 목적은 그 주석을 통해 필요한 만큼의 정보를 확보하는 일을 용이하게 하고자 함이다. 주석에 반영되지 않은 정보를 추출하기는 어려울 것이기 때문이다. 따라서 이 글에서는 우선 한국어 자료에 대해 한국어 문법에 가장 충실하고 직관에 부합하는 구문 표상 방법을 제안하고자 하는 것이다.

이 글에서 구문 분석이라고 한 것은 분석되지 않은 문장을 분석하는 행위를 가리키며, 분석 구문이라고 한 것은 분석 단위의 범주와 기능이 이미 분석된 구문을 가리킨다. 그리고 표상은 그 분석된 결과를 나타내어 규정함을 뜻한다.

II. 문장 구조 표상 방식의 발달과 유형

문장의 구조를 도식적으로 표상하려는 전통적인 노력은 시작은 Clark (1847)로 볼 수 있지만,[1] Reed & Kellogg(1877)에서 응용 가능한 형태로 출현하게 되었다.[2] 이 체계는 학생들에게 시각화를 통해 문법을 가르치려는 목적으로 Alonzo Reed와 Brainerd Kellogg가 고안한 것이다. 그들의 체계에서 단문들은 다음과 같은 형식으로 도식화된다.

---

1   Clark, W. *A practical grammar: In which words, phrases & sentences are classified according to their offices and their various relationships to one another* (Cincinnati: H. W. Barnes & Company, 1847).

2   Reed, A. and B. Kellogg, *Higher Lessons in English: A Work on English Grammar and Composition, in which the Science of the Language is Made Tributary to the Art of Expression. A Course of Practical Lessons Carefully Graded, and Adapted to Every Day Use in the Schoolroom.* (New York: Clark & Maynard, 1877); Hudson, D., Sentence diagramming, *Language Log* (2014-01-01) Retrieved 20 June 2024 참조.

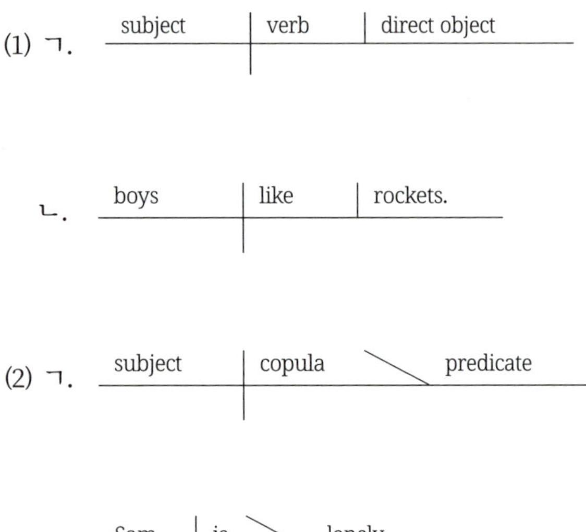

단문의 도식은 '기선(base)'이라고 불리는 수직선으로 시작하며, 그것이 연장된 수직 막대에 의해 분리되면서 주어는 그 왼편, 서술어는 그 오른편에 놓인다. 서술어는 동사를 포함해야 하는데, 그 동사는 그 서술어를 완전하게 해 주는 다른 문장 성분들을 요구하거나 다른 문장 성분이 나타나지 못하게 하거나 한다. 동사와 그 목적어—목적어가 있다면—는 바닥 기준선에서 끝나는 짧은 선으로 분리된다. 목적어가 직접 목적어이면 그 선은 수직이고, 목적어가 서술어 명사나 형용사이면 그 선은 주어 쪽으로 기울어진 역방향 사선이 된다.

주어, 서술어, 목적어의 수식어들은 바닥선 아래에 놓인다.

(3) ㄱ.

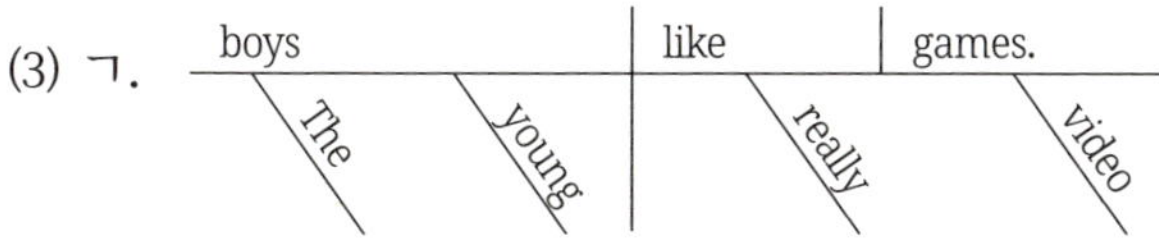

ㄴ.

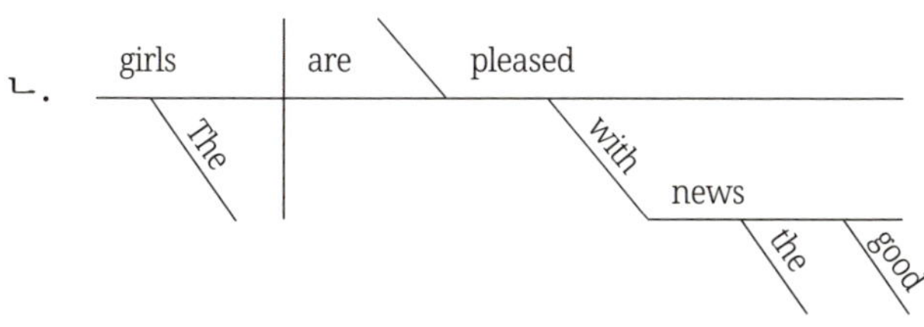

형용사(관사를 포함한)나 부사 같은 수식어들은 그것들이 수식하는 단어 아래의 역방향 사선 위에 놓인다. 전치사구들도 또한 그것들이 수식하는 단어 아래에 놓인다. 전치사는 사선 위에 놓이고 그 기울어진 사건 아래 놓이고 그 사선은 그 전치사의 목적어가 놓이는 수평선으로 이어진다. 이런 방식으로 등위 접속문이나 종속 접속문 등 다른 문장 구조 유형에 대해서도 확대 적용된다.

이러한 도식은 오늘날의 현대 분석 구문 수형의 근간이 되는 두 가지 개념을 반영하고 있는데 그것은 구성성분성(constituency)이고 다른 하나는 의존성(dependency)이다. 구성성분성은 하나 이상의 통사적 결점(nodes)이 더 큰 통사 단위의 구성성분으로 묶일 수 있는 특성을 가리키며, 기본적인 절 구조가 주어(명사구)와 서술어(동사구)로 양분적 구분의 관점에서 이해된다고 보는 것이다. 반면, 의존성은 둘 이상의 통사 단위가 결합할 때 그중 어느 단위가 그 결합으로 이루어지는 더 큰 단위의 성격을 결정하는 핵을 이루는가를 보이는 데 중점이 있고 문장에서 가장 핵심이 되는 성분은 동사인 것으로 처리하는 것이 일반적이다. 이러한 차이는 (4ㄱ,ㄴ)이 잘 보여주고 있다.

(4) ㄱ.

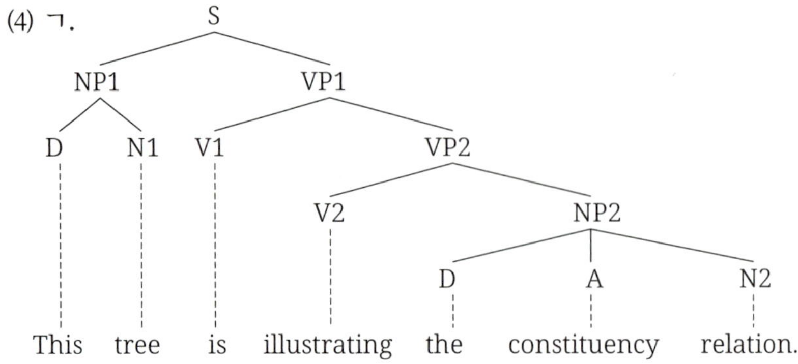

ㄴ.

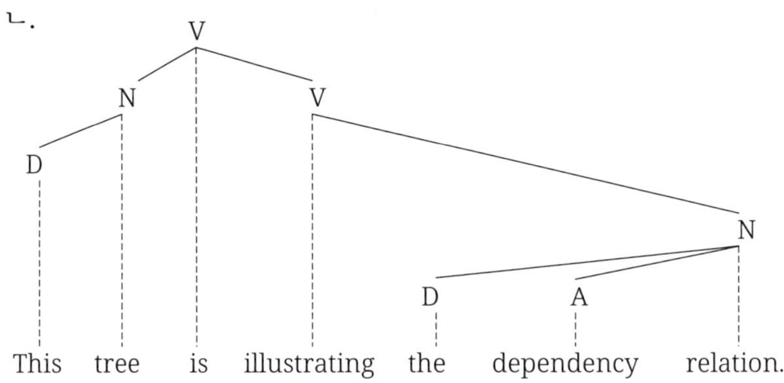

　　(4ㄱ)은 두 개의 어휘 범주가 결합하여 하나의 구 범주를 형성하는 등의 방식으로 두 개의 하위 성분이 하나의 상위 성분을 형성하는 방식을 잘 보여 주고 있으며 그 상위 범주에 대해서도 하나의 결점을 부여하고 그 범주를 구체적으로 명시하는 것이 구성성분 수형의 표상 방식임을 보여준다. 이때 상위 성분(예컨대 D와 N1이 NP1을 이룰 경우 NP1)은 하위 성분 중 하나의 범주를 답습함으로써 그 둘 중 하나가 핵이 된다는 것도 함께 보여주므로 실상 의존성도 표상하고 있는 셈이다.

　　(4ㄴ)에서는 두 범주가 결합하여 형성하는 상위 범주를 별도로 표시하지 않고 그것들 사이의 의존성만을 나타내고 있다는 것이 특징적이다. 인접 성

분들 사이의 의존성을 명확히 표시하지만 구니 절이니 문장이니 하는 상위 범주에 대한 규정을 피한다. 그러나 이 구조 역시 문장 전체의 핵이라고 할 수 있는 V(여기서는 'is')가 N('tree')과 V('illustrating')를 직접 성분으로 취하며, 이때 종단의 범주일 수도 있는 'N'과 'V'가 실상은 구 범주 이상의 범주에 상당하는 구성을 이끌고 있음을 표시하고 있다. 즉 굳이 규정하지는 않지만 표상은 하고 있는 것이어서 결과적으로 (4ㄱ)과 (4ㄴ)의 경우 같은 해석을 내포하고 있지만 강조점이 달라서 서로 다른 표상 방식으로 인식되고 있는 것임을 알 수 있다.

Reed & Kellogg의 문장 분석 방법은 Bloomfield, Nida 등에 의해서도 답습된 것으로 보이고, 국어와 관련해서는 이기백(1967)에서 관련 예시를 찾아볼 수 있다.[3]

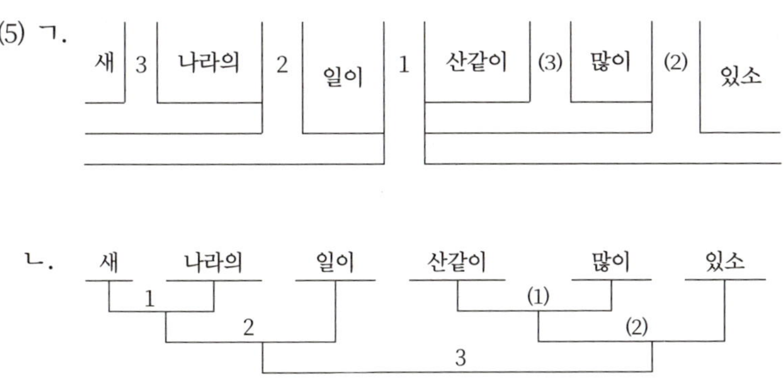

그는 (5ㄱ)에 대해 "청자의 입장에서 고려되는 언어 운용 면에 입각한 문장을 분석하여 어휘에 이르는 방향, 즉 대단위에서 소단위로 내려오는 방향 <Bloomfield나 Rolon Wells>"이라 하였고 (5ㄴ)에 대해서는 "화자의 입장에서 고려되는 문장을 언어 재료라 보고 어휘가 모여서 문장이 이루어진다

---

3 이기백, 「문장의 구조 분석」, 『국어국문학』 34·35, 206-208면, 1967.

고 하는, 즉 소단위에서 대단위로 집결시키는 방향 <Nida>"이라고 구분하여 설명하였다. 그는 그 둘을 구분하여 설명하기 위해 3-2-1-(2)-(3), 1-2-3-(2)-(1)과 같이 번호 매김을 함께 제시하였다.

이기백(1967)에서는 청자와 화자의 입장을 구분하는 것으로부터, 문장 구조의 분석을 (5ㄱ)과 같이 하향식(top-down)으로 해 나가는 방식과 (5ㄴ)과 같이 상향식(bottom-up)으로 해 나가는 방식이 구별될 수 있음을 지적하였으나 이러한 두 가지 다른 접근 방식이 과연 청자와 화자의 입장으로 구분될 수 있는 것인지는 명확하지 않다. 다만 문장의 구조를 분석하려 할 때 (5)와 같이 하향식으로 접근할 것인지 상향식으로 접근할 것인지는 표상 차원에서 고려할 문제로서보다는 동일한 표상적 결과를 놓고도 전산적 분석 과정의 효율과 관련된 문제로서 문제가 될 수는 있을 것이다. 이 연구에서는 (5ㄱ,ㄴ)은 모두 구성성분성을 고려한 표상 방식일 뿐이라고 여긴다.

지금까지 국어 문법 연구에서는 문장 구조를 실제로 표상하는 경우가 많지 않았으나 사용되는 경우가 있다면 대체로 다음 세 가지 방식에 포함될 것이다.

(6) ㄱ. 괄호 묶기 방식

[문장 [명사구 포수가] [동사구 [명사구 범을] [동사 잡았다]]]

ㄴ. 선형 연결 방식

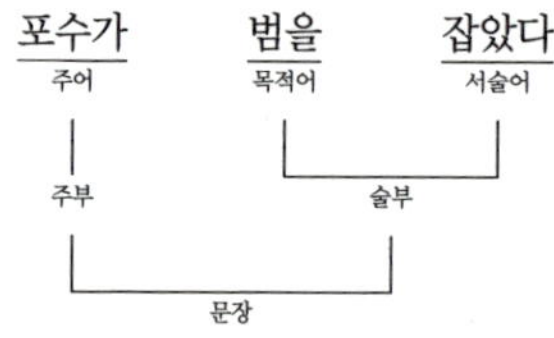

ㄷ. 수형도(나무 그림)

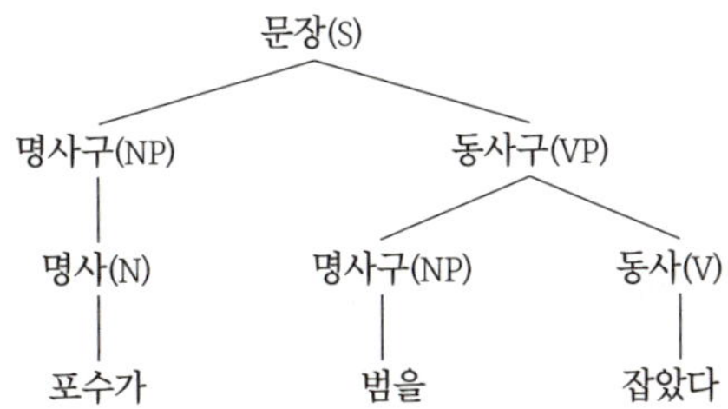

(6)에서 품사(명사, 동사 등)를 종단 성분으로 처리한 것과 문법 관계(주어, 서술어 등)를 종단 성분으로 처리한 것을 제외하면 형식적인 면의 차이는 그야말로 형식적인 차이일 뿐이다. (6ㄱ-ㄷ) 가운데 어떤 방식이 더 좋은지는 어떤 형식이 더 이해하기 쉬운가의 문제일 따름이다. (6)은 모두 구성성분성 중심의 표상 방식들이다.

국어 문법 연구에서는 쓰이지 않지만 의존 문법에 의한 구문 표상에서는 다음과 같은 방식이 쓰인다.

(7) ㄱ. 포수가 범을 잡았다

　　ㄴ. 1 3 포수가

　　　　2 3 범을

　　　　3 0 잡았다

(7ㄱ)은 주동사를 근원(root)으로 보고 주어와 목적어가 그 주동사에 의존하고 있음을 나타내고 있다. 반면 (7ㄴ)은 그것을 번호들 사이의 관계로 나타내기 위해 각 어절에 번호를 매기고 세 번째 어절, 즉 3번인 어절을 근원인 '0'으로 지정하고 1번 어절과 2번 어절이 모두 근원인 3번 어절에 의존하고

있음을 표상하고 있다. 국어 문법 기술에 쓰이지 않지만 의존성 위주의 문법 표상은 (7)과 같은 방식을 취하게 된다.

이상의 형식적 표상 방식들로부터 우리가 확인할 수 있는 것은 표상 방식만으로 무엇이 옳거나 바람직하다고 판단할 만한 근거는 없다는 것이다. 구성성분성이 중요한가 혹은 의존성이 중요한가의 문제도 표상만으로 결정되는 것은 아닐 것이다. 따라서 구문 표상에서는 기본 단위를 어떻게 잡을 것인지, 그 단위를 품사 중심으로 주석할 것인지 기능 중심으로 주석할 것이지, 생략 문제는 어떻게 처리할 것인지, 담화적 의존관계를 반영할 것인지, 중의성 문제가 발생하지는 않는지 등 내용의 문제가 더 중요할 것으로 판단된다. 전산적 처리의 효율 문제와 언어 보편성의 확보 문제는 우선 정보가 직관에 부합하게 충분히 표상된 뒤에 기술적으로 조정될 수 있을 것으로 보아, 이 글에서는 모국어 화자의 직관에 가장 부합하고 정보의 누락이 없는 이상적인 구문 표상 방법을 제시하고자 한다.

Ⅲ. 기본 원칙의 결정을 위한 고려 사항들

1. 분석의 기본 단위

상식적으로 구문 분석을 위한 기본 단위는 단어가 되어야 할 것이다. 일반언어학적으로도 단어 단위의 내부 구조는 형태론에서, 단어 이상의 외부적 확장(구, 절, 문장)은 통사론에서 다루는 것이 당연한 일이겠으나 이론 언어학이나 국어 문법 연구에서는 국어의 조사나 어미를 통사 단위로 구분하려는 시도들이 많이 있어 왔다. 한국어 학교 문법에서는 조사를 이미 오랫동안 단어로 처리하는 전통이 확립되어 있고 어미까지도 단어로 보려는 시도들도 적지 않다. 하지만 위의 (5-7)에서도 그렇게 하지 않았고, 이 글에서는 조사나 어미가 통사 단위로서 역할을 한다고 보지 않는다. 이미 단어 내부의 구조에 대한 분석인 형태소 분석에서 그 단위들이 분석되고 그것들이 문법소인 경우 그 문법적 기능이 그 단위에 대한 형태 정보에서 확인될 수 있으므로, 이 연구에서는 어절을 구문 분석의 기본 단위인 단어이자 통사 단위로 삼으며 어절 내부의 정보는 형태소 분석의 결과를 그대로 수용한다. (6-7)에서 사용하였던 '포수가 범을 잡았다'라는 간단한 문장에 대한 형태소 분석 결과는 다음 (8)과 같고 이 상태는 형태소 분석만 이루어져 있고 구문 분석은 이루어지지 않은 단계에 있는 것이다.

(8) 포수가 범을 잡았다.

포수가	포수/NNG+가/JKS
범을	범/NNG+을/JKO
잡았다.	잡/VV+았/EP+다/EF+./SF

이 글에서 활용하는 형태소 주석과 주석 결과는 21세기 세종계획의 태그 세트와 그에 따른 분석기의 분석 결과를 오류 여부만 검토하여 가져올 것이다.[4]

2. 기본 단위에 대한 주석

앞 절에서 우리는 조사나 어미를 위한 별도의 구문 차원의 단위성을 인정하지 않고 (8)의 '포수가', '범을', '잡았다' 등이 모두 단어(어절) 단위인 것으로 규정했으므로 이러한 단위들을 위한 주석을 얼마나 인정할 것인가에

---

[4] 형태 분석을 위한 태그 세트에 대해서는 여기에서 더 깊이 소개하지는 않고 필요에 따라 언급할 것이다.

대해 규정할 필요가 있겠다. 이에 대해 우리는 '포수가'나 '범을'은 모두 단어로서 명사로 주석되면 될 것으로 보았으므로 몇 개의 형태가 포함된 단어(어절)를 묶어서 다시 품사 단위로 주석을 부여하는 것이 필요하다고 본다. 그렇게 부여되어야 할 품사로는 다음의 (9ㄱ)을 인정할 수 있을 것이다.

(9) ㄱ. 명사, 대명사, 수사, 동사, 형용사, 관형사, 부사, 감탄사
    ㄴ. NN, NP, NR, VV, VA, MM, MA, IC

이것들은 한국어 학교 문법에서 규정하는 9 품사 중 조사를 제외한 8개로 21세기 세종계획에서는 각각 (9ㄴ)의 중분류 주석 값이 부여된다. 실제로 이러한 값은 단어 단위를 하나의 단위로 묶어서 부여할 수 있는 값일 것이므로, (8)에 대해 이러한 값을 다시 부여한다면 (10)과 같은 결과가 될 것이다.

(10) 포수가 범을 잡았다.

ㄱ.	ㄴ.
포수가/NN	[포수/NNG+가/JKS](/NN)
범을/NN	[범/NNG+을/JKO](/NN)
잡았다./VV	[잡/VV+았/EP+다/EF+./SF](/VV)

이러한 기본 단위의 주석은 (10ㄱ) 열과 같이 주석하여 형태 정보와 구별할 수도 있겠고 (10ㄴ) 열과 같이 주석하여 그 층위의 구별을 표시할 수도 있겠는데, 실질적인 정보 면에서는 이미 형태 정보에 들어 있는 정보가 구문 정보의 기본 단위에 복사되는 것과 같은 결과이므로 정보의 중복적 표기, 즉 잉여적 정보가 되어 단위의 층위를 구별하는 것 외에 실질적인 필요성은 없어 보인다.

이러한 품사 정보와 구별되는 정보로는 기능 정보가 있다. 국어학 전통

에서는 문장 성분이라 하고 언어학적으로는 문법 관계라 할 수 있는 주어, 목적어 등의 정보이다. 이와 관련하여 학교 문법에서는 7 성분을 규정하고 있다. 그와 함께 이 글에서는 주제-평언의 문장 구조를 반영하기 위해 문두의 '은/는'은 주제(topic)로 구별하여 주석하기로 하겠다. 주제는 많은 경우 생략되지만 기본적으로 통사적인 자리를 가지는 것으로 볼 것이다. 그리고 주어는 서술어가 요구하는 필수 성분 가운데 하나로 목적어, 보어 등과 같은 층위에 배치할 것이다. 국어의 기능 정보를 나열하면 (11ㄱ)과 같다. 주석을 위한 약어로는 (11ㄴ)을 쓰도록 하겠다.

(11) ㄱ. 주제, 주어, 서술어, 목적어, 보어, 관형어, 부사어, 독립어
　　　ㄴ. TOP, SBJ, PRD, OBJ, CMP, ADN, ADV, INT

(11')은 각 성분의 통사적 위상을 알기 쉽게 표상해 본 것이다.[5]

(11') ㄱ.

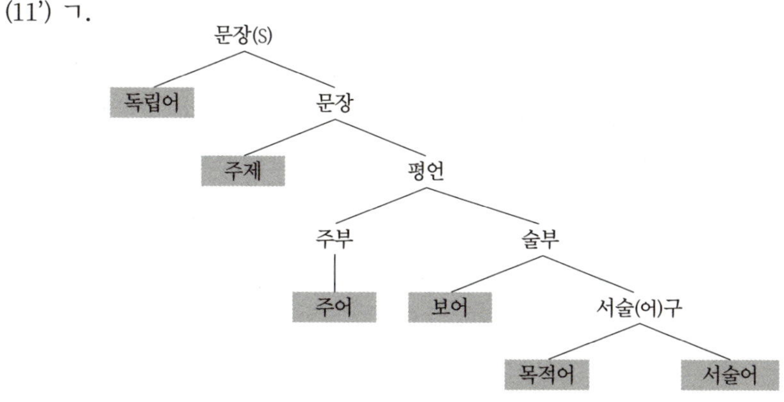

5　(11')에서 '평언', '술부'와 같은 용어는 각각 '주제', '주부'와 짝을 이루는 개념으로 범위를 나타낼 뿐 어휘 범주의 핵으로부터 확장된 범위를 나타내는 개념이 아니다. 그것들은 모두 '서술어구'로 대체되어도 무방하다.

ㄴ.

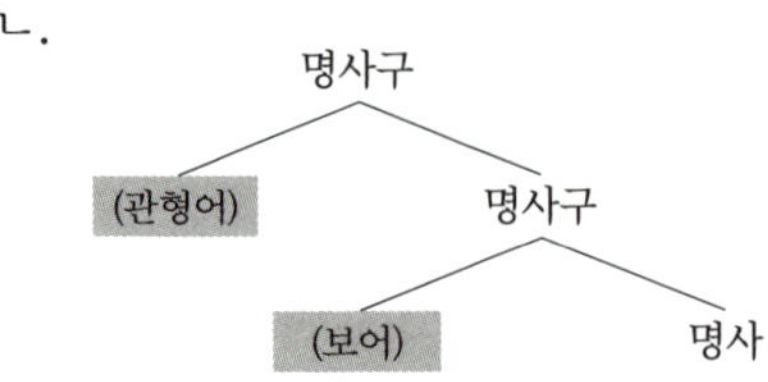

ㄷ.

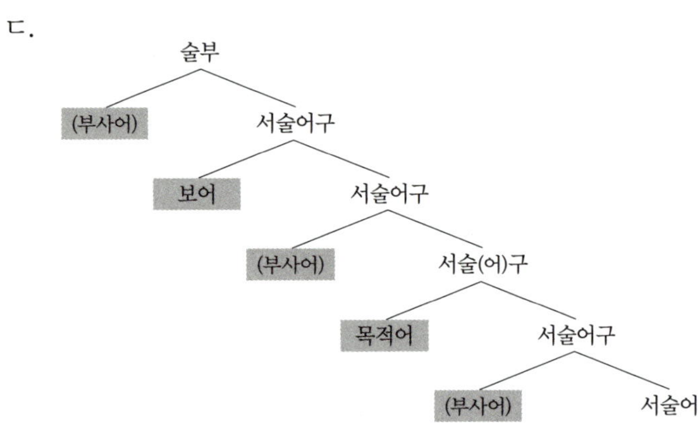

　　(11) 외에 접속어('철수와 영희가'에서 '철수와' 같은 성분)를 하나의 성분으로 인정할 수 있을 것인데, 형식 면에서는 수식어의 범위에 포괄하여도 문제될 것이 없어 보이고 구별이 필요하면 '와/과'의 형태 정보를 활용할 수 있으므로 굳이 추가하지 않기로 한다.[6] (11)을 적용한 구문 단위 기능 표지를 부여해 보면 (12)와 같이 처리할 수 있다.

6　'사장 및 임직원 일동이', '파면 또는 해임이' 등에서와 같이 '및'이나 '또는' 같은 접속부사가 '사장'이나 '파면'과 같은 보충어를 취하는 것으로 보고 그렇게 이루어진 접속 부사구가 그 뒤에 오는 임의의 품사(여기서 '일동'이나 '해임'은 체언이어도)를 수식하는 형식으로 처리할 수 있을 것이다. '함께', '없이', '같이', '달리' 같은 부사들도 보충어를 취하기도 하니 이러한 부사의 보충어들도 우리의 기능 분류에서 사용된 '보어'를 활용하면 될 것이다.

(12) 포수는 오늘 큰 범을 잡았다.

    포수는/TOP   [포수/NNG+는/JX]/TOP

    오늘/ADV   [오늘/NNG]/ADV

    큰/ADN   [크/VA+ㄴ/ETM]/ADN

    범을/OBJ   [범/NNG+을/JKO]/OBJ

    잡았다./PRD   [잡/VV+았/EP+다/EF+./SF]/PRD

이러한 기능 표지의 부여는 형태 정보와 함께 통사 단위의 구성성분으로서의 기능에 대한 정보를 더해 주므로 한국어 문형의 이해에 큰 도움이 된다. '오늘'은 국어사전에서는 명사도 되고 부사도 된다고 기술하겠지만 형태 분석에서 이를 명확히 포착하기는 어렵다. 형태 분석에서는 명사로 잡혀도 구문 분석에서 부사어로 기능함을 보이는 것이 필요하다. 또한 '큰'은 형태 분석에서는 품사 면에서 형용사지만 관형사형 어미 'ㄴ'이 붙어 문장에서 관형어로 기능함을 보이게 되면 문장에서 체언을 수식하는 관형어의 구문적 유형을 포착하는 데 유익하다.

3. 확장 단위에 대한 주석

다음으로 확장 단위를 어떻게 표상할 것인지에 대해 검토해 보기로 하자. 확장 단위라 함은 수식, 내포, 접속 등에 의해 둘 이상의 단어로 이루어진 통사 구성이 그 구성의 핵이 되는 성분과 범주적 동질성을 유지하는 경우를 말한다. 그러니까 (12)에서 '큰 범을'은 품사 면에서 명사구이고 기능 면에서 목적어이다. 또 '오늘 큰 범을 잡았다'는 품사 면에서 동사구이고 기능 면에서 서술어(술부)이다. 확장 단위의 표상이란 이러한 측면을 어떻게 포착할 수 있겠느냐 하는 문제이다.

Han, C. et als (2001)에서는 다음과 같은 처리를 보여주고 있다.[7] 즉 구

성 요소들을 괄호로 묶고 앞쪽 괄호 뒤에 확장 단위에 해당하는 구 범주와
기능 범주를 함께 표시해 주는 방식이다.

  (13) ㄱ. 그 무전기의 송신기는
     (NP-SBJ (NP 그/DAN

       무전기/NNC+의/PCA)

      (NP 송신기/NNC+는/PAU))

    ㄴ. 눈이 큰 아이
     (NP (S (WHNP-1 *op*)

      (S (NP-SBJ *T*-1)

       (S (NP-SBJ 눈/NNC+이/PCA)

        (ADJP 크/VJ+ㄴ/EAN))))

      (NP 아이/NNC))

    ㄷ. 날이 아주 더우면 차량 엔진이 과열된다.
     (S (S (NP-SBJ 날/NNC+이/PCA)

      (ADJP (ADVP 아주/ADV)

       (ADJP 덥/VJ+면/ECS)))

      (S (NP-SBJ 차량/NNC

       엔진/NNC+이/PCA)

      (VP (VV 과열/NNC+되/XSV+ㄴ다/EFN)))

     ./SFN)

---

7 Han, C., N.-R. Han and E.-S. Ko, Bracketing Guidelines for Penn Korean TreeBank, *IRCS Technical Reports Series*, 26, (2001) Han, C. et als (2001)에서 사용한 형태 주석은 21세기 세종계획의 것과 다르다. 여기서는 구문 표상 방식에 대해서만 논의하고 있다.

형태 표지를 빼고 나타낸다면 다음과 같은 셈이다. 확장 단위를 확인하기 쉽게 하려고 내부 구성성분들보다 왼편에 배치하고 구성성분들은 그보다 오른쪽에 나란히 배치되도록 표상하였다.

(13') ㄱ. 그 무전기의 송신기는

(NP-SBJ (NP 그 무전기의)

(NP 송신기는))

ㄴ. 눈이 큰 아이

(NP (S (WHNP-1 *op*)

(S (NP-SBJ *T*-1)

(S (NP-SBJ 눈이)

(ADJP 큰))))

(NP 아이))

ㄷ. 날이 아주 더우면 차량 엔진이 과열된다.

(S (S (NP-SBJ 날이)

(ADJP (ADVP 아주)

(ADJP 더우면)))

(S (NP-SBJ 차량 엔진이)

(VP (VV 과열된다))))

(13ㄱ)은 전체가 명사구인 주어인데 그 속에 명사구 '그 무전기의'와 명사구 '송신기는'이 구성성분을 이루고 있는 경우이다. (13ㄴ)은 전체가 명사구인데 그 속에 문장 '눈이 크다'와 명사구 '아이'가 구성성분을 이루고 있는 구조임을 보여주고 있다.[8] (13ㄷ)에서는 전체 문장 속에 두 개의 문장이 들어

있는데 앞 문장은 주어 '날이'와 형용사구 '아주 덥다'로 이루어져 있고 형용사구는 '아주'와 '덥다'로 이루어져 있는 것이며, 뒤 문장은 주어 '차량 엔진이'와 동사구 '과열되다'로 이루어져 있음을 보여준다. '차량 엔진이'는 상세히 표상하지 않았지만 좀 더 정확히 나타낸다면 '(NP-SUBJ (NP 차량) (NP 엔진이))'와 같이 될 것이다.

이 글에서는 이러한 확장 단위의 범위를 표상에 반영하는 것이 구문 표상을 매우 복잡하게 만드는 것으로 본다. 구성성분성을 반영하여 상위 범주를 일일이 표시하는 방향으로 구문을 표상하고자 하면 그 복잡성은 훨씬 심화된다. 특히 수식의 경우 한 성분이 다른 성분에 의존한다는 것만 나타내도 충분할 것인데 핵의 범주를 상위 범주에 반복하면서 잉여성이 증가한다. 예를 들어, '아주 더우면'의 경우, '(ADJP (ADVP 아주) (ADJP 더우면))'과 같이 부사 '아주'가 형용사구 '더우면'을 수식하여 상위 범주인 형용사구를 다시 이루게 된다는 것인데 이러한 구문은 '아주'가 '더우면'에 의존한다는 것만 표시할 수 있어도 충분할 것이다. 그러므로 이 연구에서는 확장 단위를 일일이 괄호로 묶어 표상하는 방법을 취하지 않고, 들여쓰기의 방식을 의존성을 표시하는 수단으로 활용하는 방안을 제안하고자 한다. 문장을 직접 구성하는 두 성분을 가장 왼편에 배치하되 의존적인 요소들은 그보다 한 칸 오른쪽으로 들여서 쓰는 표상 방식이다.

(14) ㄱ. 그 무전기의 송신기는

그/ADN	[그/MM]/ADN
무전기의/ADN	[무전기/NNG+의/JKG]/ADN
송신기는/TOP	[송신기/NNG+는/JX]/TOP

---

8 '*op*', '*T*'는 생략된 단위를 상정하여 표상한 것인데 여기서는 아직 고려 대상이 아니다. 생략된 단위에 대해서는 뒤에서 다시 논의하기로 하겠다.

　　　ㄴ. 눈이 큰 아이

　　　　　눈이/SBJ　　　　　　　　[눈/NNG+이/JKS]/SBJ
　　　　　큰/ADN　　　　　　　　　[크/VA+ㄴ/ETM]/ADN
　　　아이　　　　　　　　　　　[아이/NNG]

　　　ㄷ. 날이 아주 더우면 차량 엔진이 과열된다.

　　　　　날이/SBJ　　　　　　　　[날/NNG+이/JKS]/SBJ
　　　　　아주/ADV　　　　　　　　[아주/MAG]/ADV
　　　　더우면/ADV　　　　　　　[덥/VA+면/EC]/ADV
　　　　　차량/ADN　　　　　　　　[차량/NNG]/ADN
　　　엔진이/SBJ　　　　　　　　[엔진/NNG+이/JKS]/SBJ
　　과열된다./PRD　　　　　[과열/NNG+되/XSV+ㄴ다/EF+./SF]/PRD

　　(14ㄱ)은 '그'가 '무전기의'에, '무전기의'가 '송신기는'에 의존함을 보여
주고, 그렇게 되면 전체 구의 확장 단위는 '송신기는'이 가진 주제(TOP)의 범
위에 묶이게 됨을 알 수 있다. (14ㄴ)은 '눈이 큰'이 절을 이루지만 그 절이 다
시 '아이'에 의존하여 명사의 지위를 가지게 됨을 보여준다. '아이'가 문장 차
원에서 어떤 기능을 하는지는 표시되어 있지 않으므로 구문 차원의 정보는
그대로 명사인 것이다. (14ㄷ)에서는 '날이'와 '아주'가 모두 '더우면'에 의존
하고, '차량'은 '엔진이'에 의존하며, '날이 아주 더우면'과 '차량 엔진이'는 모
두 '과열된다'에 의존하는 구조를 보여주고 있다. 확장 단위는 결국 그 근원
의 범주에 의존하므로 확장 단위를 추출하기 위해서는 그 확장 단위에 의존
하는 언어 단위들이 근원에 덧붙도록 조정하여 추출하면 된다.

　　이 글의 구문 분석 방식의 확장된 방식은 (14)의 전단과 후단을 결합한
형식이 되겠지만 구문 분석만을 시도할 때는 (14)의 전단과 같은 방식만 활
용하면 되므로 실제 문장들에 대한 구문 분석은 들여쓰기의 원리만 이해하

면 간결한 방식으로 표상될 수 있다. 확장된 방식으로 표상할 때는 다음 (14')
과 같이 형태 분석 결과를 단어(어절) 형식과 구문 주석 사이에 배치해도 좋
을 것이다.

    (14') ㄱ. 그 무전기의 송신기는

        그[그/MM]/ADN

        무전기의[무전기/NNG+의/JKG]/ADN

        송신기는[송신기/NNG+는/JX]/TOP

    ㄴ. 눈이 큰 아이

        눈이[눈/NNG+이/JKS]/SBJ

        큰[크/VA+ㄴ/ETM]/ADN

        아이[아이/NNG]

    ㄷ. 날이 아주 더우면 차량 엔진이 과열된다.

        날이[날/NNG+이/JKS]/SBJ

        아주[아주/MAG]/ADV

        더우면[덥/VA+면/EC]/ADV

        차량[차량/NNG]/ADN

        엔진이[엔진/NNG+이/JKS]/SBJ

        과열된다.[과열/NNG+되/XSV+ㄴ다/EF+./SF]/PRD

    하지만 이러한 형식의 문제는 전산 처리를 염두에 둘 때 조정하면 될 문
제일 뿐이다.[9]

---

[9] 전산 처리에서는 이러한 표상을 통해 '[그/MM]/ADN', '[차량/NNG]/ADN', '그[그/MM]/ADN 무전기
의[무전기/NNG+의/JKG]/ADN', '눈이[눈/NNG+이/JKS]/SBJ 큰[크/VA+ㄴ/ETM]/ADN' 등이 모두

4. 문장 단위의 기본 구조와 표상

이 연구에서 제안하는 표상 방식은 앞 절과 같이 의존성이 명확히 드러나도록 하는 방식이지만 구성성분성에 있어서도 한국어 문장의 기본 구조로서의 주제-평언과 평언의 내부 구조로서 주어-보어-목적어가 서술어에 의존하는 구조는 주어져 있는 것으로 본다. 최대 단위인 문장(S)는 표면적으로 표상하지 않고, 주제와, 평언의 핵인 서술어가 최상위에 위치하는 구성성분이 된다.

(15) 철수는 영희에게 사과를 주었다.

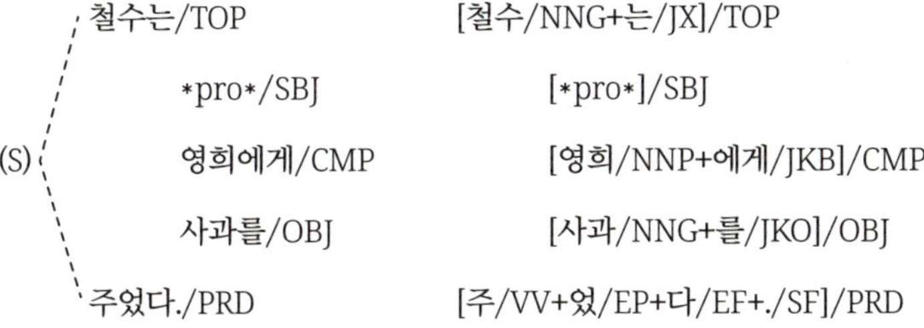

(15)는 해당 문장이 주제-평언 구조를 가지고 있음을 표상하고 있고 그것이 문장을 이룸을 나타내고 있다. 하지만 이 연구의 표상 방식에서는 상위 범주를 나타내는 'S'는 표상하지 않고 문장의 최상위 층위를 형성하는 주제와 평언이 가장 왼쪽 끝단에 위치하도록 표상하고 그 두 성분에 의존하는 나머지 하위 성분들은 최상위 성분으로부터 직접적으로 의존하는 것부터 차례로 들여쓰기를 한다. 문장에 주어진 단어들은 순서를 바꾸지 않고 한 줄에 하나씩 배치되며, 한국어는 우핵, 즉 핵이 보충 성분이나 부가 성분을 후행하는 언어이므로 각 성분은 후행하는 자기의 핵보다 한 칸 들어간 위치에 배치되

관형어라는 같은 기능 범주에 속하지만 내부 구성의 유형은 다양하게 다를 수 있음을 보일 수 있고, 유형별 통계를 추출하는 것도 가능할 것이다.

도록 한다. 즉 자기보다 한 칸 앞선(덜 들여 쓴) 위치에 배치된 후행 요소가 자기의 핵이 되는 방식이다.

문장의 기본 구조를 주어-서술어(주술) 구조로 상정할 수도 있겠고 그것이 더 보편성을 가지지 않겠느냐는 반론이 있을 수 있겠다. 그러나 한국어는 '은/는' 등 주제 표지에 의해 표시되는 성분이 문두에 위치하는 경우의 빈도가 매우 높으며, 주어가 오히려 지시성을 주제에 양보하고 비지시적 내지는 비한정적 의미를 가지는 경우가 많다. 따라서 화제는 서술어가 핵이 되는 술부 전체, 곧 평언과 서로 종속됨 없이 공존하고, 주어는 서술어의 한 보충어로서 서술어로부터 격과 의미역을 모두 할당받는 것으로 보는 것이다.

(15)와 같이 필수 성분들로 이루어진 표상을 기본 구조로 하되, 여기에는 다음 (16)과 같이 부가어들이 덧붙을 수 있을 것이다.

(16) 그날 착한 철수는 배고픈 영희에게 큰 사과를 두 개 사 주었다.

<table>
<tr><td>그날/ADV</td><td>[그날/MAG]/ADV</td></tr>
<tr><td>*pro*/SBJ</td><td>[*pro*]/SBJ</td></tr>
<tr><td>착한/ADN</td><td>[착하/VA+ㄴ/ETM]/ADN</td></tr>
<tr><td>철수는/TOP</td><td>[철수/NNG+는/JX]/TOP</td></tr>
<tr><td>*pro*/SBJ</td><td>[*pro*]/SBJ</td></tr>
<tr><td>*pro*/SBJ</td><td>[*pro*]/SBJ</td></tr>
<tr><td>배고픈/ADN</td><td>[배고프/VA+ㄴ/ETM]/ADN</td></tr>
<tr><td>영희에게/CMP</td><td>[영희/NNP+에게/JKB]/CMP</td></tr>
<tr><td>큰/ADN</td><td>[크/VA+ㄴ/ETM]/ADN</td></tr>
<tr><td>사과를/OBJ</td><td>[사과/NNG+를/JKO]/OBJ</td></tr>
<tr><td>*pro*/SBJ</td><td>[*pro*]/SBJ</td></tr>
<tr><td>*pro*/CMP</td><td>[*pro*]/CMP</td></tr>
<tr><td>*pro*/OBJ</td><td>[*pro*]/OBJ</td></tr>
</table>

<table>
<tr><td style="text-align:center">두/ADN</td><td style="text-align:center">[두/MM]/ADN</td></tr>
<tr><td style="text-align:center">개/ADV</td><td style="text-align:center">[개/NNB]/ADV</td></tr>
<tr><td style="text-align:center">사/ADV</td><td style="text-align:center">[사/VV+아/EC]/ADV</td></tr>
<tr><td style="text-align:center">주었다./PRD</td><td style="text-align:center">[주/VV+었/EP+다/EF+./SF]/PRD</td></tr>
</table>

이때 '그날'과 같은 부사어는 '철수는'을 수식하는 관형어로 볼 수 없다면 그보다 한 칸 덜 들여 쓴 위치에 있는 성분은 '주었다'이므로 서술어 '주었다'에 걸리는 '부사어'로 처리하는 것이 적절할 것이다. 이와 같이 구조상으로는 그것의 핵이 아닌 것이 바로 다음에 위치하더라도 품사나 의미 선택 제한에서 허락되지 않는 성분끼리는 의존 관계가 성립되는 것으로 볼 수 없으므로 그다음에 오는, 호응이 가능한 핵에 의존하는 것으로 파악될 수 있음에 유의해야 한다.

5. 생략된 성분

앞 절 (15), (16)에서 예시한 것처럼 서술어에 의해 요구되는 모든 보충 성분(주어, 목적어, 보어)은 맥락에서 복원될 수 있는 것으로 보아 '*pro*'로 표상하기로 한다. 이때 '보어'의 범위는 기존 학교 문법에서의 '되다'와 '아니다'의 직접 선행 성분 외에 소위 필수적 부사어로 불리곤 하는 성분들을 아우른다. 이것들은 핵(이 경우에는 서술어)으로부터 격을 받는 성분들이기 때문에 단순한 부가어로 볼 수 없기 때문이다. 그리고 명사의 경우에도 핵인 명사가 그 자체로 지시성이 없는 경우에는 필수 관형어를 가질 수 있는 것으로 본다.[10]

10　박철우, 「국어의 보충어와 부가어 판별 기준」, 『언어학』 34, 75-111면, 2002.

(17) ㄱ. 꽃은 민호가 보냈다.

      꽃은/TOP   [꽃/NNG+은/JX]/TOP

        민호가/SBJ   [민호/NNP+가/JKS]/SBJ

        pro/CMP   [*pro*]/CMP

        pro/OBJ   [*pro*]/OBJ

      보냈다./PRD   [보내/VV+었/EP+다/EF+./SF]/PRD

    ㄴ. 코끼리는 코가 길다.

      코끼리는/TOP   [코끼리/NNG+는/JX]/TOP

        pro/SBJ   [*pro*]/SBJ

          pro/CMP   [*pro*]/CMP

        코가/SBJ   [코/NNG+가/JKS]/SBJ

      길다./PRD   [길/VA+다/EF+./SF]/PRD

(17ㄱ)에서 '보내다'는 'X-가 Z-에게 Y-를 보내다'와 같은 격틀 구조를 가지므로 X, Y, Z를 각각 주어, 보어, 목적어로 파악한 것이며, (17ㄴ)은 이중 주격 구문으로서 서술절의 주어와 문장의 주어가 각각 존재하는 것으로 파악하고 주제가 문장의 주어와 같으므로 문장의 주어가 생략된 것으로 파악한 것이며, 서술절의 주어 '코'는 지시성이 결여되어 있고 무엇의 코인지 알 수 없기 때문에 실현된다면 관형격을 받아야 할 성분이 보충어로 존재하는 것으로 처리한 것이다. 그 생략된 요소는 관형어(ADN)로 표상할 수도 있겠으나 여기서는 필수적으로 요구되는 성분으로 보아 보어(CMP)로 표상한 것이다.

Han, C. et als (2001)에서는 네 가지 공범주(empty categories)를 구별하여 표상하고자 하였는데, 첫 번째는 생략된 논항으로 *pro*로 표상한 것들이다.[11] 그들은 주로 담화상에서 생략되는 성분들을 가리키지만 이 글에서는 통사적인 이유로 삭제되는 경우라도 논항인 것들이 생략되면 *pro*로 보겠다는 입장이다. 두 번째는 앞으로 옮겨진 성분과 동지표화되는 이동의 흔적 (trace)으로 *T*로 표상하였다. 그들의 예로는, '수신기를 우리는 가끔 손질 했다.'에서처럼 '수신기를'을 앞으로 이동된 것으로 보고 그 뒤에 정상적인 어순의 목적어 자리에 흔적이 남아 있다고 보는 것인데 이 글에서는 그러한 공범주 사이의 구별은 따로 인정하지 않을 것이다. 주제와 동지표화되는 공 범주는 주제 자체가 이동의 산물이라고 보지 않기 때문에 그 뒤에서 생략되 는 동지표화된 논항은 명시적으로 실현되지는 않고 *pro*로 남아 있는 것으 로 본다. 세 번째는 공연산자(empty operator)는 관계절의 경우 그것이 관계 절이라는 것을 표시해 주는 일종의 관계대명사에 해당하는 공연산자가 공범 주로 존재한다고 보는 것이다. 그들은 그것에 WHNP라는 주석을 부여한 뒤 그 공연산자는 그 관계절 속의 빠진 성분이 그 자리로 옮겨간 것으로 보아 그 빠진 자리에는 흔적이 남아 있는 것으로 본다. 이 글에서는 그러한 없는 관계대명사를 상정하지는 않을 것이다. 하지만 관계절 속의 빠진 성분은 논 항인 경우에는 *pro*로 남아 있는 것으로 볼 것이다. 네 번째로는 접속문에 나타나는 서술어 삭제의 경우이다. 이에 대해 그들은 *?*라는 표상을 사용하 고 있다. 그러나 이 경우 한 문장 내의 모든 체언 성분과 부사어들이 하나의 서술어에 의존하도록 표상하는 것이 피치 못할 일이어서 문장과 문장의 접 속으로 체계를 맞추기 위해서 빈자리를 채우는 일이 그다지 큰 의미가 있어 보이지 않으므로 이 글에서는 그러한 공범주의 추가적 설정에 큰 의미를 두 지 않을 것이다.

6. 지시적 동일성의 표상

지시적 동일성을 표상하는 문제는 담화 표상의 차원이다. 대명사는 그

---

11   Han, C., N.-R. Han and E.-S. Ko (2001), Bracketing Guidelines for Penn Korean TreeBank, *IRCS Technical Reports Series*, 26.

대명사의 선행어가 되는 고유명이 확인되면 지시의 문제가 해결되는 것이다. 화시 표현의 경우는 그 선행어가 대체로 상황 속에 있기 때문에 그 선행어를 찾는 일을 자동화하는 것은 엄두가 나지 않는 일일 수 있다. 하지만 문장의 정확한 해석을 위해서는 매우 필요한 일이다. 또한 문서 정보에서 화자, 청자 정보가 주어질 수 있는 경우에는 일인칭 화자와 이인칭 청자의 자동적 추출이 불가능한 일만도 아니다. 하지만 어떻든 필요한 정보라면 표상할 수 있다면 하는 것이 바람직할 것이다.

Han C. et als (2001)에서는 이동의 흔적(*T*)의 선행어와 그 흔적 사이의 지시적 동일성만을 숫자로 표시하고 있다.[12]

(18) (S (NP-ADV 마지막(NNC+으로/PAD)

　　　(NP-COMP-1 정치/NNC

　　　　　보위부/NNC+에/PAD+는/PAU)

　　　(S (NP-SBJ 보위/NNC

　　　　　지도원/NNC

　　　　　(PRN -LRB-/SLQ

　　　　　　소좌/NNC

　　　　　　-RRB-/SRQ)

　　　　　1/NNU

　　　　　명/NNX+이/PCA)

　　　(ADJP (NP-COMP *T*-1)

　　　　　있/VJ+다/EFN))

　　　./SFN)

12　Han, C., N.-R. Han and E.-S. Ko (2001), *ibid*.

이 연구에서도 문장 내 지시적 동일성을 구문 표상에 반영할 필요가 있다고 본다. 그러한 표상은 위의 (17)의 예에 지시적 동일성을 반영해 보기로 한다.

(17') ㄱ. 꽃은 민호가 보냈다.

꽃은-1/TOP   [꽃/NNG+은/JX]-1/TOP

   민호가/SBJ   [민호/NNP+가/JKS]/SBJ

   pro/CMP   [*pro*]/CMP

   pro-1/OBJ   [*pro*]-1/OBJ

보냈다./PRD   [보내/VV+었/EP+다/EF+./SF]/PRD

ㄴ. 코끼리는 코가 길다.

코끼리는-1/TOP   [코끼리/NNG+는/JX]-1/TOP

   pro-1/SBJ   [*pro*]-1/SBJ

      pro-1/CMP   [*pro*]-1/CMP

  코가/SBJ   [코/NNG+가/JKS]/SBJ

길다./PRD   [길/VA+다/EF+./SF]/PRD

또한 이에서 더 나아가 지시대상이 담화상에서 채워질 수 있는 대명사들에 대해서도 그 지시대상의 값을 부여할 수 있다면 표상에 반영하기로 한다.

(19) (철수가 왔다.) 민호를 불렀다.

  pro=철수/SBJ

    민호를/OBJ

불렀다./PRD

지시대상의 궁극적인 값은 실제 존재일 텐데 그 값은 고유명으로 표시되는 것이 최선일 것이다. 만일 같은 이름을 가진 존재가 둘 이상 존재한다면 그 대상의 수만큼 고유번호를 따로 배정할 수 있겠으나 그와 같은 문제는 말뭉치 구축의 범위에 따라 조정되어야 할 것이다. 즉 구축된 구문 분석 말뭉치 내에서 언급된 존재들의 고유명이 목록으로 함께 구축되어야 할 것이고 표상에 반영된 고유명 값은 그 목록에서 찾을 수 있어야 할 것이다.

7. 관용적 구문의 경우 등

여기서 관용적 구문이라 함은 둘 이상의 단어, 즉 통사 단위들 사이의 일반적인 결합으로 분석될 수 없는 문법적 관계로 이어진 구성이 관용적으로 굳어져 독립적인 기능을 담당하는 것으로 보이는 예들을 가리킨다. 서술어에 속하는 보조용언 구성이나 체언류와 관련된 기능을 담당하는 의존명사 구성이 여기에 속하고 그보다 복잡하게 이루어진 문법적 연어 구성들을 여기에 아우를 수 있다.

(20) 그렇게 볼 수 있을 것 같다.

　ㄱ.

그렇게/ADV	그렇/VA+게/EC
볼/ADN	보/VV+ㄹ/ETM
수/SBJ	수/NNB
있을/ADN	있/VA+을/ETM
것/CMP	것/NNB
같다./PRD	같/VA+다/EF+./SF

ㄴ.

　　　그렇게/ADV　　　　　　　　　　그렇/VA+게/EC
　　　볼_수_있을_것_같다./PRD　　　보/VV+[ㄹ/ETM 수/NNB 있/VA]/EP_
　　　　　　　　　　　　　　　　　양태(가능)+[을/ETM 것/NNB 같/VA]/
　　　　　　　　　　　　　　　　　EP_양태(추측)+다/EF+./SF

　　이러한 처리는 통사 단위의 형식을 갖추고 있다고 해도 실제로는 형태 단위와 같이 문법 기능을 담당하는 관용적 표현, 즉 문법적 연어는 구문 표상 차원에서 고려하기보다는 별도의 관리가 필요하며 구문 표상에서는 그런 사실이 드러나게 하는 일이 중요하다고 보는 것이다. 이 글에서는 일단 (20ㄴ)의 후단에서 형태 주석을 재해석하여 덧붙이고 거기에 밑줄 표시와 함께 '양태(가능)', '양태(추측)'이라는 추가적인 주석을 덧붙임으로써 '[ ]'로 묶인 단위가 별도의 문법소로서 재해석되어야 하고 그것들이 하나의 문법 기능을 담당함을 표시하고자 하였다. 이러한 단위들의 체계화를 위해서는 별도의 주석 체계가 논의될 필요가 있을 것이나, 여기서는 그렇게 할 수 있는 가능성만을 제기하는 데 그치기로 한다.

　　추가적으로 한 가지만 더 언급하자면, 각 어휘 범주에 속하는 형태들에 대해서는 의미 정보를 부여하는 방향의 논의도 가능할 것이다. 그런데 의미 정보는 형태 단위에 부가되기보다는 조어법 차원의 단어(소위 굴절법적 요소라 할 수 있는 조사나 어미 제외)에 첨가되어야 할 것이어서 형태 정보와 구문 정보의 중간 정도 층위에 덧붙여져야 할 것이다. 구문 차원의 기능과 직접 관련되는 것은 아니지만 의미 정보가 있으면 구문 차원의 중의성 해소나 의미론적 변칙성을 가려내는 데 유용하여 구문 분석에도 유익할 것은 분명하다. 따라서 /NNG, /VV, /VA 등과 같은 품사적 형태 주석 뒤에 '[+사람]', '[+이동]', '[+속성]' 등의 의미 자질을 그대로 혹은 조정된 형식으로 덧붙임으로써 같은 범주의 단위들을 추출하여 비교할 수 있는 자리를 마련하는 방안을 고려할 수 있을 것이다. 구체적인 의미 자질의 한정 등 더 논의할 것이 있을 것이나 여기서는 정보 추가의 가능성을 언급하는 정도에서 그치기로 한다.

Ⅳ. 맺음말

이상의 논의를 통하여 이 글에서는 한국어 구문 분석을 한국어 문법의 문법 단위들, 필요한 문법 기능, 문법 단위의 확장 방식, 어순 등을 고려할 때 가장 직관적이고 편리하게 한국어 문장의 분석 구문을 표상할 수 있는 구문 단위 주석과 도식화 방안을 제안하고자 하였다. 그런 과정에서 생략과 지시 대상의 동일성을 아우름으로써 담화 차원의 정보 추출 가능성을 열어 두었다.

주석과 도식화의 목적은 언제나 그러한 형식과 관련되는 정보들을 일관되게 추출할 수 있도록 하자는 것이므로, 이러한 형식 부여를 시도하기 이전에 우리가 문장 단위를 대할 때 알고자 하는 정보가 온전히 반영될 수 있도록 고안하는 것이 중요한 일인 것이다. 이 글에서는 구문 단위에서 우리가 필요로 하는 정보를 복잡하지 않고 간결하게 표상하는 데 집중하였으며, 그러한 목적 때문에 형태 정보와 중복되는 부분은 형태 정보에서 찾아보면 될 것이므로 중복되지 않게 표상해야 하는 점을 분명히 하기도 하였다.

이 글에서 제안한 큰 틀에 대한 원칙대로 실제로 문장들을 분석하여 표상하다 보면 더 많은 구체적인 사항들에 대한 판단이 요구될 것이 분명한데 그러한 부분은 분석 지침 등의 형식으로 추가적으로 서술될 필요가 있을 것이다. 어떠한 형식으로든 후속적 논의가 필요할 것이며 별도로 상술할 기회를 가지도록 하겠다.

## 제 3 부

동·서 디지털 인문학과 번역

디지털 전환 시대, 번역가와 AI는 어떻게 공존할 것인가?
_ 전현주

생성형 AI를 활용한 중세 라틴어-영어 번역 고찰
_ 최형근

한국의 한문고전 자동번역 프로그램 개발과 그 의미
– 한국고전번역원의 '한문고전 자동번역 서비스'를 중심으로
_ 안광호

디지털 전환 시대,
번역가와 AI는 어떻게 공존할 것인가?

—

전 현 주

신한대학교 한국어교육학과 교수, 인공지능언어기반인문학연구소 연구소장

—

Ⅰ. 머리말

Ⅱ. AI 번역 기술의 발전과 한계

Ⅲ. AI와 인간 번역가의 협업 가능성

Ⅳ. 번역가의 새로운 역할

Ⅴ. AI 시대에서 번역가는 어떻게 생존할 것인가?

Ⅵ. 맺음말

I. 머리말: AI 번역의 부상과 인간 번역가의 위기?

1. 기술의 발전과 번역의 패러다임 변화

20세기 후반부터 시작된 정보화 시대는 21세기 들어 디지털 전환(DX, Digital Transformation)이라는 형태로 더욱 가속화되고 있다. 디지털 전환이란 인공지능(AI), 빅데이터, 사물인터넷(IoT), 클라우드 컴퓨팅 등의 첨단 기술을 활용하여 산업과 사회 전반의 패러다임을 변화시키는 과정이다.[1] 이러한 변화는 금융, 의료, 교육, 유통, 미디어 등 거의 모든 산업에 영향을 미치고 있으며, 번역 산업 또한 예외가 아니다.

20세기 중후반까지만 해도 번역은 오직 인간의 영역이었다. 고대 문명에서는 다언어를 구사하는 통역관이 외교 및 무역에서 중요한 역할을 했고, 20세기 들어서는 문학, 법률, 학술 등의 번역이 본격적으로 체계화되었다. 그러나 21세기 초반부터 가속적으로 발전한 기계번역(Machine Translation, MT) 기술은 번역의 패러다임을 급격히 변화시키고 있다. 특히 최근 등장한

---

[1] Rogers, D. L. *The Digital Transformation Playbook: Rethink Your Business for the Digital Age* (Columbia University Press, 2016).

신경망 기계번역(NMT, Neural Machine Translation) 및 초거대 언어 모델 (LLM, Large Language Model) 기술은 번역의 정확도를 비약적으로 향상시키면서, 인간 번역가의 역할에 대한 논쟁을 촉발하고 있다.

2. 기계번역의 발전: 과거, 현재, 그리고 미래

기계번역의 역사는 1950년대로 거슬러 올라간다. 미국과 소련 간의 냉전이 한창이던 시절, 미국 국방성은 소련의 문서를 빠르게 해석할 방법을 모색하기 위해 기계번역 연구를 지원했다.[2] 이 초기의 기계번역 시스템은 단어 대 단어(word-for-word) 번역 방식에 의존했으며, 결과물의 품질이 매우 낮았다. 이후 기계번역은 다음과 같은 세 단계를 거쳐 발전해 왔다:

1) 규칙 기반 기계번역(Rule-Based Machine Translation, RBMT) 시대
   (1950~1990년대)
 • 문법 규칙과 사전 정보를 기반으로 번역
 • 언어학자의 규칙 설계가 필요하여 확장성이 제한적

2) 통계 기반 기계번역(Statistical Machine Translation, SMT) 시대
   (1990~2010년대 초반)
 • 대량의 번역 데이터를 기반으로, 확률적으로 가장 적합한 번역을 선택
 • 문법이 아닌 통계를 활용하여 번역 정확도가 향상됨

3) 신경망 기계번역(Neural Machine Translation, NMT) 시대
   (2016년~현재)

---

2   Hutchins, W. J. Machine Translation: A Brief History, In *Concise history of the language sciences*, pp. 431-445 (Pergamon, 1995).

- 딥러닝(Deep Learning) 기술을 활용하여 문장의 의미와 문맥을 분석
- 기존 번역 방식보다 훨씬 자연스러운 결과물을 생성

오늘날 NMT 기술은 구글 번역(Google Translate), 네이버 파파고(Naver Papago), DeepL 등의 번역 서비스에 적용되고 있으며, 특히 LLM 기반의 AI 번역이 등장하면서 번역의 품질이 더욱 향상되고 있다. 최근 GPT-5.0, Claude, Gemini 등의 모델은 단순한 문장 번역을 넘어 맥락을 이해하고 창의적인 번역을 수행하는 수준까지 발전했다.[3] 이러한 발전으로 인해 "과연 인간 번역가가 앞으로도 필요할 것인가?"라는 논의가 활발하게 전개되고 있다.

3. AI 번역과 인간 번역의 관계: 대체인가, 협업인가?

AI 번역의 급속한 발전은 인간 번역가의 생존 가능성에 대한 논란을 불러일으켰다. 일부 전문가들은 향후 10~20년 내에 번역가의 80% 이상이 AI로 대체될 것이라고 주장한다.[4] 반면, 다른 연구자들은 AI 번역이 인간 번역가를 완전히 대체하기보다는 새로운 형태의 협업 모델을 창출할 것이라고

---

3   Brown, T., et al. Language Models are Few-Shot Learners, *Advances in Neural Information Processing Systems*, 33, 1877-1901 (2020); 곽은주·노재훈·박미진·전현주, 「AI Hub의 학습용 말뭉치 데이터의 활용가능성 모색: ChatGPT의 번역 품질평가를 중심으로」, 『번역학연구』 24(4), 129-169면 (2023); 전현주, 「생성형 AI 시대의 번역가의 역할과 디지털 리터러시」, 『융합영어영문학』 9(3), 271-303면, (2024a); 전현주, 「생성형 AI 시대의 번역가의 역할 및 요구 역량의 전환」, 『인문사회과학연구』 6(6), 1137-1156면 (2024b); 전현주, 「'기계번역' 관련 국내 번역학 연구동향 분석」, 『융합영어영문학』 8(3), 85-121면 (2023); 전현주, 「인공지능 번역플랫폼 기반 번역가의 직명 및 직무기술의 분화에 관한 연구」, 『통번역학연구』 26(1), 167-193면 (2022); 전현주, 「인간과 기계번역의 공존 패러다임 모색:PBL 기반의 AI 번역 툴 활용 번역수업 운영 프로세서를 중심으로」, 『통번역교육연구』 18(4), 59-96 (2020); 전현주, 「4차 산업혁명과 한국의 번역산업 현황 및 통번역 교육의 미래」, 『통번역교육연구』 15(3), 235-261면 (2017); 전현주, 「번역 관련 유망 직종과 잡매칭의 상관성」, 『통번역교육연구』 11(1), 213-236 (2013).; 탁진영·곽은주·전현주, 「생성형 AI 플랫폼 활용 현황 및 전망: ChatGPT를 중심으로」, 『융합영어영문학』 9(2), 167-202면 (2024).

4   Brynjolfsson, E. & McAfee, A., *The Second Machine Age: Work, Progress, and Prosperity in a Time of Brilliant Technologies.* (W. W. Norton & Company, 2014)

전망한다.[5] 이 논의에서 중요한 쟁점은 다음과 같다:

1) AI 번역이 인간 번역을 완전히 대체할 수 있을까?
• AI 번역이 수행할 수 있는 영역과 그렇지 못한 영역은 무엇인가?
• AI 번역이 문맥을 이해하고 창의적인 번역을 할 수 있는가?

2) AI 번역과 인간 번역의 협업 가능성
• 인간 번역가는 AI를 활용하여 더 효율적으로 번역할 수 있는가?
• AI 번역의 한계를 인간이 보완할 수 있는가?

3) 번역가의 역할 변화
• 번역가는 AI를 단순히 보조 도구로 사용할 것인가, 아니면 새로운 전문성을 개발해야 하는가?
• AI 시대에서 번역가의 직업적 가치는 어떻게 변화할 것인가?

이러한 질문들은 단순히 기술적인 논의에 그치지 않고, 언어의 본질, 인간의 사고방식, 창의성, 그리고 지식 생산 과정과도 밀접하게 연결되어 있다. 따라서 AI 번역의 부상은 단순한 자동화의 문제가 아니라, 인간과 기계의 역할을 재정의하는 과정이라 할 수 있다.

4. 논의의 목적과 방향

본고에서는 AI 번역이 번역 산업에 미치는 영향을 분석하고, 인간 번역

5　O'Brien, S., *Machine Translation and Cognition. In The Routledge Handbook of Translation and Cognition*, pp. 362-377 (Routledge, 2019); 곽은주 외, 위 논문; 전현주, 위 논문, 2024a·2024b·2023·2022·2020·2017·2013, 탁진영 외, 위 논문.

가의 역할 변화 가능성을 탐색하고자 한다. 특히 다음과 같은 논제를 중심으로 논의를 전개할 것이다.

    1) AI 번역의 기술적 한계는 무엇이며, 그것이 번역가의 필요성을 어떻게 결정하는가?

    2) AI 번역과 인간 번역의 협업 모델은 무엇이며, 어떤 방식으로 공존할 수 있는가?

    3) AI 시대에서 번역가가 갖추어야 할 역량은 무엇인가?

이를 위해 우선 AI 번역 기술의 발전 과정을 검토하고, AI 번역의 강점과 한계를 분석한 후, 인간 번역가와 AI가 협업할 수 있는 방안을 모색할 것이다. 이를 통해 AI 시대에서 번역가의 지속가능한 역할을 탐색하고, 번역가가 AI와 어떻게 공존할 수 있을지를 논의할 것이다.

5. AI 시대, 번역가는 사라지는가?

본 장에서 논의한 사항을 요약하면, AI 번역 기술의 발전은 번역가의 역할을 근본적으로 변화시키고 있으며, 이에 대한 논의는 여전히 진행 중이다. AI 번역이 완벽하지 않음에도 불구하고, 많은 기업과 기관에서는 AI 번역을 도입하여 번역 비용을 절감하고 있으며, 이러한 흐름은 앞으로도 지속될 가능성이 높다.

그러나 인간 번역가는 단순한 번역 작업을 넘어 AI 번역의 한계를 보완하고, 보다 정교하고 창의적인 번역을 수행하는 방향으로 진화할 수 있다. AI가 번역을 자동화하는 것이 아니라, 번역가가 AI를 활용하여 더욱 정교한 번역을 수행하는 시대가 도래하고 있는 것이다. AI 시대에서 번역가는 어떤 역할을 해야 하며, 어떻게 경쟁력을 유지할 수 있을까? 이를 살펴보는 것이 본고의 핵심 과제이다.

II. AI 번역 기술의 발전과 한계

1. 기계번역의 역사: 인간의 언어를 이해하려는 도전

MT의 역사는 컴퓨터의 등장과 함께 시작되었다. 언어는 인간 고유의 사고방식과 문화적 맥락을 반영하는 복잡한 체계이지만, 기술이 발전하면서 이를 자동화하려는 시도가 지속되어 왔다. 기계번역의 연구는 1950년대부터 본격화되었으며, 특히 인공지능과 딥러닝 기술의 발전에 힘입어 최근 10년 동안 급격한 성장을 이루었다.[6] 기계번역의 발전 과정을 이해하기 위해서는 우선 다음의 세 가지 주요 번역 모델을 살펴볼 필요가 있다.

1) 규칙 기반 기계번역(RBMT, Rule-Based Machine Translation) 시대
RBMT(규칙 기반 번역)는 언어학적 규칙과 사전(dictionary)을 기반으로 번역하는 방식으로, 1950년대부터 1990년대까지 기계번역의 주류를 이루었다.

예를 들어, 영어 "I am a student."을 한국어로 번역하려면,
- "I" → "나는"
- "am" → "이다"
- "a student" → "학생"

이와 같은 방식으로 단어와 문법 규칙을 조합하여 번역이 이루어졌다. 그러나 RBMT는 언어의 변화와 복잡성을 반영하기 어렵다는 한계를 가지고

---

6 Hutchins, *op. cit.*; 곽은주 외, 위 논문; 전현주, 위 논문, 2024a·2024b; 탁진영 외, 위 논문.

있었다. 예를 들어, "나는 학생이다."와 "나는 교수이다."는 같은 문법 규칙을 따르지만, "나는 선생님이다."는 "나는"과 "이다" 사이에 "선생님"을 추가해야 한다. 이런 변칙적인 언어 표현을 모두 수동(manual)으로 규칙화하는 것은 비효율적이었다.

2) 통계 기반 기계번역(SMT, Statistical Machine Translation) 시대

1990년대 후반부터 2010년대 초반까지 SMT(통계 기반 번역)가 등장하면서 번역의 정확도가 향상되었다(Koehn, 2010). SMT는 단순한 문법 규칙이 아니라 대량의 번역 데이터를 기반으로, 확률적으로 가장 적절한 번역을 선택하는 방식을 사용한다.

예를 들어, "I am a student."라는 문장이 영어-한국어 번역 데이터에서 가장 많이 대응된 번역이 "나는 학생입니다."라면, SMT는 이 번역을 확률적으로 가장 높은 우선순위로 선택한다. 이를 통해 번역 결과는 보다 자연스러워졌지만, 문장 구조를 제대로 분석하지 못하고 의미를 왜곡하는 사례가 빈번하게 발생하는 한계가 있었다.

3) 신경망 기계번역(NMT, Neural Machine Translation) 시대

2016년 이후, 딥러닝 기술이 급격히 발전하면서 등장한 신경망 기계번역(NMT)은 기계번역의 새로운 전환점을 마련했다.[7] NMT는 기존 SMT와 달리, 단순한 확률 계산이 아니라 문맥(context)을 반영한 자연어 이해(Natural Language Understanding, NLU)를 기반으로 번역을 수행한다.

NMT의 핵심 기술은 인공지능 뉴럴 네트워크(Artificial Neural Networks, ANN)를 활용하여 문장의 구조를 파악하고, 문맥을 고려하여 번역하는 것이다. 기존 SMT가 단순한 단어 및 구문 매칭에 의존했다면, NMT는 문장 전체

---

7 Bahdanau, D., Cho, K., & Bengio, Y. Neural Machine Translation by Jointly Learning to Align and Translate, *arXiv preprint arXiv:1409.0473.* (2014)

의 의미를 이해하고 자연스럽게 번역할 수 있는 모델을 구축하였다.

대표적인 NMT 기반 번역 엔진은 다음과 같다.
- 구글 번역(Google Translate): 2016년부터 NMT 도입, 240개 이상의 언어[8] 지원
- DeepL: 보다 자연스러운 문장 생성 가능
- 네이버 파파고(Naver Papago): 한국어 기반 번역에 강점

최근에는 GPT-5.0과 같은 초거대 언어 모델이 등장하면서 번역의 품질이 더욱 향상되고 있으며, AI 번역은 단순한 직역을 넘어 문맥과 스타일까지 반영하는 수준으로 발전하고 있다.[9]

2. AI 번역의 한계: 완벽하지 않은 기술

AI 번역이 비약적으로 발전했음에도 불구하고, 여전히 해결되지 않은 한계점이 존재한다. 대표적인 문제점은 다음과 같다:

1) 문맥 이해 부족 및 중의적 표현 처리의 한계

AI 번역의 가장 큰 약점은 문맥을 완벽히 이해하지 못한다는 점이다. 예를 들어, 다음 문장을 살펴보자.

"나는 그를 보고 놀랐다. 그는 정말 대단했다."

---

8   2025년 9월 현재 기준.

9   Brown, T., et al., *op. cit.*; 곽은주 외, 위 논문; 전현주, 위 논문, 2024a·2024b·2023; 탁진영 외, 위 논문.

이 문장에서 "그"는 누구를 의미하는가? 앞 문장의 "그"와 뒤 문장의 "그"가 같은 인물을 지칭하는지 그 여부는 문맥에 따라 달라질 수 있다. 그러나 AI 번역은 이러한 맥락을 고려하지 못하고, 종종 잘못된 대명사 사용으로 인해 의미가 모호해지는 오류를 범한다.[10]

또한, 다의어(ambiguous words) 문제도 해결되지 않았다. 예를 들어, 영어 단어 "bank"는 "은행"과 "강둑"이라는 두 가지 의미를 가지지만, AI는 문맥을 완벽히 인식하지 못하고 잘못 번역하는 경우가 많다.

2) 문화적 뉘앙스 반영의 어려움

번역은 단순한 언어 변환이 아니라 문화적 배경을 이해하고 적절하게 전달하는 과정이다.[11] 예를 들어, 한국어의 "정(情)"이라는 개념은 영어로 직접 번역하기 어렵다. AI 번역은 종종 이런 문화적 개념을 단순하게 직역하여 번역의 품질을 저하시킨다.

3) 전문 분야 번역의 한계

법률, 의학, 기술 문서 등의 전문 분야에서는 정확성이 필수적이다. 그러나 AI 번역은 여전히 전문 용어를 정확하게 처리하지 못하는 경우가 많으며, 오역으로 인해 심각한 문제가 발생할 가능성이 있다. 예를 들어, 의학 논문에서 "benign tumor(양성 종양)[12]"를 "악성 종양"으로 오역하는 경우, 이는 환자의 치료 결정에 심각한 영향을 미칠 수 있다.[13]

---

10 Snell-Hornby, M., *The Turns of Translation Studies: New Paradigms or Shifting Viewpoints?* (John Benjamins Publishing, 2006)

11 Snell-Hornby, M., *ibid.*

12 형용사 'benign'은 [사람·마음·성질이] 인자한, 친절한, [행위·표정 등이] 자상한, 자비로운, [사정·정세 등이] 유리한, 상서로운, [기후가] 온화한; [병리] 양성(良性)의 의미를 갖는다.

13 Huang, L., Zhao, C., Chen, S., Yuan, J. & Liu, M., An Exploration of the Application of Consortium Blockchain in Translation Services Industry, *Wireless Personal Communications*, 132 (2023). Retrieved from https://doi.org/10.1007/s11277-023-10638-3.

3. AI 번역은 어디까지 발전할 수 있는가?

AI 번역은 지속적으로 발전하고 있으며, 특히 LLM의 등장으로 번역의 자연스러움과 정확성이 크게 향상되고 있다. 그러나 문맥 이해 부족, 문화적 뉘앙스 반영의 어려움, 전문 분야 번역의 한계 등 여러 문제점을 완전히 해결하지는 못했다. 따라서 AI 번역이 인간 번역가를 완전히 대체하기보다는, 인간과 협업하여 번역 품질을 향상시키는 방향으로 발전할 가능성이 크다. 다음 장에서는 AI 번역과 인간 번역가의 협업 가능성을 구체적으로 분석하고, 번역가의 새로운 역할을 탐색할 것이다.

Ⅲ. AI와 인간 번역가의 협업 가능성

1. AI와 인간 번역가는 경쟁자인가, 협력자인가?

기술의 발전은 종종 인간의 직업을 대체할 것이라는 불안과 함께 논의된다. 19세기 산업혁명 당시, 자동 방직기의 등장으로 인해 직물을 짜는 직공들이 일자리를 잃을 것이라는 우려가 제기되었고, 이는 실제로 일부 사실이 되었다. 그러나 동시에 새로운 직업(기계 기술자, 생산 관리자 등)이 창출되었으며, 노동의 형태가 변화함에 따라 산업 구조도 재편되었다.[14]

이와 같은 논의는 오늘날 AI 번역 기술에도 적용될 수 있다. AI가 인간 번역가를 완전히 대체할 것이라는 주장과, AI는 인간의 도구로서 역할을 하며 새로운 협업 모델을 창출할 것이라는 주장이 맞서고 있다. 본 장에서는 AI

14　Brynjolfsson & McAfee. *op. cit.*; 곽은주 외, 위 논문; 전현주, 위 논문, 2024a·2024b·2023·2022·2020·2017·2013; 탁진영 외, 위 논문.

번역과 인간 번역가의 관계를 경쟁적 시각과 협업적 시각으로 나누어 분석하고, 실제로 AI와 인간 번역가가 협력할 수 있는 방안을 탐색하고자 한다.

2. 경쟁의 관점: AI 번역이 인간 번역을 대체할 수 있는가?

AI 번역이 비약적으로 발전하면서, 인간 번역가의 필요성에 대한 논란이 커지고 있다. 특히 AI 번역이 다음과 같은 강점을 가짐에 따라, 기업과 기관들이 AI를 적극 도입하는 사례가 증가하고 있다.

1) AI 번역의 강점

① 빠른 속도

- AI 번역은 인간 번역가보다 훨씬 빠르게 작업을 수행할 수 있다.
- 예를 들어, Google Translate는 몇 초 만에 수백 페이지 분량의 문서를 번역할 수 있으며, 이는 글로벌 기업이 실시간으로 다국어 커뮤니케이션을 수행하는 데 유용하다.

② 비용 절감

- AI 번역은 번역가를 고용하는 것보다 비용이 저렴하다.
- 다국적 기업에서는 매년 수백만 달러의 번역 비용을 절감할 수 있는 AI 번역 솔루션을 도입하고 있다.

③ 다국어 지원

- AI 번역 시스템은 100개 이상의 언어를 지원하며, 인간 번역가가 쉽게 접근할 수 없는 희귀 언어도 처리할 수 있다.

④ 24시간 구동 가능

- 인간 번역가는 일정한 작업 시간이 필요하지만, AI는 24시간 구동될 수 있어 대규모 프로젝트에 유리하다.

이러한 이유로 일부 기업과 연구자들은 AI 번역이 인간 번역을 대체할 가능성이 높다고 주장한다.

2) AI 번역의 한계: 인간 번역이 여전히 필요한 이유

그러나 AI 번역이 빠르고 효율적이라는 장점에도 불구하고, 인간 번역가가 수행해야 하는 영역은 여전히 존재한다. 앞서 논의한 바와 같이, AI 번역은 다음과 같은 한계를 지니고 있다.[15]

① 문맥 이해 부족 → 전문 분야 번역에서 오역 발생 가능성
② 문화적 뉘앙스 반영 어려움 → 문학, 마케팅 번역 등에서 부적절한 표현 생성
③ 창의성 부족 → 카피라이팅, 광고 문구 번역에서 자연스럽지 않은 결과 생성
④ 신뢰성 문제 → 할루시네이션(hallucination) 현상으로 인해 가짜 정보 생성 가능

특히, 법률 및 의학 번역에서는 단 하나의 오역도 치명적인 문제를 초래할 수 있기 때문에 AI 번역만을 신뢰하기는 어렵다.[16] 이러한 한계를 고려하면, AI 번역이 완벽하지 않은 이상, 인간 번역가의 개입은 필수적이다. 따라서 AI 번역과 인간 번역은 단순한 대체 관계가 아니라 보완적인 협력 관계를 형성할 가능성이 높다.

---

15 곽은주 외, 위 논문; 전현주, 위 논문, 2024a·2024b·2023; 탁진영 외, 위 논문.
16 Huang et al., *op. cit.*

3. 협업의 관점: AI와 인간 번역가의 공존 모델

AI와 인간 번역가의 협업을 논의할 때, 대표적인 방식으로 기계번역 후편집(MTPE, Machine Translation Post-Editing)과 증강 번역(Augmented Translation)이 제시된다.

1) 기계번역 후편집(MTPE, Machine Translation Post-Editing)

MTPE는 AI로 생성한 번역 초안을 인간 번역가가 검토하고 수정하는 방식이다.[17]

□ MTPE의 주요 유형
- 소극적인 후편집(Light Post-Editing, LPE): 기본적인 문법 수정 및 오역 교정
- 적극적인 후편집(Full Post-Editing, FPE): 문맥과 스타일을 고려한 전반적인 번역 품질 개선

MTPE는 현재 전문 번역 업계에서 가장 널리 활용되고 있는 AI-인간 협업 모델이며, 특히 기술 번역, 뉴스 번역, 기업 문서 번역 등에서 활발하게 적용되고 있으며, LLM의 등장 이후 문학번역 및 고전번역 등 창의적인 영역으로의 적용도 급속하게 확장되고 있다.[18]

2) 증강 번역(Augmented Translation): AI와 인간의 협력 번역 모델

증강 번역은 AI 번역과 인간 번역가가 실시간으로 협업하는 방식을 의미

---

17 O'Brien, *op. cit.*; 곽은주 외, 위 논문; 전현주, 위 논문, 2024a·2024b·2023·2022·2020; 탁진영 외, 위 논문.

18 곽은주 외, 위 논문; 전현주, 위 논문, 2024a·2024b·2022·2020·2017·2013; 탁진영 외, 위 논문.

한다(CSA Research, 2020).[19] 이는 AI가 단순히 번역 초안을 생성하는 것뿐만 아니라, 번역가의 스타일과 피드백을 학습하여 번역 품질을 지속적으로 향상시키는 방향으로 발전하고 있다.

예를 들어, AI는 번역가가 자주 사용하는 표현과 스타일을 학습하여, 번역가의 개성을 반영한 결과물을 생성할 수 있다. 이는 단순한 기계번역 후편집을 넘어 AI와 인간이 공동 작업하는 형태로의 진화를 의미한다.[20]

4. 번역가의 역할 변화: AI 시대의 번역가는 무엇을 해야 하는가?

AI 번역이 보편화되면서 번역가의 역할도 변화하고 있다. 단순한 번역 업무는 AI가 수행하고, 인간 번역가는 다음과 같은 새로운 역할을 담당할 가능성이 크다.[21]

- 기계번역 후편집 전문가(MTPE Expert): AI 번역의 결과물을 검토하고 품질을 개선하는 역할
- 언어 데이터 분석가(Language Data Analyst): AI 번역 모델을 개선하기 위한 언어 데이터 구축 및 관리
- 번역 시스템 기획자(Translation System Architect): 기업 및 기관에서 AI 번역 솔루션을 설계하고 운영
- 문화 및 크리에이티브 번역 전문가: 문학, 광고, 마케팅 등 창의적 번역이 필요한 분야에서 인간의 역할 강화

---

19 Lommel, A. Augmented Translation: Are We There Yet? *CSA Research. November* 4 (2020).
20 Brynjolfsson & McAfee, *op. cit.*
21 곽은주 외, 위 논문; 전현주, 위 논문, 2024a·2024b·2023·2022·2020·2017·2013; 탁진영 외, 위 논문.

5. AI 번역 시대, 인간 번역가의 지속가능한 미래

AI 번역의 발전은 인간 번역가의 역할을 변화시키고 있지만, 인간 번역이 완전히 사라지지는 않을 것이다. 오히려 AI와 인간이 협업하는 새로운 번역 모델이 등장하고 있으며, AI를 활용하는 능력이 번역가의 핵심 경쟁력이될 것이다. 다음 장에서는 이러한 변화 속에서 번역가가 미래를 대비하기 위해 어떠한 역량을 갖추어야 하는지를 심층적으로 논의할 것이다.

IV. 번역가의 새로운 역할

1. AI 시대, 번역가는 사라지는가?

기술 혁신이 특정 직업군을 변화시키는 것은 새로운 일이 아니다. 산업혁명 당시 수공업자들이 방직기계와 대량생산 체계로 인해 사라질 것이라는 우려가 있었지만, 결과적으로 새로운 직업이 창출되었다.[22] 마찬가지로, AI 번역의 발전이 번역가의 필요성을 감소시킬 것이라는 논의가 있지만, 이는 번역가의 역할이 사라지는 것이 아니라 새로운 방향으로 변화하고 있음을 의미한다.[23]

본 장에서는 AI 시대에서 번역가가 수행할 수 있는 새로운 역할과 이에 필요한 역량을 분석함으로써, 번역가의 지속가능한 미래를 모색하고자 한다.

---

22 O'Brien, *op. cit.*; 전현주, 위 논문, 2024a·2024b·2023·2022·2020·2017·2013; 탁진영 외, 위 논문; 곽은주 외, 위 논문.

23 Huang et al., *op. cit.*; 전현주, 위 논문, 2024a·2024b·2023·2022·2020·2017·2013; 탁진영 외, 위 논문; 곽은주 외, 위 논문.

2. 번역가의 역할 변화: 단순 번역가에서 언어 전문가로

과거 번역가는 원문을 정확하게 다른 언어로 변환하는 역할을 수행하는 것이 주된 업무였다. 그러나 AI 번역 기술이 발전하면서, 번역가는 단순한 언어 변환자가 아니라 언어 데이터 관리, 후편집, 크리에이티브 번역 등 보다 전문적이고 창의적인 영역으로 이동하고 있다.[24]

1) 기계번역 후편집 전문가(MTPE Expert)

기계번역 후편집(MTPE)은 AI가 생성한 번역 결과물을 인간 번역가가 검토하고 수정하는 과정이다. 현재 많은 번역 회사와 글로벌 기업들이 AI 번역을 활용하고 있으며, MTPE는 번역가의 핵심적인 역할로 자리 잡고 있다.

□ MTPE 전문가의 주요 업무
- AI 번역 결과물의 문맥적 오류 수정
- 문화적 뉘앙스 반영 및 자연스러운 표현 다듬기
- AI 번역 엔진의 번역 품질 평가 및 피드백 제공

이러한 역할을 수행하기 위해 번역가는 단순한 언어 지식뿐만 아니라 AI 번역의 한계를 이해하고 이를 보완하는 기술적 능력도 갖추어야 한다.

2) 번역 품질 평가 및 언어 데이터 분석가

AI 번역 엔진이 지속적으로 개선되기 위해서는 양질의 학습 데이터가 필수적이다. 따라서 번역가들은 단순한 번역을 수행하는 것이 아니라, AI 학습을 위한 데이터 구축 및 품질 평가 업무를 수행할 수 있다.[25]

24　곽은주 외, 위 논문; 전현주, 위 논문, 2024a·2024b·2023·2022·2020·2017·2013; 탁진영 외, 위 논문.
25　곽은주 외, 위 논문; 전현주, 위 논문, 2024a·2024b·2023·2022·2020·2017·2013; 탁진영 외, 위 논문.

□ 번역 품질 평가자의 역할
• AI 번역 결과의 정확성 및 일관성 평가
• 언어 데이터셋 구축 및 정제
• 번역 모델의 오류 유형 분석 및 피드백 제공

이 역할은 AI 번역 시스템을 개발하는 IT 기업, 다국적 기업의 번역 부서, 또는 학술 연구 기관 등에서 점점 더 중요해지고 있다.

3) 번역 시스템 기획자 및 운영자

AI 번역이 산업 전반에 도입되면서, 기업과 기관들은 효율적인 번역 시스템을 설계하고 운영할 전문가를 필요로 하고 있다. 이는 단순히 번역을 수행하는 것이 아니라, 번역 시스템을 기획하고 최적화하는 역할을 포함한다.

□ 번역 시스템 기획자의 역할
• 기업 및 기관의 번역 워크플로우 설계
• AI 번역과 인간 번역의 최적 조합 개발
• 번역 자동화 솔루션 도입 및 관리

이는 전통적인 번역가보다 기술과 경영적인 사고를 겸비한 전문가가 요구되는 영역이다.

4) 창의적 번역 및 문화 번역 전문가

AI 번역이 발전할수록, 인간 번역가는 기계가 쉽게 대체할 수 없는 창의적이고 문화적인 요소가 포함된 번역에 집중할 가능성이 높다.[26]

□ AI가 대체하기 어려운 번역 영역

• 문학 번역: 소설, 시, 희곡 등 창의성이 요구되는 번역

• 마케팅/광고 번역: 문화적 맥락과 감성을 고려해야 하는 번역

• 영상/게임 번역: 현지화(localization)와 문화적 조정이 필요한 번역

특히, 글로벌 기업들은 단순한 직역이 아니라 현지 시장의 감성과 문화를 반영한 번역이 필요하기 때문에, 번역가의 역할은 여전히 중요한 가치를 가진다.

3. AI 시대에서 번역가가 갖추어야 할 역량

AI와 협업하는 번역가가 되기 위해서는 기존의 언어 능력 외에도 다음과 같은 새로운 역량이 요구된다.[27]

1) AI 및 데이터 리터러시(AI & Data Literacy)

AI 번역 시대의 번역가는 AI 시스템의 원리를 이해하고, AI 번역의 한계를 보완할 수 있는 능력을 갖추어야 한다.

□ 필요한 기술적 역량

• AI 번역 엔진의 작동 원리 이해

• 데이터 분석 및 품질 평가 능력

• 번역 소프트웨어 및 CAT(Computer-Assisted Translation) 툴 활용 능력

---

26 Brynjolfsson & McAfee, *op. cit.*

27 O'Brien, *op. cit.*; 곽은주 외, 위 논문; 전현주, 위 논문, 2024a·2024b·2023·2022·2020·2017·2013; 탁진영 외, 위 논문.

기존의 번역가가 이러한 기술적 역량을 갖춘다면, AI와의 협업을 더욱 효과적으로 수행할 수 있다.

2) 다학제적 역량(Multidisciplinary Skills)

미래의 번역가는 언어뿐만 아니라 경영, IT, 데이터 과학, 마케팅 등 다양한 분야의 지식을 결합해야 한다.

□ **분야별 추가 역량**
- 비즈니스 및 경영: 번역 프로젝트 관리 및 클라이언트 협업 능력
- IT 및 소프트웨어: 번역 자동화 시스템 구축 및 최적화
- 문화 연구: 글로벌 시장을 고려한 문화 번역 능력

이러한 다학제적 접근이 번역가의 경쟁력을 높이는 핵심 요소가 될 것이다.

3) 창의적 사고와 문제 해결 능력

AI는 기존 데이터를 기반으로 번역을 수행하지만, 창의적인 번역을 요구하는 경우 인간 번역가의 개입은 필수적이다. 특히 문학, 마케팅, 광고, 영상 번역 등에서는 창의적 사고와 문제 해결 능력이 중요한 역할을 한다.

□ **창의적 번역의 필요성**
- 단순한 직역이 아니라, 원문의 의도를 살리면서 자연스러운 번역 수행
- 브랜드 메시지를 효과적으로 전달하기 위한 번역 전략 수립
- 현지 문화에 맞는 콘텐츠 변형 및 재창조

따라서 번역가는 AI 시대에도 여전히 창의적이고 전략적인 역할을 수행

할 것이다.

4. AI 시대에서 번역가의 지속가능한 미래

AI 번역 기술의 발전은 번역가의 역할을 변화시키고 있지만, 번역가가 완전히 사라지는 것은 아니다. 오히려, 번역가는 AI와 협력하여 보다 창의적이고 전략적인 역할을 수행할 수 있다. 앞으로의 번역가는 단순한 언어 변환자가 아니라, AI 번역 전문가, 데이터 분석가, 크리에이티브 번역가, 번역 시스템 기획자 등 다양한 영역에서 활동할 것이다. 이러한 변화에 대비하기 위해서는 AI 리터러시, 다학제적 역량, 창의적 사고를 갖춘 번역가가 되어야 한다. 다음 장에서는 번역가가 AI 시대에 어떻게 자신의 경쟁력을 높이고, 지속가능한 커리어를 구축할 수 있는지를 더욱 구체적으로 탐색할 것이다.

V. AI 시대에서 번역가는 어떻게 생존할 것인가?

1. 변화하는 번역 산업과 번역가의 도전

기술의 발전은 기존 산업과 직업 구조를 변화시키며, 번역 산업 또한 예외가 아니다. 과거 수작업으로 이루어지던 번역은 이제 AI 기반 자동화 시스템과 협업하는 형태로 전환되고 있으며, 이는 번역가들에게 새로운 도전과 기회를 동시에 제공하고 있다.[28]

일각에서는 AI 번역 기술이 발전함에 따라 번역가의 역할이 축소될 것이

---

28   Brynjolfsson & McAfee, *op. cit.*

라고 전망한다. 그러나 AI가 아직 해결하지 못한 한계점이 존재하며, 이러한 한계를 보완하는 과정에서 번역가의 역할은 더욱 다양화되고 전문화될 가능성이 크다. 본 장에서는 AI 시대에서 번역가가 지속 가능한 커리어를 구축하기 위한 전략을 제안하고, 향후 번역가가 나아가야 할 방향을 모색하고자 한다.

2. AI 시대에서 번역가가 직면한 현실과 도전 과제

AI 번역의 발전으로 인해 번역가들은 다음과 같은 도전 과제에 직면하고 있다:

1) 번역 시장에서 AI의 역할 확대
- 많은 기업과 기관에서 AI 번역을 적극 도입하여 번역가의 수요가 감소하는 경향을 보임
- 기계번역 후편집(MTPE)이 번역가의 주요 업무로 자리 잡으며, 기존의 '순수 번역' 영역이 축소됨
- 초거대 언어 모델(LLM)의 발전으로 인해 AI 번역의 자연스러움이 증가

이러한 변화로 인해, 단순한 번역만 수행하는 번역가는 점점 경쟁력을 잃어갈 가능성이 높다.[29]

2) 번역가의 전문성 차별화 필요
AI가 자동으로 수행할 수 없는 영역에서 번역가의 역할이 더욱 중요해지고 있다.

---

[29] O'Brien, *op. cit.*; 곽은주 외, 위 논문; 전현주, 위 논문, 2024a·2024b·2023·2022·2020·2017·2013; 탁진영 외, 위 논문.

□ AI가 대체하기 어려운 번역 분야
- 창의적 번역: 문학, 마케팅, 광고 등 문화적 요소가 포함된 번역
- 전문 분야 번역: 법률, 의학, 금융, 기술 문서 등 높은 정확도가 요구되
  는 번역
- 현지화(Localization): 특정 시장에 맞게 번역을 최적화하는 작업

번역가가 경쟁력을 유지하려면 자신만의 전문성을 개발하고 AI와 차별
화된 가치를 제공할 수 있어야 한다.

3. AI 시대에서 번역가가 생존하기 위한 전략

이러한 도전 속에서 번역가가 지속 가능한 커리어를 구축하기 위해 필요
한 세 가지 핵심 전략을 제안한다:

1) AI와 협력하는 번역가로 진화하기

AI 번역 시대에서 번역가는 AI를 배척하기보다는 도구로 활용하는 능력
을 길러야 한다.

□ AI와 협력하는 번역가가 되기 위한 방법
- 기계번역 후편집(MTPE) 능력 강화
- AI 번역 결과를 검토하고, 문맥과 문화적 요소를 반영하여 품질을 높
  이는 능력 필요
- 번역 기업 및 글로벌 기업에서 MTPE 전문가 수요 증가 변화 트랜드
  적극 수용

□ AI 번역 시스템 활용 능력 개발

- CAT(Computer-Assisted Translation) 툴 및 AI 번역 플랫폼(DeepL, Google Translate API 등) 숙련도 향상
- AI 번역과 인간 번역의 최적화 전략을 연구하여 번역 품질 극대화 전략 습득

□ AI 번역 평가 및 데이터 트레이닝 전문가로 성장

- AI 번역의 한계를 파악하고, AI 시스템 개선을 위한 언어 데이터 구축 및 평가 작업 참여
- 기업과 연구기관에서 AI 번역 품질 평가 전문가 수요 증가에 적극 대응

AI를 배척하는 것이 아니라, AI와 협력하여 생산성을 극대화하는 방향으로 역할을 전환하는 것이 번역가의 생존 전략이 될 것이다.

2) 전문 번역가로서의 차별화 전략 구축

일반적인 문서 번역은 AI가 수행할 가능성이 높지만, 고도의 전문성이 요구되는 번역 분야는 여전히 인간 번역가가 필요하다.

□ 고부가가치 전문 번역 분야

- 법률 번역: 계약서, 소송 서류, 법률 조항 등
- 의학 번역: 의학 논문, 임상시험 보고서, 약물 설명서 등
- 기술 번역: 엔지니어링 문서, 특허 문서, IT 매뉴얼 등
- 영상 및 게임 번역(localization): 영화, 드라마, 게임 현지화

이러한 분야에서 전문성을 갖춘 번역가는 AI 번역의 한계를 보완하며 고

품질 번역을 제공하는 차별화된 가치를 창출할 수 있다.

3) 다학제적 역량을 갖춘 번역 전문가로 성장하기

AI 시대에서 번역가는 단순한 언어 전문가가 아니라, 언어와 기술, 비즈니스, 데이터 분석을 결합한 융합형 전문가로 진화해야 한다.

□ 미래 번역가가 갖춰야 할 다학제적 역량
① 기술적 역량
 • AI 번역 엔진과 CAT 툴 활용 능력
 • 데이터 분석 및 AI 번역 품질 평가 역량
② 비즈니스 및 기획 역량
 • 글로벌 비즈니스 커뮤니케이션 역량
 • 번역 시스템 기획 및 운영 능력
③ 문화 및 크리에이티브 역량
 • 콘텐츠 현지화 및 글로벌 시장 맞춤형 번역 능력
 • 크리에이티브 라이팅 및 마케팅 번역 역량

이러한 역량을 갖춘 번역가는 AI 시대에서도 지속 가능한 커리어를 구축할 수 있을 것이다.

4. AI와 공존하는 번역가의 미래

AI 번역의 발전이 인간 번역가에게 도전이 되는 것은 분명하지만, 이를 새로운 기회로 활용할 수 있는 전략을 마련한다면 오히려 번역가의 역할은 더욱 확대될 수 있다.

□ AI 시대 번역가의 생존 전략 요약
  • AI와 협력하는 번역가가 되기 (MTPE, AI 번역 평가 전문가)
  • 전문성을 강화하여 차별화하기 (법률, 의학, 기술 번역 전문가)
  • 다학제적 역량을 갖춘 번역 전문가로 성장하기 (기술, 비즈니스, 문화 역
    량 강화)

지금까지 논의한 내용을 요약하면 AI는 번역가를 완전히 대체하는 것이
아니라, 번역가의 역할을 확장하고 진화시키는 방향으로 작용할 가능성이
크다. AI와 공존하며 새로운 기회를 창출하는 번역가가 미래 번역 시장의 핵
심 인재가 될 것이다.

VI. 맺음말: 요약 및 향후 연구 방향

1. AI 시대, 번역가는 어떻게 변화하는가?

디지털 전환과 AI 기술의 발전은 번역 산업에 혁신적인 변화를 가져오고
있다. 신경망 기계번역(NMT)과 초거대 언어 모델(LLM)의 도입은 번역의 속
도와 효율성을 비약적으로 향상시켰으며, 기업과 기관들은 이러한 기술을
활용하여 비용을 절감하고 글로벌 시장에서의 경쟁력을 강화하고 있다.

그러나 AI 번역 기술의 발전에도 불구하고, 완벽한 인간 수준의 번역을
제공하기에는 여전히 한계가 존재한다. AI 번역은 문맥 이해 부족, 문화적 뉘
앙스 반영의 어려움, 창의적 표현 생성의 한계를 갖고 있으며, 특히 법률, 의
학, 기술 등 고도의 정확성과 전문성이 요구되는 분야에서는 인간 번역가의
개입이 필수적이다.

이에 따라, 번역가는 단순한 언어 변환자가 아니라, AI와 협력하며 번역 품질을 향상시키는 역할로 변화하고 있다. 기계번역 후편집(MTPE), 번역 품질 평가, 언어 데이터 분석, 번역 시스템 기획 등의 새로운 직무가 등장하면서 번역가는 'AI와 공존하는 언어 전문가'로서의 역량을 강화해야 할 필요성이 커지고 있다.

이에 본고에서 AI 번역 시대에서 번역가가 지속 가능한 커리어를 구축하기 위한 전략을 다음과 같이 제안하였다:

□ AI 시대 번역가의 핵심 생존 전략 요약
- AI와 협력하는 번역가가 되기: MTPE, 번역 품질 평가, AI 번역 데이터 관리 전문가로 성장
- 전문성을 강화하여 차별화하기: 법률, 의학, 기술 번역 등 고부가가치 번역 영역에 집중
- 다학제적 역량을 갖추기: 기술, 데이터 분석, 비즈니스, 문화 연구 등 다양한 분야의 지식과 결합

즉, AI 번역 기술의 발전은 번역가의 역할을 변화시키지만, 번역가를 완전히 대체하는 것이 아니라, AI와 협력하는 새로운 번역 생태계를 형성하는 방향으로 나아가고 있다.

2. AI와 인간 번역의 공존을 위한 과제

본고에서는 AI 번역 시대에서 인간 번역가의 역할 변화와 생존 전략을 분석하였지만, 향후 연구가 필요한 몇 가지 주요 과제가 남아 있다. AI 번역 기술이 지속적으로 발전하고 있는 만큼, 번역 연구자들은 AI와 인간 번역의 상호작용 및 미래 번역 생태계의 변화를 보다 심층적으로 탐색할 필요가 있

다.

1) AI 번역의 윤리적 문제 및 신뢰성 연구

AI 번역이 보편화됨에 따라, 오역(mistranslation), 정보 왜곡(hallucina-tion), 데이터 편향(bias) 등의 윤리적 문제가 중요한 연구 주제로 떠오르고 있다. AI가 학습하는 데이터에 따라 편향된 번역이 생성될 가능성이 있으며, 이는 특정 언어나 문화의 왜곡된 해석으로 이어질 수 있다. 따라서 향후에 관심을 가져야 할 논의 대상은 대체로 다음과 같다:

- AI 번역에서 발생하는 데이터 편향을 어떻게 최소화할 것인가?
- AI 번역 결과의 신뢰성을 평가하고 개선하는 방법은 무엇인가?
- 기계번역을 활용하는 기업 및 기관의 윤리적 책임은 어디까지인가?

이러한 연구는 AI 번역 기술의 발전 방향을 결정하고, AI 번역의 신뢰성을 높이는 정책 개발에 기여할 수 있을 것이다.

2) AI와 인간 번역가의 최적 협업 모델 탐색

현재 번역 업계에서는 MTPE, 증강 번역(Augmented Translation) 등의 협업 모델이 활용되고 있지만, AI와 인간이 최적으로 협업할 수 있는 번역 프로세스에 대한 연구는 아직 부족한 상태이다. 이와 관련하여 마찬가지로 향후에 관심을 가져야 할 논의 대상은 대체로 다음과 같다:

- AI 번역과 인간 번역의 효율적인 협업 모델은 무엇인가?
- AI 번역의 품질을 개선하기 위해 인간 번역가는 어떤 개입을 해야 하는가?
- 특정 번역 분야(법률, 의학, 문학, 마케팅 등)에서 AI와 인간의 협업 방식

은 어떻게 달라져야 하는가?

이러한 연구를 통해, AI 번역과 인간 번역이 공존하는 최적의 번역 프로세스를 구축할 수 있을 것이다.

3) AI 번역 시대에서 번역가 교육 및 훈련 방안 연구

AI 번역 시대에는 번역가가 전통적인 번역 기술뿐만 아니라, AI 활용 능력, 데이터 분석, 프로젝트 관리 등의 새로운 역량을 갖추어야 한다. 그러나 현재 번역학 교육 과정은 이러한 변화를 반영하는 속도가 느린 편이다. 이 또한 지속적으로 관심을 가져야 할 논의 대상을 제안하면 다음과 같다:

- AI 시대의 번역 교육과정은 어떻게 변화해야 하는가?
- 번역가가 AI 번역 툴을 효과적으로 활용하기 위한 교육 프로그램은 무엇인가?
- 번역가의 직업적 경쟁력을 높이기 위한 맞춤형 커리큘럼을 어떻게 개발할 것인가?

AI 번역 시대에서 번역가의 생존 가능성을 높이기 위해서는 대학 및 교육 기관에서의 커리큘럼 개편과 AI 번역 활용 교육이 필수적이다.

3. AI와 공존하는 번역가가 미래를 이끈다

AI 번역 시대는 번역가들에게 도전과 기회를 동시에 제공하고 있다. 단순 반복적인 번역 업무는 AI에 의해 대체될 가능성이 높지만, 인간 번역가는 AI의 한계를 보완하고, 번역의 품질을 극대화하는 방향으로 진화할 수 있다. 지금까지 본고는 AI 번역 기술의 발전이 번역가의 역할을 어떻게 변화시키

고 있으며, 번역가가 AI와 협력하여 지속 가능한 커리어를 구축하는 방안을 제안하였다. 이를 요약하면 다음과 같다:

- AI 번역 기술은 발전하고 있지만, 인간 번역가의 역할은 여전히 필요하다.
- 번역가는 AI 번역 후편집, 품질 평가, 언어 데이터 분석 등의 새로운 영역에서 활동할 수 있다.
- 법률, 의학, 기술 번역과 같은 고부가가치 번역 분야에서 인간 번역가의 역할이 더욱 중요해질 것이다.
- AI와 협업하는 능력(AI 리터러시)을 갖춘 번역가가 미래 번역 시장에서 가장 경쟁력이 높을 것이다.

결론적으로 AI는 번역가를 대체하는 것이 아니라, 번역가와 함께 발전하는 방향으로 나아갈 것이다. AI와 협력하는 전략을 수립하고, 지속적인 역량 개발을 통해 번역가들은 새로운 시대의 번역 전문가로 자리 잡을 수 있을 것이다.

생성형 AI를 활용한 중세 라틴어-영어 번역 고찰

—

최 형 근

장로회신학대학교 역사신학과 교수

—

Ⅰ. 머리말

Ⅱ. 선행연구

Ⅲ. 라틴어 번역을 위한 GPTs와 Project의 구축 과정

Ⅳ. 번역 결과 분석

Ⅴ. 맺음말

Ⅰ. 머리말

2022년 11월 30일, 미국 샌프란시스코에 본사를 둔 OpenAI가 ChatGPT 3.5를 출시한 이후, ChatGPT로 대표되는 생성형 인공지능(Generative Artificial Intelligence, 이하 GAI)은 IT 산업과 비즈니스 세계는 물론, 문사철(文史哲)로 대표되는 인문학 분야에도 적지 않은 영향을 끼치고 있다. 일부 학자들은 대규모 언어 모델(LLM)을 바탕으로 한 GAI를 연구나 논문 작성 과정에서 브레인스토밍, 요약, 번역 등에 적극 활용하며 도움을 받고 있다. 특히 GAI의 등장은 언어 번역의 양상에도 커다란 변화를 일으켰다. 비록 GAI가 번역 전용으로 개발된 것은 아니지만, 문맥을 고려한 GAI의 번역 능력은 이미 구글 번역기(Google Translate)나 네이버 파파고(Papago)와 같은 기존 번역 시스템보다도 우수한 평가를 받고 있다. 최근 연구에 따르면, GPT 4 계열 모델은 영어, 독일어, 프랑스어와 같은 고자원 언어(high-resource languages)에서 전문 번역 도구와 비슷한 수준이거나 그 보다 우수한 성능을 보이고 있다.[1] 이는 기존의 기계 번역 시스템과 달리, GAI는 번역 과정에서 역

---

1   Martin Volk, Dominic P. Fischer, Lukas Fischer, Patricia Scheurer, Phillip B. Ströbel, "LLM-based Machine Translation and Summarization for Latin," 126: https://aclanthology.org/2024.lt4hala-1.15.

사적·언어적 배경, 문화적 뉘앙스, 원문 맥락을 함께 고려하기 때문일 것이다. 그러나 GAI 기반 번역이 눈에 띄게 발전했음에도 불구하고, 여전히 여러 과제가 남아 있다. 예컨대 저자원 언어(low-resource languages)에 대한 낮은 번역 품질, 의미 왜곡, 훈련 데이터의 편향성, 전문 분야에서의 정확도 저하 등이 그것이다.

이러한 상황에서 본 연구는 GAI의 하나인 OpenAI의 GPTs와 Claude 3.5 Sonnet의 Project를 활용해 중세 라틴어를 영어로 번역하여 그 내용을 비교 분석하고자 한다. 특히 GAI 도구들이 중세 라틴어 번역에서 어떤 강점과 한계를 보이는지, 그리고 이 도구들이 전통적인 번역 방법과 어떻게 상호 보완적으로 쓰일 수 있는지를 살펴보고자 한다. 이를 위해 『유스티니아누스 법전(*Codex Justinianus*, 황제칙령집)』과 『그레고리우스 대제 서신집(*Registrum epistularum*)』이라는 문체와 내용이 다른 중세 초기 라틴어 문헌 두 편을 분석 대상으로 선정하고, OpenAI의 GPT Builder와 Anthropic의 Claude Project를 통해 라틴어의 영어 번역에 특화된 AI 모델을 구축하였다. 이후 구축된 GPTs와 Claude 3.5 Sonnet Project 그리고 구글 번역기를 이용해 라틴어 텍스트를 번역한 것을 라틴어 전문가의 번역본과 비교하였다. 이 과정에서 어휘와 구문 일치도를 평가하는 BLEU 스코어와 의미 유사성을 측정하는 BERT 스코어를 적용하였다. 이를 통해 본 연구는 GAI가 중세 라틴어-영어 번역에서 상당한 수준의 성능을 보여주지만, 그 효과는 문헌의 장르와 평가 기준에 따라 조금씩 다르게 나타남을 보여준다. 특히 의미 전달의 정확성 측면에서는 GAI기반 번역 시스템 모두 높은 수준에 도달했으나, 어휘와 문법의 정확성에서는 문헌의 유형에 따라 편차가 있음을 제시하고자 한다.

---

pdf. [최종접속 2025.05.01]

Ⅱ. 선행연구

최근 몇 년간 인공지능을 활용한 고전어 교육과 번역을 위한 다양한 연구가 있어 왔다. 그 중에서 프레데릭 리멘슈나이더(Frederick Riemenschnei-der)와 아네트 프랭크(Anette Frank)는 자체 훈련한 고전어(그리스어와 라틴어) 전용 모델 아키텍처(GRεTA, GRεBERTA, PHILTA, PHILBERTA)를 개발하여 고전어 형태소 분석, 구문 분석, 품사 태깅 등 언어학적 분석에 초점을 맞추어 연구하였다.[2] 이들에 따르면, 단일어 인코더 모델(GRεBERTA)이 형태론적, 구문론적 작업에서 가장 높은 성능을, 구글의 T5(Text-to-Text Transfer Trans-former) 기반 인코더-디코더 모델(GRεTA)은 형태소 분석(lemmatization)에서 탁월한 성능을 보였다.

이와 달리 2023년에 혜성처럼 등장한 ChatGPT 기반으로 고전들을 번역하는 연구들도 진행되었다. 특히 2023년 8월 에드워드 로스(Edward A. S. Ross)는 OpenAI가 개발한 ChatGPT 3.5를 활용하여 중등 및 고등 교육 기관에서의 고전어 교수법 적용 가능성에 관한 연구를 수행하였다.[3] 로스의 연구는 ChatGPT의 문법 개념 설명 능력, 굴절형 분석 역량, 그리고 고전어(그리스어, 라틴어, 산스크리트어) 번역 기능을 체계적으로 분석하였다. 그에 따르면, ChatGPT 3.5는 고전 라틴어와 산스크리트어 처리에서 상당한 정확도를 보여주었다. 반면 고대 그리스어의 경우, 기본적인 번역은 수용 가능한 수준이었으나, 구문 분석(parsing) 및 억양 표기(accent)에서는 빈번한 오류를 나타낸다고 평가하였다. 특히 고전 라틴어와 관련하여, 로스는 ChatGPT와 구글 번역기의 고전 라틴어 처리 역량을 비교 분석하고, 이를 라틴어 구문 분석 프

---

2 Frederick Riemenschneide and Anette Frank, "Exploring Large Language Models for Classical Philol-ogy," *preprint*, arXiv:2305.13698 (2023).

3 Edward A. S. Ross, "A New Frontier: AI and Ancient Language Pedagogy," *The Journal of Classics Teaching* 24 (2023), pp. 143-161.

로그램인 위태커스 워즈(Whitaker's Words)와 대조하였다. 연구 결과에 따르면, ChatGPT는 라틴어의 영어 번역에서 구글 번역기를 상회하는 우수한 정확도를 보여주었으나, 구문 분석 측면에서는 일정한 한계를 드러내어 추가적인 검증 과정이 필수적임을 입증하였다.

이듬해, 스위스 취리히 대학교의 마르틴 폴크(Martin Volk)를 비롯한 일군의 연구자들은 16세기 유럽의 역사적인 언어를 현대 영어와 독일어로 번역하는 연구를 하였다.[4] 이들은 16세기 라틴어와 초기 현대 고지 독일어(Early New High German)로 작성된 편지 자료를 대상으로 GPT-4의 번역 및 요약 능력을 구글 번역기를 비롯한 기존의 번역 시스템들(Lingvanex, Yandex Translate, ModernMT, NiuTrans)과 비교 평가하였다. 정량적 평가 지표인 BLEU 스코어 및 ChrF 분석 결과, LLM 기반 번역 시스템은 라틴어-독일어 및 라틴어-영어 번역 모두에서 기존의 시스템 대비 상당히 높은 BLEU 스코어를 기록하여 성능이 향상되었음을 입증하였다. 또한, 자동 생성된 요약문에 대한 전문가 평가를 통해 LLM이 생성한 요약이 인명, 시간적 표현, 사건 정보를 정확히 포착하였음을 확인하였다.

이를 통해 볼 때, 현재까지의 GAI를 활용한 고전어 번역은 주로 ChatGPT 계열의 GAI 모델에 의존하는 경향이 두드러졌다.[5] 반면에 여타 대형 언어 모델을 기반으로 만들어진 Anthropic의 Claude나 Google의 Gemini 등이 고전어 처리에서 어떠한 차별적 특성과 성능을 나타내는지에 관한 체계적 비교 연구는 현저히 부족한 실정이다. 특히 각 모델들이 라틴어의 문법적 구조와 어휘적 특성을 어떻게 해석하고 처리하는지에 대한 정밀한 분석은 전무

---

4   Martin Volk, Dominic P. Fischer, Lukas Fischer, Patricia Scheurer, Phillip B. Ströbel, "LLM-based Machine Translation and Summarization for Latin," https://aclanthology.org/2024.lt4hala-1.15.pdf. [최종접속 2025.05.01].

5   Edward A. S. Ross, "A New Frontier: AI and Ancient Language Pedagogy," *The Journal of Classics Teaching*, 24, pp.143-161(2023): doi:10.1017/S2058631023000430.; Martin Volk, Dominic P. Fischer, Lukas Fischer, Patricia Scheurer, Phillip B. Strobel, "LLM-based Machine Translation and Summarization for Latin," *Third Workshop on Language Technologies for Historical and Ancient Languages - LT4HALA (LREC/COLING)*, pp.122-128 (Torino, 25. May 2024).

한 형편이다. 이에 본 연구는 ChatGPT에서 제공하는 GPTs와 Claude 3.5 Sonnet의 Project가 생성한 중세 라틴어의 영어 번역을 라틴어 전문가가 번역한 것과 비교하여 그 번역의 특성과 정확성을 비교하고자 한다.

Ⅲ. 라틴어 번역을 위한 GPTs와 Project의 구축 과정

1. 텍스트 선정 및 설명

본 연구에서는 『유스티니아누스 법전(*Codex Justinianus*)』과 『그레고리우스 대제 서신집(*Registrum epistularum*)』을 중심으로 ChatGPT와 Claude의 번역을 비교하고자 한다.[6] 이들을 선정한 이유는 이미 비평본 라틴어 원문과 관련 전공자들의 신뢰할 만한 영어 번역본이 존재하기에 GAI 기반 번역의 성능을 기존의 인간 번역과 비교할 수 있기 때문이다.

『법전』은 6세기 동로마(비잔틴) 황제 유스티니아누스 1세가 명령하여 편찬된 『로마법 대전(*Corpus Juris Civilis*)』의 핵심 구성 요소 중 하나이다. 이 법전은 기존 수백 년간 누적된 로마 황제들의 칙령과 법률을 체계적으로 정리·통합함으로써, 혼란스럽고 상충되던 법령 체계를 일원화하고 불필요하거나 시대에 맞지 않는 조항을 제거하였다. 『법전』의 첫 번째 판은 529년에 공

---

6   본 글에서 사용한 『법전』의 원문과 영어번역은 다음과 같다. Frier, Bruce W. et al., eds., *The Codex of Justinian: a new annotated translation, with parallel Latin and Greek text based on a translation by Justice Fred H. Blume*, 3 vols. (Cambridge University Press, 2016). 이 책은 라틴어 및 그리스어 본문과 영어 번역이 병기되어 있는 형태인데, 라틴어와 그리스어 원문은 『유스티니아누스 법전』의 가장 권위 있는 비평판(critical edition)으로 평가되는 Paul Krüger ed., *Corpus Iuris Civilis, Volume 2: Codex Iustinianus*, 9th ed. (Berlin: Weidmann, 1914)을 사용했다. 그리고 영어 번역은 Justice Fred H. Blume가 1920년에 작업한 내용을 2000년에 들어서 Serena Connolly를 비롯한 많은 학자들이 재번역한 것이다. 여기서 사용한 『서신집』의 원문과 영어 번역은 다음과 같다. 라틴어 원문은 Gregorius Magnus, *Registrum epistularum libri I–XIV*, ed. by Dag Norberg, 2 vols. (Turnhout: Brepols, 1982)이고, 영어 번역은 John R.C. Martyn, trans., *The Letters of Gregory the Great*, 3 vols. (Pontifical Institute of Mediaeval Studies, 2004)이다.

포되었으나, 이후 새로운 법령과 해석의 필요성으로 인해 534년에 개정판 (*Codex Repetitae Praelectionis*)이 다시 출간되어 오늘날까지 전해진다. 『법전』은 총 12권으로 구성되며, 1권은 교회법을 비롯한 법의 원천 및 고위 관직의 의무, 2-8권은 민사법, 9권은 형법, 10-12권은 행정법을 다룬다. 이 법전은 로마법을 집대성한 최초의 체계적 법전으로, 이후 중세 유럽의 교회법과 근대 시민법의 기초가 되었으며, 서양 법제도의 발전에 많은 영향을 미쳤다.[7]

반면, 그레고리우스 대제(Gregorius Magnus, 재위 590-604)의 『서신집』은 그가 교황으로 재임 중 교황청에서 작성한 공식 서신들을 집대성한 것이다. 이는 6세기 말~7세기 초의 교회와 세속 사회의 역사, 행정, 신학, 교황권의 실상을 이해하는 데 있어 가장 중요한 1차 사료로 평가받고 있다. 그레고리우스는 그의 재위 기간에 작성한 서신들을 파피루스 책자로 교황청 기록보관소에 보관하였으나, 여러 이유로 그 원본은 소실되고 8세기 무렵 작성된 발췌본만 남아 전승되고 있는 형편이다. 이 서신들은 동·서 로마, 이탈리아, 갈리아, 스페인, 북아프리카 등 광범위한 지역의 교회와 세속 지도자들에게 보낸 편지들이 포함되어 있어, 당시 교황권의 국제적 위상과 네트워크를 보여준다. 또한 그레고리우스는 자신의 서신 서두에 "servus servorum Dei(하나님의 종들의 종)"라는 칭호를 사용하여, 겸손과 봉사의 교황상을 확립한 인물로도 유명하다.[8]

2. GPT Builder를 통한 라틴어 텍스트 모델 구축

여기서는 OpenAI의 GPT Builder를 활용하여 라틴어 텍스트를 번역하기 위한 맞춤형 모델을 구축하고자 한다. GPT Builder는 사용자가 특정 분

---

7 다음을 참고하라. Frier, Bruce W. et al., eds., *The Codex of Justinian*, xcvii-cxxxvi.

8 John Martyn, trans., *The Letters of Gregory the Great*, 1 Volume, pp.1-14, pp.72-102.

야나 목적에 맞게 인공지능 보조 시스템을 구현할 수 있게 하는 도구로, 본 연구에서는 이를 통해 라틴어 번역에 특화된 모델을 개발하였다. 그 내용을 순차적으로 설명하면 다음과 같다. 우선 OpenAI의 GPT Builder에 접근한 후 왼쪽 탭에 있는 'Explore GPTs'을 누르면, 우측 상단의 '+Create' 버튼이 표시된다. 이 버튼을 선택하면 모델 구축 과정이 'Create'와 'Configure' 두 단계로 진행된다.

먼저 'Create' 단계는 모델의 기초적 특성과 기능을 정의하는 초기 구성 단계로, 하단 대화형 인터페이스를 통해 모델명, 목표, 기능 등 기본 요소와 사용 언어를 설정한다. 본 연구에서는 라틴어 텍스트 번역을 위한 맞춤형 모델 개발을 목표로 하기에 'Professional Latin Translator'로 명명하고, 중세 라틴어 텍스트의 영어 번역이라는 명확한 방향성을 설정하였다. 'Create' 단계를 완료하면, 자동으로 'Configure' 단계로 전환된다. 이 단계에서는 이전 단계에서 입력한 내용이 자동 적용되므로, 추가 조정이 필요한 부분만 설정하면 된다. 좌측 메뉴에서는 모델명, 설명, 프로필 이미지 등을 조정할 수 있으며, 우측 패널에서는 더 세부적인 기능을 설정할 수 있다. 모델의 작업 지시사항은 'Configure' 화면에 있는 'Instructions' 항목에서 설정하며, 여기서 모델이 수행할 구체적 작업, 제한사항, 응답 형식 등을 명확히 지정할 수 있다. 또한 같은 화면에 있는 'Capabilities' 항목에서는 웹 검색, 파일 업로드, 코드 인터프리터와 같은 추가 기능을 활성화할 수 있다. 여기서 특히 주의할 것은 맨 아래에 'Additional Settings'가 있는데, 이것은 내가 GPT Builder에서 사용하는 모든 데이터를 OpenAI의 GPT 성능 향상에 활용하는 것에 동의를 구하는 것이다. 이것은 필요에 따라서 표시를 하지 않을 수 있다. 설정 완료 후 'Save' 버튼으로 모델을 저장하고, 'Preview'에서 모델 동작을 사전 테스트할 수 있다. 설정에 만족하면 최종적으로 'Publish' 버튼을 통해 최적화된 라틴어 번역 모델을 개발할 수 있다.

3. 번역지침 제공

번역지침(Translation Guideline)이란, 번역에 대한 기본적인 정보를 담은 문서를 말하는데, 여기서는 번역시 언어적인 요소뿐 아니라 언어 외적인 정보를 제공하여 번역에 대한 방향성을 명확히 해준다. 앞에서 언급했드시, 본 연구의 목표는 『법전』과 『서신집』을 중심으로 중세초기 라틴어 문헌의 번역을 제시하는 것이다. 해당 문헌들은 중세 초기에 생산된 것으로, 당대의 법적·종교적·행정적 용어들의 의미 변화를 세밀하게 고려해야 하는 특수성을 지닌다. 필자는 다음과 같이 'Configure'의 'Instructions' 번역지침을 제공하였다.

This GPT specializes in accurately translating Latin text into English, with a strong emphasis on linguistic meaning, historical context, and the period in which the text was written. It is designed to assist researchers, students, and anyone working with Latin texts by providing precise and well-contextualized translations. The GPT takes into account grammatical structure, idiomatic expressions, and cultural nuances to ensure an accurate and natural rendering in English.

It explains challenging phrases, alternative interpretations, and relevant historical or literary references when necessary. If a phrase has multiple possible translations, it provides options with clarifications. Additionally, it avoids overly literal translations that could distort the original meaning. The tone is clear, professional, and scholarly, making it a reliable tool for academic and research purposes. If the GPT encounters a passage it cannot translate, it will explicitly state this rather than make a guess and ask for clarification or assistance if needed.

Translation Guideline.

I. Types of Texts: Codex Justinianus & Gregorii Magni, Registrum Epistularum

II. Background: Rome and Byzantium in the 6th and 7th centuries.

III. Translation Process

　　1) Step-by-Step Approach: For long texts, translate them by breaking them down into sentence units.

　　2) Maintain Grammar Structure: Translate into natural English while

maintaining the original grammatical structure as much as possible.

3) Handling Specific Terms: When translating, if you do not know technical terms or proper nouns, keep them in the original Latin.

IV. Translation Review and Improvement

1) Back-Translation Check: Please translate the English translation back to Latin and compare it with the original text. If they do not match, translate again.

2) Meaning Verification: Ensure each sentence of the translated text accurately conveys the original text's meaning.

3) Style Adjustment: When necessary, adjust the style or tone of the translated text.

4) Consult with the medieval files provided below, when translation or grammatical issues arise.

그리고 'Knowledge' 항목에 라틴어 번역에서 참고할 만한 라틴어 문법책을 첨부하였다. 여기에 첨부한 파일은 John F. Collins, *A Primer of Ecclesiastical Latin* (Washington: The Catholic University of America Press,1988)와 Richard Upsher Smith, *Ecclesiastical, Medieval, and Neo-Latin Sentences* (IL: Bolchazy-Carducci Publishers, 2014)이다.

4. Claude Project를 통한 라틴어 텍스트 모델 구축

Anthropic의 Cladue Project[9]는 특정 분야에 특화된 인공지능 협업 시스템을 구현할 수 있는 도구로, 본 연구에서는 이를 활용하여 라틴어 번역에 특화된 전문 모델을 개발하려고 한다. 구축 과정을 순차적으로 설명하면 다음과 같다. 우선 Claude의 웹사이트에 접속하여 왼쪽 상단 메뉴에서 'Projects'를 선택한 후, 다음 페이지의 우측 상단의 '+ New Project''버튼을 클릭한다. 이후 표시되는 화면에서 Project의 기본 정보를 입력하는 단계가 시작

---

9   Claude Project에 대해서는 다음을 참고하라. https://support.anthropic.com/en/articles/9517075-what-are-projects [최종접속 2025.04.31]

된다. 먼저 필자는 Project 명칭을 GPTs의 명칭과 동일한 'Professional Latin Translator'로 명명하고, 설명란에는 "중세 라틴어 텍스트의 학술적 영어 번역을 위한 전문 도구"라고 명시하였다. 이후 'Create Project' 버튼을 눌러 Professional Latin Translator를 생성하였다..

생성된 화면의 오른쪽에 위치한 'Project Knowledge' 항목에서 '+' 기호를 클릭하여 라틴어 번역을 돕는 보조자료를 업로드할 수 있다. 본 연구에서는 용량 제한으로 인해 John F. Collins의 *A Primer of Ecclesiastical Latin* (Washington: The Catholic University of America Press, 1988)만을 첨부하였다.[10] 파일 업로드 후, 화면 하단에 위치한 'Set Project Instructions' 항목에 진입하여 위에서 GPT Builder의 'Instructions'에 제공한 것과 같은 내용을 입력하여 모델의 작동 방식과 번역 원칙을 상세히 설정하였다.

IV. 번역 결과 분석

본 절에서는 GAI를 활용해 『법전』과 『서신집』의 라틴어 샘플 텍스트를 번역한 후, 그 번역 결과를 검토하려고 한다. 특히, 본 글에서는 GAI기반의 GPTs와 Claude Project의 번역 성능을 평가하기 위해 구글 번역기에서도 라틴어 텍스트를 올려 번역하여 생성한 결과(candidate sentence)를 전문 연구자들의 번역(reference sentence)과 비교 분석을 할 것이다. 이 단계에서 번역 성과에 대한 비교 분석은 BLEU 스코어와 BERT 스코어를 통해 진행할 것이다. 먼저 BLEU 스코어와 BERT 스코어에 대해 간단히 살펴본 다음, 그 결과를 비교해 보자.

---

[10] 기본적으로 Claude에서 업로드할 수 있는 파일 크기는 최대 10MB이고, 한 번에 최대 5개의 파일을 업로드할 수 있다.

1. BLEU 스코어와 BERT 스코어

BLEU 스코어(Bilingual Evaluation Understudy Score)[11]는 기계 번역의 품질을 평가하는 대표적인 정량적 지표로서, 기계 번역 텍스트와 인간이 번역한 참조 텍스트 간의 유사성을 객관적으로 측정하는 도구이다. 이 평가 체계는 0에서 1 사이의 수치로 표현되며, 일반적으로 백분율(0-100%)로 환산되어 사용된다. BLEU 스코어의 기본적인 작동원리는 N-그램 매칭,[12] 정밀도 계산,[13] 그리고 간결성 패널티[14]의 세 가지 요소를 통합적으로 고려하여 번역의 품질을 평가한다. 특히 N-그램 매칭 방식은 연속된 단어 시퀀스를 비교함으로써, 번역의 문맥적 정확성을 측정하는 것이다.

BLEU 스코어 시스템의 주요 장점은 평가의 객관성과 자동화이다. 인간의 주관적 판단과도 상관관계를 보이며, 특히 법률 문서와 같이 정확한 번역이 요구되는 전문 분야에서 유용하게 활용된다. 하지만 이 평가 방식에도 몇 가지 한계가 있다. 가장 큰 문제는 언어의 다양한 표현 가능성을 완전히 포착하지 못한다는 것이다. 또한 문법적 구조나 전체적인 문맥을 파악하는 데 있어서도 제한적인 면이 있어, 번역의 질적 측면을 완벽하게 평가하기도 어렵다. 따라서 BLEU 스코어는 기계 번역의 품질 평가에 있어 중요한 도구인 것은 맞지만, 이것이 가지는 약점을 염두해 두고 다른 평가 방법들과 보완적으로 활용해야 더 좋은 결과를 얻을 수 있다.

반면에, BERT 스코어(Bidirectional Encoder Representations from Trans-formers Score)[15]는 단순한 표면적 형태 일치를 넘어 의미적 유사성에 초점을

맞춘 것이다. 이는 BERT와 같은 사전 훈련된 언어 모델을 활용해 문맥화된 단어 표현을 기반으로 번역문과 참조 번역 간의 의미적 연관성을 측정하기 때문이다. 0에서 1 사잇값으로 표현되는 BERT 스코어는 정밀도(기계 번역 토큰의 참조 번역 일치도), 재현율(참조 번역 내용의 기계 번역 반영도), 그리고 이들의 조화평균인 F1 점수를 통해 번역 품질을 종합적으로 평가하며, 일반적으로 BERT 점수가 0.9 이상이면 우수한 번역으로 간주된다. BLEU 스코어와 달리 동의어나 다양한 표현 방식을 인정할 수 있어 더 유연한 평가가 가능하고 인간 평가자의 판단과도 높은 상관관계를 보인다. 하지만 계산이 복잡하며 사전 훈련 모델의 품질에 의존적이며 특정 도메인에 대한 적응성이 제한적이라는 한계도 있다. 결국 BERT 스코어는 BLEU가 포착하지 못하는 의미적 유사성을 평가할 수 있기에 자유로운 번역이나 의역이 필요한 상황에서 더 정확한 평가를 제공할 수 있다.

2. BLEU 스코어와 BERT 스코어 결과 및 분석

이제 GPTs, Claude Project, 구글 번역기가 번역한 내용을 인간이 번역한 것과 어휘나 어순의 일치율을 비교하는 BLEU 스코어를 살펴보자. 본 연구에서는 『법전』과 『서신집』에서 각각 2개의 라틴어 샘플 텍스트를 선택하여 번역했는데, 그 내용은 〈참고2 - GPTs, Claude Project, 구글 번역기 번역 비교〉에 있다. 이것을 BLEU 스코어를 통해 분석한 결과는 아래 표에 있다. 아래 표에서 보는 바와 같이 『서신집』이 『법전』보다 통계적으로 높은 점수를 기록하고 있다(각 개별 샘플 텍스트에 대한 점수는 아래의 〈참고1〉을 참고하라).

---

15   다음을 참고하라. 이기창, 『BERT와 GPT로 배우는 자연어 처리』, 113-117면, 이지스퍼블리싱, 2022.; Zhang, Tianyi, Varsha Kishore, Felix Wu, Kilian Q. Weinberger, and Yoav Artzi. "BERTScore: Evaluating Text Generation with BERT," *In International Conference on Learning Representations* (ICLR), 2020), *preprint*, arXiv:1904.09675.

	GPTs	Claude	구글 번역기
법전(Codex Justinianus)	0.17320	0.19525	0.15761
서신집(Registrum Epistularum)	0.25262	0.30980	0.25761

〈『법전』과『서신집』에 대한 BLEU 스코어〉

　　위의 결과로 볼 때, 문헌 장르의 특성이 인공지능 기반 번역 시스템의 번역 품질에 일정한 영향을 미치는 것으로 보인다. 특히 『서신집』의 경우, 그 문체적 특성이 『법전』보다 일상적이고 반복적인 표현 양식을 포함하고 있어 인공지능 기반 시스템이 번역 과정에서 더 정확한 어휘와 구문을 선택할 수 있었던 것으로 해석된다. 특히 주목할 만한 점은 위 표에서 보듯이, Claude가 『법전』과 『서신집』 모든 문헌 유형에서 가장 우수한 BLEU 스코어를 기록했다는 사실이다. 이는 Claude의 번역 알고리즘이 참조 번역과 n-그램 수준에서 가장 높은 일치도를 보이고 있음을 시사한다. 이에 비해 GPTs(법전: 0.17320, 서신집: 0.25262)와 구글 번역기(법전: 0.15761, 서신집: 0.25761)는 상대적으로 낮은 BLEU 스코어를 기록하였다. 여기서 조심해야 할 것은 이러한 결과만으로 단순히 GPTs와 구글 번역기의 번역 품질이 열등하다고 단정지을 수 없다는 것이다. 왜냐하면 그들이 번역에 사용한 어휘나 구문 구조가 인간의 번역과 다른 것을 채택하고 있을 가능성이 있기 때문이다.

　　이제 BERT 스코어를 살펴보자. 아래 표에서 보듯이, BERT 스코어는 세 번역 시스템 모두 0.89에서 0.92 사이의 높은 점수를 기록하였다. 이 정도의 수치는 번역된 문장이 인간이 번역한 참조 번역과 다소 표현 방식이 다를 수는 있지만, 문맥적으로는 참조 번역과 매우 일치함을 의미한다. 여기서 BLEU 스코어와 비교하여 BERT 스코어가 매우 높게 나타났다는 사실을 주목할 필요가 있는데, 이는 인공지능 기반 번역기가 표면적 어휘 일치보다 의미적 정확성 측면에서 더 우수한 성능을 보이고 있음을 의미하기 때문이다.

BERT 스코어

	GPTs	Claude	구글 번역기
법전(Codex Justinianus)	0.90264	0.90968	0.89236
서신집(Registrum Epistularum)	0.91233	0.91565	0.90535

〈『법전』과 『서신집』에 대한 BERT 스코어〉

특히, GPTs는 『법전』과 『서신집』 모두에서 Claude에 근접한 성능을 보여주었으며, 구글 번역기는 상대적으로 가장 낮은 점수를 기록하였다. 그러나 전체적으로 볼 때 위의 세 번역시스템의 BERT 스코어 편차가 BLEU 점수의 편차보다 작다는 점은 의미 전달의 정확성 측면에서는 세 시스템이 비교적 균등한 수준을 유지하고 있음을 함의한다.

이상으로 볼 때, Claude가 어휘적 정확성(BLEU 스코어)과 의미론적 유사성(BERT 스코어) 양 측면에서 가장 우수한 성능을 보였다. 이는 Claude의 알고리즘이 라틴어 문헌 번역에 있어서 원문의 구조와 표현을 충실히 반영하면서도 의미적 정확성을 유지하는 균형 잡힌 접근법을 채택하고 있음을 시사한다. GPTs는 Claude보다는 낮지만, 구글 번역기보다는 우수한 성능을 보여, 중간적 위치를 차지하였다. 또한 라틴어 문헌 유형에 따른 번역 성능의 차이도 확인할 수 있다. 모든 번역 시스템에서 『법전』이 『서신집』보다 BLEU 스코어와 BERT 이상으로 볼 때, 이는 법률 문헌과 같은 전문적 텍스트의 경우, GAI 시스템이 그 텍스트의 의미는 비교적 정확히 포착할 수 있으나 어휘 및 구문 선택에 있어서는 전문가 수준의 정확성을 달성하기 어렵다는 점을 보여준다.

V. 맺음말

　이제까지 본 연구는 GAI를 활용한 중세 라틴어-영어 번역의 가능성과 한계를 검토하기 위해, ChatGPT의 GPTs와 Claude 3.5 Sonnet의 Project, 구글 번역기의 번역 결과를 인간 번역본과 비교 분석하였다. 비교 텍스트로는 중세 초기 대표 문헌인 『법전』과 『서신집』을 선정하였다. 두 문헌의 특성은 서로 상이하다. 전자는 법률 문체로 그 문장 구조가 복잡하고 고유명사와 전문용어가 많은 텍스트이고, 후자는 편지글로 문장의 반복성과 구어적 특성이 두드러지는 문헌이다. 본 연구자는 이 두 가지 문헌을 대상으로 삼아 BLEU 스코어와 BERT 스코어를 활용하여 번역 시스템의 성능을 비교하였다.

　본 연구에서는 다음의 세 가지를 확인할 수 있다. 첫째, 세 번역 시스템(GPTs, Claude의 Project, 구글 번역기) 중 Claude가 BLEU 스코어와 BERT 스코어 모두에서 가장 우수한 성능을 보였다. 즉, Claude가 『법전』(BLEU: 0.19525, BERT: 0.90968)과 『서신집』(BLEU: 0.30980, BERT: 0.91565) 모두에서 가장 높은 점수를 기록했다. 이는 Claude의 알고리즘이 타 시스템에 비해 비교적 원문의 구조와 표현을 충실히 반영하면서도 의미 정확성을 유지하는 균형 잡힌 접근법을 취하고 있음을 보여준다. 둘째, 모든 시스템에서 BERT 스코어가 BLEU 스코어보다 높게 나타났는데, 이는 GAI 시스템들이 표면 표현의 일치보다 의미 전달에 더 강점을 보이고 있음을 뜻한다. 하지만 세 시스템 모두 BERT 스코어에서 0.89 이상의 높은 점수를 기록한 것을 볼 때, 번역된 문장이 참조 번역과 의미적으로 상당히 높은 유사성을 유지하고 있음을 알 수 있다. 마지막으로, 문헌 유형에 따른 번역 성능의 차이가 두드러졌다. 서간체 문헌인 『서신집』이 법률 문헌인 『법전』보다 높은 BLEU 스코어를 기록한 것은 문체 특성과 용어의 복잡성이 번역 정확도에 영향을 미친다는 점을 보여준다. 법률 문헌의 경우 전문 용어와 복잡한 구문 구조로 인해 GAI 시스템이 정확한 어휘 선택에 어려움을 겪었던 것을 볼 때, 이런 부분은 전문용어나 복잡한 문장구조 등을 미리 학습시킬 필요가 있음을 알 수 있다. 그럼에도 불구하고, BERT 스코어가 전반으로 높은 수치를 유지하고 있어 GAI가 복잡한 법률 문헌에서도 핵심적인 의미는 상당한 수준으로 파악하는 것으로 판단된다.

마지막으로, 본 연구의 한계점으로는 제한된 샘플들과 특정 시대(6-7세기)의 중세 라틴어만을 대상으로 했다는 점을 들 수 있다. 향후 연구에서는 더 다양한 시대와 장르의 라틴어 텍스트를 포함하고, 구글의 Gemini 같은 다른 대규모 언어 모델과도 비교할 필요가 있다. 또한, 라틴어 번역에 특화된 미세 조정(fine-tuning)을 통해 번역 품질을 더욱 높이는 방안도 살펴볼 가치가 있다.

Codex Justinianus I.1.1.

	GPTs	Claude	구글 번역기
BLEU	0.175393	0.213977	0.204337
BERT	0.894474	0.902323	0.884701

Codex Justinianus I.1.4.

	GPTs	Claude	구글 번역기
BLEU	0.171001	0.176513	0.110883
BERT	0.910807	0.917029	0.900024

Registrum Epistularum I.1

	GPTs	Claude	구글 번역기
BLEU	0.169737	0.236178	0.210303
BERT	0.907606	0.911749	0.902812

Registrum Epistularum I.4

	GPTs	Claude	구글 번역기
BLEU	0.335508	0.383427	0.304913
BERT	0.917048	0.919545	0.907878

〈참고2 - GPTs, Claude Project, 구글 번역기 번역 비교〉

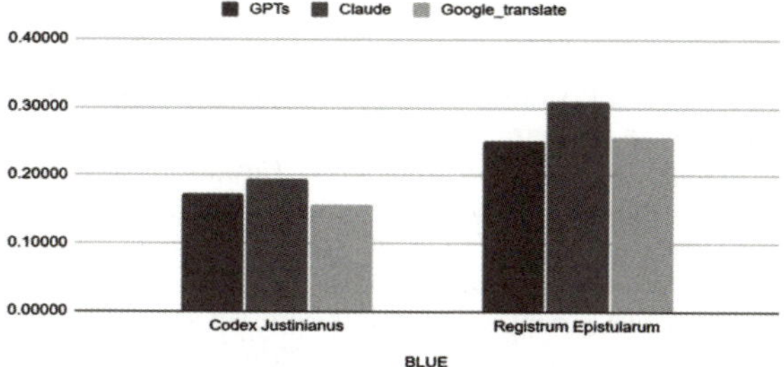
AI엔진별 BLUE score
GPTs
Claude
Google_translate
0.40000
0.30000
0.20000
0.10000
0.00000
Codex Justinianus
Registrum Epistularum
BLUE

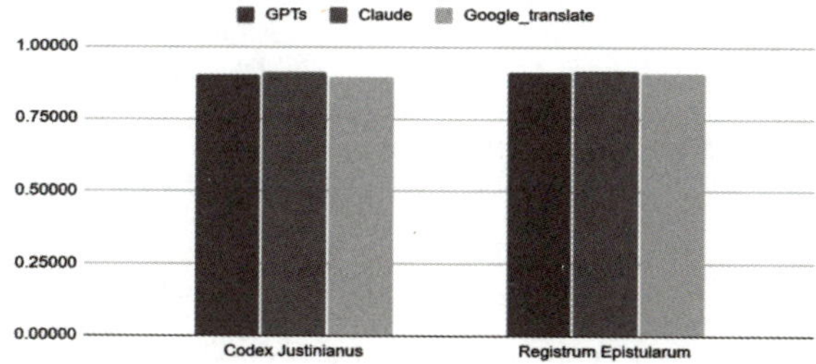
AI엔진별 BERTScore F1
GPTs
Claude
Google_translate
1.00000
0.75000
0.50000
0.25000
0.00000
Codex Justinianus
Registrum Epistularum
BERTScore F1

1. 『유스티니아누스 법전(Codex Justinianus)』

1) Codex Justinianus I.1.1.

라틴어 원문	**I. De Summa Trinitate et de Fide Catholica et Ut Nemo de Ea Publice Contendere Audeat** *[1] Imppp. Gratianus Valentinianus et Theodosius AAA. ad populum urbis Constantinopolitanae.* **pr.** Cunctos populos, quos dementiae nostrae regit temperamentum, in tali volumus religione versari, quam divinum Petrum apostolum tradidisse Romanis religio usque ad nunc ab ipso insinuata declarat quamque pontificem Damasum sequi claret et Petrum Alexandriae episcopum virum apostolicae sanctitatis, hoc est ut secundum apostolicam disciplinam evangelicamque doctrinam patris et filii et spiritus sancti unam deitatem sub pari maiestate et sub pia trinitate credamus. **1.** Hanc legem sequentes Christianorum catholicorum nomen iubemus amplecti, reliquos vero dementes vesanosque iudicantes haeretici dogmatis infamiam sustinere, divina primum Yindicta, post etiam motus nostri, quem ex caelesti arbitrio sumpserimus, ultione plectendos. *D. III k. Mart. Thessalonica Gratiano v et Theodosia AA. conss.*
GPTs 번역	I. On the Supreme Trinity, the Catholic Faith, and the Prohibition of Public Disputes About It [1] The Emperors Gratian, Valentinian, and Theodosius to the People of the City of Constantinople. We desire that all peoples, whom the moderation of our rule governs, should adhere to that religion which divine Peter the Apostle handed down to the Romans, and which the faith, proclaimed and maintained up to the present, declares to have been established by him. It is likewise evident that this faith is followed by Pope Damasus and Peter, Bishop of Alexandria, a man of apostolic holiness. That is, we believe in one divinity of the Father, the Son, and the Holy Spirit, under equal majesty and within a holy Trinity, in accordance with apostolic discipline and evangelical doctrine. We command that those who follow this law shall be embraced under the name of Catholic Christians. As for the others, whom we judge to be demented and insane, they shall suffer the infamy of heretical doctrine and first be subject to divine punishment, and thereafter the retribution of our own authority, which we have received by divine judgment. Given on the third day before the Kalends of March in Thessalonica, during the fifth consulship of Gratian and the first consulship of Theodosius Augustus (February 27, 380 CE).
Claude Project 번역	**Title I. Concerning the Highest Trinity and the Catholic Faith and That No One Shall Dare to Publicly Dispute About It** [1] The Emperors Gratian, Valentinian and Theodosius, Augusti, to the people of the city of Constantinople. Preface. We desire all peoples, who are governed by the administration of our clemency, to practice that religion which the divine Apostle Peter transmitted to the Romans, as the religion which has been preserved from

	that time until now declares, and which it is manifest that Pope Damasus and Peter, Bishop of Alexandria, a man of apostolic sanctity, follow; that is, that we should believe in the one deity of the Father, Son and Holy Spirit under the concept of equal majesty and of the Holy Trinity according to apostolic teaching and evangelical doctrine. Following this law, we command that those persons who follow this rule shall embrace the name of Catholic Christians, but others we judge to be mad and raving and worthy of incurring the disgrace of heretical teaching, and their gatherings shall not receive the name of churches. They shall be punished not only by Divine retribution but also by our own initiative, which we shall assume in accordance with Divine judgment. Given on the third day before the Kalends of March at Thessalonica, during the consulship of Gratian Augustus for the fifth time and Theodosius Augustus.
구글 번역기 번역	I. On the Supreme Trinity and the Catholic Faith and That No One Dare to Contest It Publicly [1] Imppp. Gratian Valentinian and Theodosius AAA. to the people of the city of Constantinople. pr. We wish all peoples, whom our madness governs, to be devoted to such a religion, which the divine Apostle Peter has delivered to the Romans, and which the religion instilled by him up to now declares to follow, and which the Pontiff Damasus and Peter, Bishop of Alexandria, a man of apostolic sanctity, are clear to follow, that is, that according to the apostolic discipline and evangelical doctrine we believe in one Godhead under equal majesty and under a pious Trinity. 1. We command those who follow this law to embrace the name of Catholic Christians, but the rest, judging them to be mad and insane, to bear the infamy of heretical dogma, to be punished first by divine decree, and then by the vengeance of our own motion, which we have assumed by heavenly will. D. III k. Mart. Thessalonica Gratian v and Theodosia AA. conss.
인간번역[16]	**First Title. The High Trinity and the Catholic Faith, and That No One Shall Dare to Discuss It Publicly** [1] Emperors GRATIAN, VALENTIN IAN, and THEODOSIUS Augusti to the People of Constantinople. **pr**. We desire that all peoples who are governed by the moderation of Our Clemency shall practice that religion which was handed down by the divine Apostle Peter to the Romans, as shown by the religion introduced by him and transmitted down to this day - the religion which, it is clear, is now followed by the (Roman) Pontiff Damasus, and by Peter, Bishop of Alexandria, a man of apostolic sanctity; that is, according to apostolic learning and the teaching of the evangelists, we shall believe in one deity of the Father and the Son and the Holy Spirit, in equal majesty and in a pious Trinity. **1.** We order all who obey this law to embrace the name of Catholic Christians, and all others, whom We deem mad and insane, to suffer the infamy of heretical doctrine; they shall be stricken, first, by divine vengeance and, second, also by the vengeance of Our wrath, which We shall take in accordance with the judgment of Heaven. *Given February 28, at Thessalonica, in the consulship of Gratian, for the fifth time, and Theodosius, Augusti (380).*

---

16 Codex Justinianus의 인간 번역은 다음을 기준으로 한다. Frier, Bruce W., et al., eds. *The Codex of*

2) Codex Justinianus I.1.4.

라틴어 원문	**[4] Imp. Marcianus A. Palladia pp.** pr. Nemo clericus vel militans vel alterius cuiuslibet condicionis de fide Christiana publice turbis coadunatis et audientibus tractare conetur in posterum, ex hoc tumultus et perfidiae occasionem requirens. 1. Nam iniuriam facit iudicio reverentissimae synodi, si quis semel iudicata ac recte disposita revolvere et publice disputare contendit, cum ea, quae nunc de Christiana fide a sacerdotibus, qui Chalcedone convenerunt, per nostra praecepta statuta sunt, iuxta apostolicas expositiones et instituta sanctorum partum trecentorum decem et octo et centum quinquaginta definita esse noscuntur. 2. Nam in contemptores huius legis poena non deerit, quia non solum contra fidem vere expositam veniunt, sed etiam Iudaeis et paganis ex huiusmodi certamine profanant veneranda mysteria. 3. Igitur si clericus erit, qui publice tractare de religione ausus fuerit, consortio clericorum removebitur: si vero militia praeditus sit, cingulo spoliabitur: ceteri etiam huiusmodi criminis rei, si quidem liberi sint, de hac sacratissima urbe pellentur, pro vigore iudiciario etiam competentibus suppliciis subiugandi, sin vero servi, severissimis animadversionibus plectentur. *D. VII id. Febr. Constantinopoli Sporacio cons.*
GPTs 번역	Emperor Marcian to Palladius Preface: Let no cleric, soldier, or anyone of any other status dare in the future to discuss the Christian faith publicly before assembled crowds and listeners, thereby seeking an occasion for tumult and treachery. 1. For he commits an offense against the judgment of the most reverent synod who attempts to reopen and publicly debate matters that have already been adjudicated and rightly settled. Since the decrees concerning the Christian faith established at Chalcedon by the priests who convened there under our command are known to be defined in accordance with apostolic expositions and the decrees of the holy fathers—namely, the three hundred and eighteen bishops of Nicaea and the one hundred and fifty bishops of Constantinople. 2. Indeed, there shall be no lack of punishment for those who disregard this law, for they not only oppose the faith rightly set forth, but also, through such disputes, profane the sacred mysteries, providing Jews and pagans with an opportunity for blasphemy. 3. Therefore: If a cleric dares to publicly discuss religion, he shall be removed from the clerical order. If a soldier does so, he shall be stripped of his rank. If others are guilty of this crime, and they are free persons, they shall be banished from this most holy city and subjected to appropriate punishments according to judicial authority.

Justinian: a new annotated translation, with parallel Latin and Greek text based on a translation by Justice Fred H. Blume (Cambridge University Press, 2016).

	If they are slaves, they shall be punished with the most severe penalties. Issued on the seventh day before the Ides of February (February 7), in Constantinople, during the consulship of Sporacius.
Claude Project 번역	[4] Emperor Marcian Augustus to Palladius, Praetorian Prefect. Preface. No cleric or soldier or person of any other condition shall attempt in the future to publicly discuss the Christian faith before assembled crowds and listeners, seeking by this means an occasion for tumult and faithlessness. For anyone who attempts to reconsider and publicly dispute matters once judged and rightly settled does injury to the judgment of the most reverend synod, since those things which have now been established concerning the Christian faith by the priests who assembled at Chalcedon through our precepts are known to have been defined according to the apostolic teachings and institutions of the three hundred and eighteen holy fathers and the hundred and fifty [bishops]. For punishment will not be lacking for those who contemn this law, because they not only go against the truly established faith, but also through such disputation profane the venerable mysteries before Jews and pagans. Therefore if it shall be a cleric who has dared to publicly discuss religion, he shall be removed from the company of clerics; if indeed he is endowed with military rank, he shall be stripped of his belt; other persons also guilty of this crime, if they are free persons, shall be driven from this most sacred city and subjected to appropriate punishments according to judicial vigor, but if they are slaves, they shall be punished with the most severe penalties. Given on the seventh day before the Ides of February at Constantinople during the consulship of Sporacius.
구글 번역기 번역	[4] Imp. Marcianus A. Palladia pp. pr. No cleric or soldier or any other condition should attempt in the future to treat of the Christian faith publicly before crowds gathered and listening, seeking from this an occasion for tumult and perfidy. 1. For he does an injury to the judgment of the most reverent synod, if anyone strives to turn back and publicly dispute what has once been judged and rightly disposed, when those things which are now established by our precepts concerning the Christian faith by the priests who met at Chalcedon, are known to have been defined according to the apostolic expositions and institutions of the saints of the three hundred and eighteen and one hundred and fifty generations. 2. For punishment will not be wanting to those who despise this law, because they not only come against the faith truly expounded, but also, by this kind of struggle, profane the venerable mysteries of the Jews and pagans. 3. Therefore, if there is a cleric who dares to publicly discuss religion, he will be removed from the company of clerics; if he is a soldier, he will be stripped of his belt; others also guilty of this kind of crime, if they are free, will be expelled from this most sacred city, and for the sake of judicial power they will also be subjected to appropriate punishments; if they are slaves, they will be punished with the most severe admonitions. D. 7th Feb. Constantinople, Sporacius consul.

<table>
<tr><td>인간번역</td><td>

[4] Emperor MARCIAN Augustus to Palladius, Praetorian Prefect.
pr. No clergymanor member of the imperial service, or any person of any status, shall hereafter attempt to lecture on the Christian faith before crowds assembled to listen, thereby seeking to foment disorder and treachery.5 1. For whoever strives to revisit and publicly discuss questions already decided and correctly settled, insults the judgment of the Most Holy Synod. For it is recognized that the decisions concerning the Christian faith, made at Our behest by the bishops who convened at Chalcedon, are in accord with the teachings of the Apostles and the decrees of the 318 and 150 holy fathers. 6 z. Punishment shall not be lacking for those who disregard this law, for they not only act contrary to the rightly expounded faith, but also, by such strife, profane the venerable mysteries before the eyes ofJews and Pagans. 3· If a clergyman, therefore, dares to discuss religion in public, he shall be expelled from the community of the clergy; if he holds a position in the imperial service, he shall be stripped of his rank (*cingulum*). All others guilty of this crime shall, if they are free men, be banished from this Most Sacred City and shall be subjected to appropriate punishments in accordance with judicial vigor; if they are slaves, however, they shall be stricken with the severest punishments (death).
Given February 7, at Constantinople, in the consulship ofSporacius (452).

</td></tr>
</table>

2. 『그레고리우스 대제의 서신집(*Registrum epistularum*)』

1) Registrum Epistularum I.1

<table>
<tr><td>라틴어 원문</td><td>

GREGORIVS VNIVERSIS EPISCOPIS PER SICILIAM CONSTITVTIS
Valde necessarium esse perspeximus ut, sicut decessorum nostrorum fuit iudicium, ita uni eidemque personae omnia committamus, ut, ubi nos praesentes esse non possumus, nostra per eum cui praecipimus repraesentetur auaoritas. Quamobrem Petro, subdiacono sedis nostrae, intra prouinciam Siciliam uices nostras, Deo auxiliante, commisimus. Nec enim de eius actibus dubitare possumus cui, Deo auxiliante, totum nostrae ecdesiae noscimur pammoruum commisisse.
Illud quoque fieri debere perspeximus ut semel per annum ad Syracusanam siue Cathenensium ciuitatem uniuersaliter honore quo dignum est, sicut eidem iussimus, fratemitas uestra conueniat, quatenus quae ad utilitatem prouinciae ipsius ecclesiarumque pertinent siue ad necessitatem pauperum oppressorumque subleuandam uel admonirionem omnium atque quorum excessus contigerit demonstrari, congrua cum eodem Petro, subdiacono sedis nostrae, debeatis moderatione disponere.
A quo concilio procul absint odia, facinorum nuttimenta, atque inuidia interna tabescat et nimis exsecrabilis animorum discordia. Sacerdotes uos concordia, Deo placita, et caritas recognoscat. Haec igitur omnia cum ea maturitate ac tranquillitate gerite, ut dignissime episcopale possit concilium nuncupari.

</td></tr>
</table>

| GPTs 번역 | Gregory to All the Bishops Established in Sicily
We have deemed it highly necessary that, just as it was the judgment of our predecessors, we entrust all matters to one and the same person, so that where we cannot be present ourselves, our authority may be represented through him whom we appoint. Therefore, we have entrusted our responsibilities within the province of Sicily to Peter, the subdeacon of our See, with the help of God. Indeed, we cannot doubt his actions, for we know that we have entrusted to him the entire patrimony of our Church, with God's aid.
Furthermore, we have determined that it should be done in such a way that once a year, as we have instructed him, your fraternity shall assemble in the city of Syracuse or Catania with the honor it deserves. The purpose of this gathering is to address matters concerning the welfare of the province and the churches, as well as to provide relief for the poor and the oppressed, to issue admonitions, and to correct any offenses that may have occurred. You must regulate these affairs with due moderation in consultation with Peter, the subdeacon of our See.
Let hatred, the seeds of crime, and internal envy be far removed from this council, and let the most abominable discord of souls be completely extinguished. May harmony, which is pleasing to God, and charity be the distinguishing marks of you as priests. Therefore, conduct all these matters with such maturity and tranquility that this gathering may truly be called a worthy episcopal council. |
| Claude Project 번역 | GREGORY TO ALL BISHOPS ESTABLISHED THROUGHOUT SICILY
We have perceived it to be very necessary that, just as it was the judgment of our predecessors, we should entrust everything to one and the same person, so that, where we cannot be present ourselves, our authority may be represented through him whom we put in charge. Therefore, with God's help, we have committed our authority within the province of Sicily to Peter, subdeacon of our See. For indeed we cannot doubt the actions of one to whom, with God's help, we acknowledge that we have entrusted the entire patrimony of our church.
We have also perceived that this ought to be done: that once per year your fraternity should meet, with the honor that is fitting, as we have ordered him, at the city of Syracuse or Catania, in order that you should arrange with appropriate moderation, together with the same Peter, subdeacon of our See, those matters which pertain to the benefit of that province and its churches, whether for relieving the necessity of the poor and oppressed, or for the admonition of all and for demonstrating the excesses of those who have transgressed.
Let hatred be far from this council, along with the nourishment of crimes, and let internal envy waste away as well as the exceedingly detestable discord of minds. Let harmony pleasing to God and charity acknowledge you as priests. Therefore conduct all these matters with such maturity and tranquility that it may most worthily be called an episcopal council. |

| 구글 번역기
번역 | GREGORY TO ALL BISHOPS APPOINTED FOR SICILY
We have seen it very necessary that, as was the judgment of our predecessors, we entrust everything to one and the same person, so that, when we cannot be present, our will may be represented by him whom we command. For which reason, with God's help, we have entrusted our duties within the province of Sicily to Peter, subdeacon of our see. For we cannot doubt his actions to whom, with God's help, we are known to have entrusted the entire care of our diocese.
We have also seen that it should be done that once a year your brotherhood should meet with the universal honor that is worthy of it, as we have commanded it, in order that whatever pertains to the benefit of the province itself and its churches or to the relief of the need of the poor and oppressed or the admonition of all and to those whose excesses have happened, you should arrange with moderation in agreement with the same Peter, subdeacon of our see.
From which council let hatreds, the whisperings of crimes be far from being, and let internal envy melt away and the extremely execrable discord of minds be absent. Priests, let concord, pleasing to God, and charity recognize you. Therefore, conduct all these with such maturity and tranquility that it can be called a most worthy episcopal council. |
| 인간번역[17] | Gregory to all the bishops appointed throughout Sicily As our predecessors decided, we have considered it is very necessary that we should commit all your affairs to one and the same person, and that our authority should be represented through the man entrusted with it, where we cannot be present ourselves. And so, with God's help, we have committed our duties within the province of Sicily to Peter, sub-deacon of our see. For we can have no doubt as to the actions of that man, to whom, with God's help, we are known to have committed the whole patrimony of our Church. We have also considered it right that your Fraternity should meet all together once a year, either at the city of Syracuse or at Catania, with the honor it deserves, and as we have ordered you to do. For you ought to settle with moderation, in conjunction with the same Peter, sub-deacon of our see, all that concerns the interest of the province itself, and of its churches, whether to lighten the burden of the poor and oppressed, or to admonish all men and those whose faults happen to have been proved.
Let hatred, the source of wrongdoing, be far removed from this synod, and let mutual envy3 and all too detestable discord of minds, fade away within you. Let concord, pleasing to God, and love recognize you as his priests. Therefore carry out all of these things with that maturity and tranquility, so that the synod can most worthily be called episcopal. |

17　참조 번역인 인간 번역은 다음을 기준으로 한다. John R. C. Martyn, trans., *The Letters of Gregory the Great* (Pontifical Institute of Mediaeval Studies, 2004).

2) Registrum Epistularum I.4

라틴어 원문	GREGORIVS IOHANNI CONSTANTINOPOLITANO Si caritatis uirtus in proximi dileaione consistit, si sic diligere proximos sicut nos iubemur, quid est quod me beatimdo uescra non ita ut se diligit? Quo enim ardore, quo studio episcopatus pondera fugere uoluerit sdo, et tamen haec eadem episcopatus pondera ne mihi deberent imponi non restitit. Constat ergo quia non me sicut uos diligitis, qui illa me uoluistis onera susdpere quae uobis imponi noluistis. Sed quia uetustam nauim uehementerque confractam indignus ego infirmusque suscepi, — undique enim fluctus intrant et cotidiana ac ualida tempestate quassatae putridae naufragium tabulae sonant — per omnipotentem Dominum rogo ut in hoc mihi periculo orationis tuae manum porrigas, quia et tanto enixius potestis exorare, quanto et a confusione tribulationum, quas in hac terra patimur, longius statis. Synodicam uero episnilam de subsequenti sub festinatione transmitto, quia latorem praesentium Bacaudam, fratrem et coepiscopum nostrum, in ipso meae ordinationis initio, multis et grauibus pressus occupationibus, relaxaui.
GPTs 번역	Gregory to John of Constantinople If the virtue of charity consists in the love of one's neighbor, and if we are commanded to love our neighbors as ourselves, then why, Your Beatitude, do you not love me as you love yourself? I know with what ardor and zeal you have wished to escape the burdens of the episcopacy, and yet you did not resist when these same burdens of the episcopacy were to be imposed upon me. It is clear, therefore, that you do not love me as you love yourself, since you wished me to take up those burdens which you refused to bear yourself. But since I, unworthy and weak, have taken on an old and badly broken ship,—for waves are crashing in on all sides, and the rotting planks of a vessel battered by constant and violent storms are creaking with the sound of shipwreck—I beseech you, by Almighty God, to extend the hand of your prayer to me in this danger, for you can intercede all the more earnestly, as you stand far removed from the confusion of the tribulations that we suffer here in this land. As for the synodal letter, I will send it shortly, for I had dismissed the bearer of this present letter, Bacauda, our brother and fellow bishop, at the very beginning of my ordination, as I was overwhelmed with many and serious concerns.
Cladue Project 번역	GREGORY TO JOHN OF CONSTANTINOPLE If the virtue of charity consists in love of neighbor, if we are commanded to love our neighbors as ourselves, why is it that your blessedness does not love me as it loves itself? For I know with what ardor and zeal you wished to flee the burdens of episcopacy, and yet you did not resist when these same burdens of episcopacy were to be imposed on me. Therefore it is clear that you do not love me as you love yourself, since you wished me to take up those burdens which you were unwilling to have imposed on yourself.

	But because I, unworthy and weak, have taken charge of an old and severely broken ship - for the waves enter from all sides and the rotten planks, battered by daily and powerful storms, creak with impending shipwreck - I beg through the almighty Lord that you extend to me the hand of your prayer in this danger, since you are able to pray all the more earnestly as you stand far removed from the confusion of tribulations which we suffer in this land. I will send the synodical letter following shortly, because I have released the bearer of this letter, Bacauda, our brother and fellow bishop, at the very beginning of my ordination, being pressed by many serious obligations.
구글 번역기 번역	GREGORY TO JOHN OF CONSTANTINOPLE If the virtue of charity consists in loving one's neighbor, if we are commanded to love our neighbors as we are, why does your blessed one not love me as much as she loves herself? For with what ardor, with what zeal she wished to flee the burdens of the episcopate, and yet she did not resist that these same burdens of the episcopate should not be imposed on me. It is clear, therefore, that you do not love me as you do, who wished me to bear those burdens which you did not wish to be imposed on you. But because I, unworthy and weak, have taken on an old and severely broken ship, — for the waves enter from all sides and the rotten planks of the wreck, battered by the daily and strong storm, resound — I beg you by the Almighty Lord to extend to me in this danger the hand of your prayer, because you can beg me all the more earnestly, the further you stand from the confusion of the tribulations which we suffer on this earth. I am sending the synodal epistle about the subsequent one in haste, because at the very beginning of my ordination, I relieved the bearer of the presents, Bacaud, our brother and fellow bishop, who was pressed by many and heavy occupations.
인간번역	Gregory to John of Constantinople If the virtue of charity consists of love for one's neighbors, and if we are accordingly ordered to love our neighbors as ourselves, why is it that your Beatitude does not love me as much as you love yourself? For I know with what ardor, with what zeal you wished to escape the burdens of the episcopate, and yet you did not prevent these same burdens of the episcopate from being imposed on me. And so it is certain that you do not love me as much as you love yourself, for you wanted me to undertake those burdens that you did not want imposed on yourself. But because, while unworthy and infirm, I have taken on an old and very broken down ship (for the waves pour in from all sides and the rotten planks, shaken by daily and powerful storms, suggest a shipwreck), I ask by our almighty Lord that in this danger of mine you stretch forth the hand of your prayer. For you are able to pray all the more earnestly, as you are situated further away from the confusion of the tribulations from which we suffer in this country. But I am sending over a synodical letter, to follow post-haste, as I have released the bearer of this letter, Bacauda, our brother and fellow-bishop, at the very beginning of my ordination, although under the pressure of ipaqy weighty occupations.

한국의 한문고전 자동번역 프로그램 개발과 그 의미

한국고전번역원 '한문고전 자동번역 서비스'를 중심으로

안 광 호

안양대 신학연구소 HK+사업단 HK교수

Ⅰ. 머리말

Ⅱ. 한문고전 자동번역 서비스의 내용 분석

Ⅲ. 한문고전 자동번역 프로그램 개발의 의미

Ⅳ. 맺음말

Ⅰ. 머리말

　본고는 현재 한국고전번역원에서 제공하고 있는 '한문고전 자동번역 서비스'의 내용을 분석해 보고 한문고전 자동번역 프로그램 개발이 가지고 있는 학술사적인 의미를 검토해 보려는 것이다. 그리고 이 과정에서 한문고전 자동번역 프로그램이 현재까지도 상용화되지 못하고 있는 현실을 지적하고 그에 대한 원인을 분석하면서 한문고전 자동번역 프로그램 개발의 필요성을 다시 한번 강조해 보려 한다.

　'한문고전 자동번역 서비스'는 한국고전번역원의 대표적인 한문고전 데이터베이스(Database)라 할 수 있는 '한국고전종합DB'에서 무료로 제공되고 있는 한문고전 자동번역 프로그램을 가리킨다.[1] 이 프로그램은 국내에서 이루어진 한문고전에 대한 최초의 자동번역 프로그램으로, 다른 무엇보다도 한문고전이라는 인문학의 전통 분야가 '인공지능(Artificial Intelligence)'으로 대표되는 현대 과학 기술과 결합되었다는 점에서 큰 의미가 있다고 할 수 있다.

---

[1] '한문고전 자동번역 서비스'는 한국고전번역원의 한문고전 데이터베이스인 '한국고전종합DB'(https://db.itkc.or.kr/) 안에 다른 사이트들과 함께 링크되어 있는데, 'http://aitr.itkc.or.kr/'라는 인터넷 주소를 통해 직접 접속할 수 있다.

또 이 한문고전 자동번역 프로그램은 현재 인공지능에 기반한 다양한 외국어 자동번역 프로그램이 개발되어 상용화되었다는 현실을 감안할 때, 한국 사회에서 현대 외국어와 대칭점에 있는 언어라 할 수 있는 전통 한문에 대한 자동번역 프로그램이라는 점에서 의미가 있다고 할 수 있다. 한국 사회에서 외국어 번역이 외부 세계와 소통하기 위한 정보의 교환이 주된 목적이라 한다면, 한문고전 번역은 외부 세계와의 소통을 위한 정보 교환보다는 근대 이후 '전통 문자의 단절'로 인해 생겨난 세대 간의 문화적 간극을 극복하기 위한 것이라 할 수 있다.[2]

이러한 의미를 가지고 있는 한문고전 자동번역 프로그램이지만, 이 프로그램은 현재까지도 상용화에 이르지 못하고 있다. 이러한 사실은 동일한 한자 문화권에 속해 있는 중국학계와 비교해 보면 더욱 분명해진다. 중국학계는 한국학계보다 한문고전에 대한 디지털(Digital)화를 늦은 시기에 시작하기는 하였지만, 2010년대 이후 급속한 발전을 통해서 2010년 말부터는 한문고전 자동번역 프로그램을 상용화하여 포털 사이트에서 상시로 제공하고 있다.[3]

본고는 한문고전 자동번역 프로그램 개발이 가지고 있는 의미와 한계를 학술적으로 검토하려 한다. 이를 위해서 먼저 한국학계의 대표적인 한문고전 자동번역 프로그램이라고 할 수 있는 한국고전번역원의 '한문고전 자동번역 서비스'의 내용을 살펴보려 한다. 그런 다음, 이 프로그램 개발이 학술사적으로 가진 의미를 분석하면서 아직까지 상용화에 이르지 못한 원인을 함께 찾아보려 한다.

---

2 최정화, 『외국어와 통역·번역』, 12면, 한국외국어대학교출판부, 2005.; 허선도, 「한국문화전통의 국민적 계승과 고전이해」, 『민족문화』 7, 민족문화추진회, 1981.; 민족문화추진회 편, 『민족문화추진회 30년사』, 65면, 민족문화추진회, 1995.

3 안광호, 「디지털 시대 중국 내 고전 DB 구축 현황과 그 전망」, 『민족문화』 51, 한국고전번역원, 2018.; 조성덕·박종훈·이종웅·김우정, 「바이두(百度) 번역기의 한문고전 번역 수준과 향후의 과제」, 『한문학논집』 53, 근역한문학회, 2019.; 안광호, 「한국고전번역사의 관점에서 바라 본 인공지능 고전번역기 출현의 의미」, 『고전과 해석』 27, 고전문학한문학연구학회, 2019.

Ⅱ. 한문고전 자동번역 서비스의 내용 분석

'한문고전 자동번역 서비스'란 한국고전번역원에서 웹사이트를 통해 제공하는 한문고전 자동번역 프로그램을 지칭하는 것으로, 이 프로그램은 인공지능 기술을 활용하여 한문으로 이루어진 고전을 현대 한국어로 번역해 주는 일을 수행하고 있다. 여기서 말하는 인공지능 기술이란 번역학계에서 말하는 이른바 '신경망 기반의 자동번역 기술', 즉 '신경망 기계 번역(Neural Machine Translation)'을 의미한다. 그래서 일부 학계에서는 이 한문고전 자동번역 서비스를 가리켜 '인공신경망 기반 한문고전 번역 서비스'라고 칭하기도 한다.[4]

이 한문고전 자동번역 프로그램의 출현은 한국 사회에서 많은 의미를 가지고 있다고 할 수 있다. 그중에서도 가장 큰 의미는 어려운 한자로 이루어진 고전을 이 프로그램을 통해서 보다 쉽게 접근할 수 있게 되었다는 점이다. 한국 사회는 근대 이후 전통 문자의 단절을 경험하였고 이로 인해 세대 간의 문화적 간극이 사회적 이슈로 자리 잡았다. 더욱이, 최근에는 학창 시절에 한자를 학습하지 않은 세대가 사회적 중심 세대로 자리 잡으면서 세대 간의 이질성은 더욱 커지고 있는 상황인데, 이 자동번역 프로그램의 출현은 이러한 세대 간의 간극을 다소간 줄여 줄 수 있을 것으로 기대된다.

한문고전 자동번역 프로그램의 출현은 전통 인문학의 범주로만 알려졌던 한문고전이 현대 과학 기술과 접목되었다는 점에서도 의미를 갖는다고 할 수 있다. 이른바 'IT(Information Technology)'로 표현되는 현대 과학 기술은 2010년대 중반 이후로 빅데이터로 불리는 정보를 활용한 보다 확장된 방향으로 전개되었고, 이 빅데이터 기반 정보 과학은 한문고전을 위주로 연구

4　한국고전번역원, '한문고전 자동번역 서비스' 웹사이트(http://aitr.itkc.or.kr/), '도움말:한문고전 자동번역은 어떤 서비스인가요'.

되어 온 한국의 전통 인문학에도 영향을 주어 새로운 반향을 일으켰다.[5]

　이 한문고전 자동번역 프로그램은 클라우드(Cloud) 기반 방식으로 개발되었다. 클라우드 기반 방식이란 특정 서버에 개발 프로그램을 저장해 두고 이용자들로 하여금 인터넷에 접속하여 이용할 수 있게 하는 방식이다.[6] 그래서 이 프로그램은 인터넷을 활용할 수 있는 사람이라면 누구나 접속해서 이용이 가능하다. 더욱이, 이 프로그램에서는 별도의 로그인을 요구하지 않아서 접속 가능한 사람들은 언제나 무료로 이용할 수 있다.

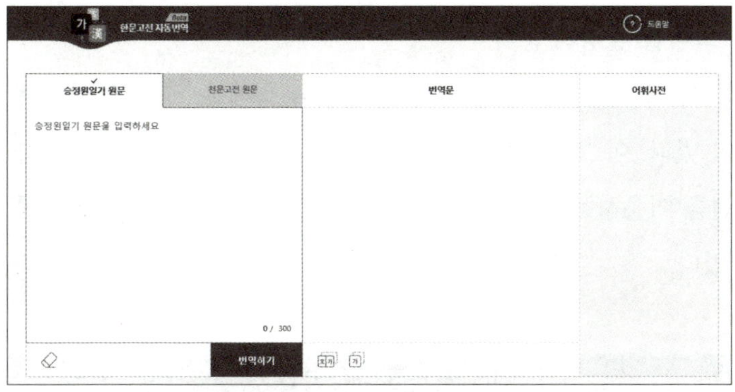

〈한문고전 자동번역 서비스 홈페이지 화면〉

　한국고전번역원에서 제공하는 한문고전 자동번역 서비스를 들여다보면, 크게 세 부분으로 나누어져 있음을 알 수 있다. 가장 좌측에는 한문고전의 원문을 한문 형태로 입력할 수 있는 공간이 있고 그 공간 하단에는 '번역하기'라는 버튼이 마련되어 있다. 그리고 중간 부분에는 한문고전 원문을 현대 한국어로 변환하여 보여주는 공간이 자리하고 있다. 따라서 이 프로그램을 이용하려는 사람은 자신이 알고자 하는 한문고전의 내용을 좌측 공간에 한문

5　에레즈 에이든 등, 김재중 역,『빅데이터 인문학: 진격의 서막』, 사계절, 2015.; 김현,『인문정보학의 모색』, 북코리아, 2012.

6　윤혜식,『클라우드: 새로운 기술 생태계의 탄생』, 25면, 미디어샘, 2022.

형태로 입력하고 '번역하기'를 클릭하게 되면, 그 옆 공간에서 바로 번역문을 볼 수 있다.

또, 우측에는 '어휘사전'이라는 공간이 존재한다. '어휘사전'은 번역문에 나오는 내용 가운데 연구자나 일반인이 이해하기 어려운 역사 용어가 출현하면, 그걸 쉽게 풀어서 설명하는 역할을 수행한다. 예를 들면, 번역문에 "상이 이르기를, '삭서(朔書)를 조금 전에 다시 살펴보았으니, 승정원 주서(注書)는 나가서 방목(榜目)을 다시 수정하여 들이라.'"라는 내용이 나오면, '방목'이라는 역사 용어에 대해 노란색으로 하이라이트 표시를 해 주고 '어휘사전'에서 그 의미를 설명해 준다.

그리고, 이 자동번역 프로그램의 상단 우측에는 '도움말'이라는 코너가 마련되어 있다. 이 '도움말' 코너에는 일종의 Q&A 방식으로, 이용자들이 이 프로그램을 이용하는 데 있어 상시적으로 궁금해할 내용이 6개 항목으로 정리되어 있다.

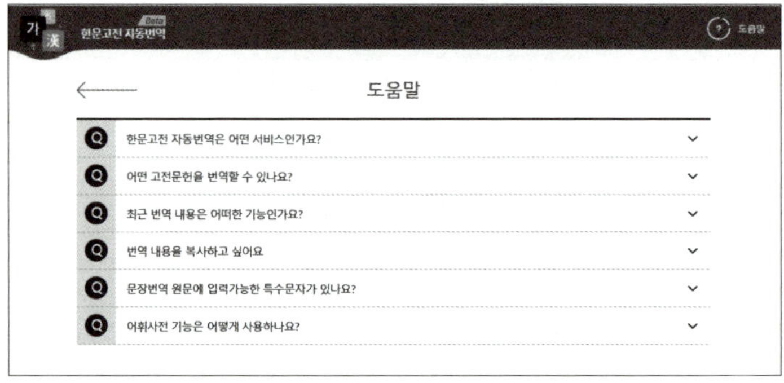

〈한문고전 자동번역 서비스 '도움말'의 내용〉

이 한문고전 자동번역 프로그램은 실제로 한문고전에 관심을 가진 일반인뿐만 아니라, 한문고전을 연구하는 전문 연구자들에게도 많은 도움을 주고 있다. 일반인들은 자신들이 궁금한 한문고전의 내용을 단순히 문의하는 수준에서 이 프로그램을 이용할 수 있을 것이고, 전문 연구자들은 이 프로그램을 활용하여 보다 수준 높은 번역을 선보일 수 있을 것이다. 실제로, 한문고전을 전문적으로 번역하는 일에 종사하는 사람들 중에도 이 프로그램을 자신의 번역 작업에 활용하는 사례가 나타나고 있다.

　이 자동번역 프로그램은 서울과학종합대학원대학교에 재직하고 있던 김진호 교수의 제안으로 개발이 시작되었다. 김진호 교수는 한국고전번역원의 초청으로 2016년에 '빅데이터와 인공지능 시대-고전번역과 연구의 시사점'이라는 제목으로 직원 교양 강좌를 실시하였는데, 이 자리에서 그는 인공지능의 '딥 러닝(Deep Learning)' 방식을 통해 고전 자동번역 프로그램 개발도 충분히 가능하다는 점을 역설하였다.[7]

　딥 러닝(Deep Learning) 방식은 한국어로 '심층 학습'이라 번역되기도 하는데, 이 방식은 앞서 한문고전 자동번역 서비스를 소개하면서 밝혔던 '인공지능 기술', 다시 말해 '인공 신경망 기반의 기계 학습'을 의미한다. 실제로 한문고전 자동번역 서비스를 구축하는 과정을 살펴보면, 1990년 이후 한문고전의 전산화 과정을 통해 축적되어 온 한문고전의 원문과 번역문을 코퍼스(Corpus) 형태로 정제하여 심층 학습 방식으로 활용할 수 있게 하는 작업이 들어가 있다.[8]

　한국고전번역원에서는 2016년에 김진호 교수의 제안을 바탕으로 하여 '인공지능 기술을 활용한 고전문헌 자동번역 시스템'이라는 사업을 기획하였다. 그리고 그 다음 해인 2017년에는 충남대학교와 공동으로 과학기술정보통신부(한국정보화진흥원)에서 공모하는 'ICT 기반 공공서비스 촉진 사업'에 선정되었고, 이를 기반으로 2017년에 약 19억 원, 2018년에 약 15억 원

7　한국고전번역원 편, 「한국고전번역원 소식」, 『고전사계』 22호, 38면, 한국고전번역원, 2016.

8　한국고전번역원·충남대학교 편, 「2017년도 ICT 기반 공공서비스 촉진사업: 인공지능 기반 고전문헌 자동번역시스템 고도화 착수보고서」, 30-31면, 한국고전번역원, 2017.; 한국고전번역원·충남대학교 편, 「2018년도 ICT 기반 공공서비스 촉진사업: 인공지능 기반 고전문헌 자동번역시스템 고도화 착수 보고서」, 13-14면, 한국고전번역원, 2018.

을 지원받아 한문고전 자동번역 서비스 개발의 기반을 마련하게 되었다.[9]

　2017년과 2018년 2년 간의 사업을 마무리한 뒤, 한국고전번역원에서는 한국천문연구원과 함께 'ICT 기반 공공서비스 촉진 사업'에 다시 지원하여 지원을 받게 되었다. 이 두 연구기관은 여러 종류의 한문고전 중에서도 『조선왕조실록』, 『승정원일기』, 그리고 천문고전을 우선적으로 활용한 한문고전 자동번역 프로그램을 개발하기로 합의하였다. 이를 위해 국비 14억을 지원받고, 한국고전번역원과 한국천문연구원에서 각기 5천만 원씩 투자하기로 하였다.[10]

　두 연구 기관이 『조선왕조실록』, 『승정원일기』, 그리고 천문고전을 한문고전 자동번역 프로그램 개발에 우선적으로 활용하기로 합의한 데에는 몇 가지 이유가 있다. 우선, 『조선왕조실록』과 『승정원일기』는 그 원문이 이미 전산화되어 국사편찬위원회를 통해 일반에게 제공되고 있었고, 또 한국고전번역원의 전신인 민족문화추진회 시절부터 번역을 진행하여 지금까지 상당 분량이 번역되어 있었기 때문이었다. 한문고전 자동번역 프로그램 개발자들은 기존의 자료들을 활용할 경우 보다 쉽게 프로그램을 개발할 수 있을 것으로 판단하였다.

　『조선왕조실록』은 1968년에 세종대왕기념사업회가 처음으로 번역을 시작하였으며, 1972년부터는 한국고전번역원의 전신인 민족문화추진회가 공동으로 참여하였다.[11] 이렇게 시작된 『조선왕조실록』의 번역 사업은 1993년에 완역되었고 1995년에는 동방미디어에서 『조선왕조실록 CD-ROM』을 제작하여 판매하였다.[12] 그러다가 2000년대에 들어서는 국사편찬위원회에서

9　이종웅, 「인공지능 기반 자동번역의 기술 동향 및 고전문헌 자동번역의 가능성」, 『고전사계』 28호, 33면, 한국고전번역원, 2017. ; 한국고전번역원·충남대학교 편, 위 보고서, 4면, 2017. ; 한국고전번역원·충남대학교 편, 위 보고서, 5면, 2018.

10　한국천문연구원 편, 「보도자료: 2019년 5월 16일」. 이 보도자료는 한국천문연구원 인터넷 홈페이지 공지 사항에 올라와 있다.

11　김구진, 「국역 『조선왕조실록』에 대하여」, 『민족문화』 17, 87면, 민족문화추진회, 1994.

12　박소동, 「고전국역사업의 회고와 전망」, 『민족문화』 17, 128면, 민족문화추진회, 1994.

이를 구매하여 별도의 사이트를 구축하고 연구자와 일반인들이 자유롭게 이용할 수 있게 하였다.[13]

또, 『승정원일기』는 1994년부터 『조선왕조실록』의 후속 사업으로 민족문화추진회에서 번역을 시작하였다.[14] 『승정원일기』는 조선시대 승정원에서 인조 대부터 고종 대까지 기록한 역사 기록인데, 2019년에 한국고전번역원이 한문고전 자동번역 프로그램을 개발하던 시기에는 이미 인조 대와 고종 대의 번역이 마무리되고 영조 대의 기사를 번역하고 있었다. 더욱이, 국사편찬위원회에서는 2000년대부터 시작하여 2015년까지 『승정원일기』 원문 전체를 전산화하는 데 성공하였다.[15] 그래서 한문고전 자동번역 프로그램을 개발하는 사람들은 『조선왕조실록』과 『승정원일기』를 프로그램 개발에 우선적으로 활용하려 하였던 것이다.

그리고 천문고전을 한문고전 자동번역 프로그램 개발에 이용하기로 한 이유는 아마도 한문으로 이루어진 다양한 고전 가운데 천문학에 관련된 고전이 비교적 文理가 무난하다고 판단되었기 때문으로 생각된다. 2019년에 한문고전 자동번역 프로그램 개발에 활용된 천문고전으로는 『諸家曆象集』, 『書雲觀志』, 『儀器輯說』, 『天東象緯考』 등이다.[16] 이 천문고전들은 『조선왕조실록』과 『승정원일기』와 같은 역사 문헌에 비하여 그 분량이 매우 적은 것이기는 하였지만, 당시까지 천문고전으로 전산화된 고전의 전부였던 것으로 생각된다.

2017년에 한국고전번역원에서 처음으로 기획하였던 한문고전 자동번역 프로그램 개발 사업은 총 3단계로 나누어져 있었다. 그 중 첫 번째 단계는 한문고전에 대한 자동번역 프로그램을 개발하여 연구자와 일반인에게 제공

---

13 김현, 「한국 고전적 전산화의 발전 방향」, 『민족문화』 28, 158면, 민족문화추진회, 2005.

14 신승운, 「『승정원일기』의 번역과 정본화 문제」, 『민족문화』 31, 48면, 한국고전번역원, 2008.

15 김영민, 「'승정원일기 정보화사업' 사업 경과」, 『승정원일기 정보화 사업 15년, 2001~2015』, 117-118면, 국사편찬위원회, 2015.

16 한국천문연구원 편, 위 보도자료(2019년 5월 15일).

하는 것이었고, 두 번째 단계는 서비스 단계에서 생겨난 여러 가지 문제점을 보완하여 한문고전 자동번역의 모델을 생성하기 위한 표준화된 체계를 정립하는 것이었으며, 세 번째 단계는 표준화된 체계를 바탕으로 한문고전 자동번역 프로그램을 정식으로 구축하는 것이었다.[17]

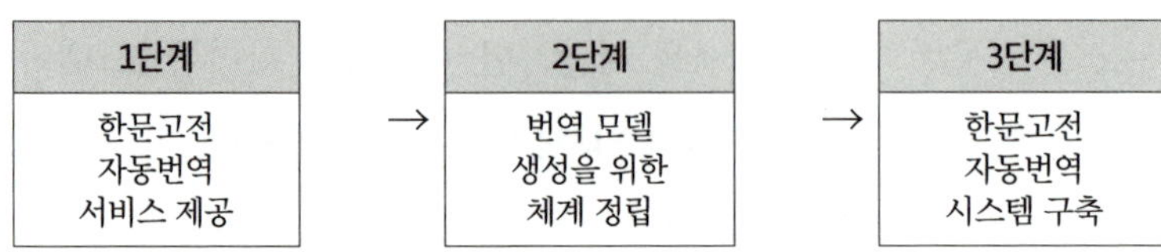

〈한문고전 자동번역 프로그램 개발의 3단계 구상도〉[18]

2017년도에 수립된 한문고전 자동번역 프로그램 개발 사업은 이후 계획대로 추진되지 못하였다. 아마도 전체 3단계의 사업 가운데 1단계 수준에서 중단된 것으로 보이는데, 현재 한국고전번역원에서 한문고전 자동번역 프로그램을 '한문고전 자동번역기' 또는 '한문고전 자동번역 프로그램' 등의 이름으로 정식 명칭을 사용하지 못하고 '한문고전 자동번역 서비스'라고 부르는 것도 이러한 사실과 관계 있는 것으로 생각된다.

여하튼, 현재 '한문고전 자동번역 서비스'라는 이름으로 제공되고 있는 프로그램은 2017년부터 2019년 사이에 구축된 것이라 할 수 있는데, 이 프로그램 역시 모두 3단계를 거쳐 이루어졌다. 첫 번째 단계는 기존에 전산화되고 번역된 내용을 코퍼스 형태로 정제하는 것이고, 두 번째 단계는 정제된 코퍼스를 기반으로 하여 딥 러닝이 가능한 빅데이터를 구축하는 것이었으며, 세 번째 단계는 코퍼스에 의해 구축된 빅데이터를 기반으로 하여 인공지능형 기계 번역을 실시하는 것이었다.

---

17 한국고전번역원·충남대학교 편, 위 보고서, 14면, 2017.
18 이 표는 한국고전번역원와 충남대학교가 공동으로 작성한 위 보고서(2017)의 내용을 필자가 본고의 논지에 맞게 재구성한 것이다.

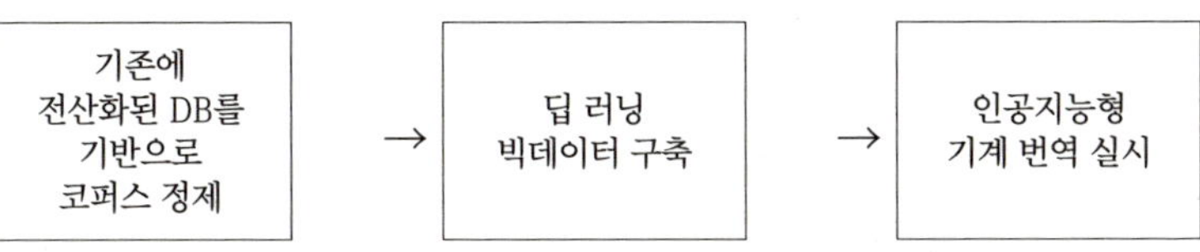

〈한문고전 자동번역 서비스 구축 과정〉[19]

그리고 기존에 전산화되고 번역된 내용을 코퍼스 형태로 정제하는 과정에서는 한문고전의 원문과 번역문을 서로 매칭시키는 방식으로 진행되었다. 다시 말해, 원문을 하나의 문장 단위로 구분하고, 그에 해당하는 번역문을 찾아서 서로 짝을 이루며 코퍼스를 생성하는 방식이다. 이러한 방식은 원문에 반복적으로 출현하는 문구와 그에 대한 다양한 번역문을 제시할 수 있게 해줌으로써, 인공지능 방식으로 가장 적절한 기계 번역이 이루어질 수 있게 해주었다.

이와 같은 코퍼스 정제 방식은 2017년에는 『승정원일기』만으로 추진되었으나, 2018년에 들어서는 『조선왕조실록』까지도 포함되었다.[20] 그리고 이 코퍼스 정제 과정에서는 『승정원일기』와 『조선왕조실록』에 대한 코퍼스 정제 이외에도, 기호 지방에서 수집된 고서와 고문서에 대한 데이터베이스 구축 사업이 포함되어 있었다.[21] 그러나 현재 한문고전 자동번역 서비스 안에는 이 당시 구축된 기호 지방 고문헌에 대한 데이터베이스가 제공되지 않고 있다.

이상에서 살펴본 바와 같이, 한문고전 자동번역 서비스에서 제공하고 있는 자동번역 프로그램은 여러 가지 측면에서 완벽한 것이 아니라 할 수 있다.

---

19 이 표는 한국고전번역원와 충남대학교가 공동으로 작성한 위 보고서(2017)의 내용을 필자가 본고의 논지에 맞게 재구성한 것이다.

20 한국고전번역원·충남대학교 편, 위 보고서, 8면, 2017.

21 한국고전번역원·충남대학교 편, 위 보고서, 32면, 2017.; 한국고전번역원·충남대학교 편, 위 보고서, 28면, 2018.

이와 같이 판단할 수 있는 가장 큰 이유는 한문고전 자동번역 프로그램을 개발하기 위하여 본래 세워 두었던 계획에서 거의 초보적인 수준의 작업만을 추진하고 중단되었기 때문이다. 그리고 다양한 종류의 한문고전 가운데『승정원일기』와『조선왕조실록』만을 중심으로 하여 빅데이터를 구축하고, 이 빅데이터를 기반으로 하여 기계 번역이 이루어지고 있다. 비록 2019년에는 한국천문연구원의 참여로 인해 천문고전 자료가 추가되기는 하였지만, 앞서 언급하였듯이 그 천문고전이라는 것은 4종의 단편적인 문헌에 불과한 것이었다.

하지만 2017년에 처음으로 한문고전에 대한 자동번역 프로그램을 개발하려는 의도는 전혀 그렇지 않았다. 전산화된 다양한 종류의 한문고전을 모두 코퍼스 형태로 정제하고, 정제된 코퍼스를 기반으로 빅데이터를 구축하여 인공지능형 기계 번역을 실시하는 것이었다. 그리고 그에서 더 나아가 이를 시범적으로 공개하여 연구자들과 일반인들이 사용하게 하고, 그 과정에서 발견된 각종 문제점을 수정·보완하여 한문고전에 대한 표준화된 자동번역 프로그램을 개발하는 것이었다.

이러한 사실은 그동안 우리가 중점적으로 살펴보았던 한국고전번역원의 사업 착수보고서에서만 나타나는 것이 아니라, 2019년에 한국고전번역원과 함께 이 사업을 공동으로 추진하였던 한국천문연구원의 보도자료에서도 나타난다. 그 보도자료에 따르면, 한문고전 자동번역 프로그램을 개발하려는 목표는 완성된 프로그램을 연구자, 번역자, 콘텐츠 개발자, 학생, 그리고 일반인들이 자유롭게 이용할 수 있게 하고, 그에 더 나아가 개발에 참여한 여러 기관들이 각 기관의 사업 목적에 맞게 이 프로그램을 이용하여 특성화된 자료를 추출해 낼 수 있게 하는 것이었다.

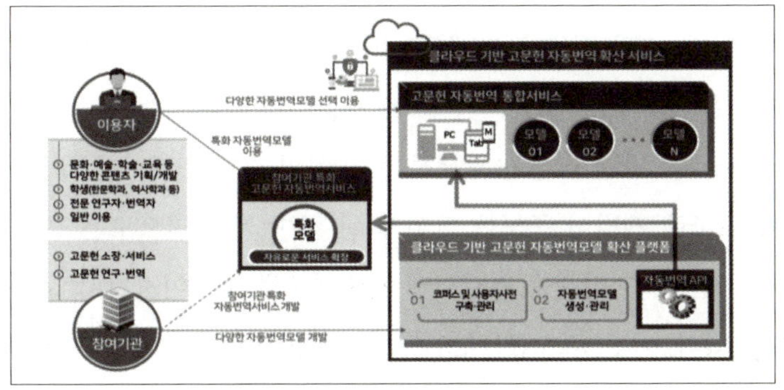

〈한국천문연구원에서 기획하였던 한문고전 자동번역 프로그램 모형도〉[22]

Ⅲ. 한문고전 자동번역 프로그램 개발의 의미

이상에서 살펴본 한문고전 자동번역 프로그램은 아마도 다음과 같은 점에서 학술적 의미를 찾아볼 수 있을 것이다. 첫째는 현대 한국 사회에서 다소 난해한 언어로 알려진 한문으로 작성된 고전을 연구자나 일반인이 보다 쉽게 이해할 수 있게 해 주었다는 점이다. 둘째는 인공지능으로 대표되는 현대 과학 기술이 한문고전을 중점적으로 연구하는 전통 인문학과 결합하여 새로운 학문 분야는 제시하였다는 점이다.

그러나 이 한문고전 자동번역 프로그램은 완벽하게 개발되어 제공되는 것이 아니라는 한계가 있다. 이 프로그램은 '한문고전 자동번역 서비스'라는 이름에서도 볼 수 있듯이, 어디까지나 '서비스' 차원에서 제공되는 미완성 프로그램이다. 앞 절에서 설명한 바대로, 이 프로그램은 사업 초기에 전체 3단

---

22 한국천문연구원, 위 보도자료(2019년 5월 15일).

계로 나누어 개발하려고 시도하였지만, 그 중 겨우 1단계만이 진행된 상황에서 중단되었다. 그럼 이 프로그램은 어떠한 사유로 인해 개발이 중단되었던 것일까? 이를 살펴보는 일은 한문고전 자동번역 프로그램 개발의 한계점을 살펴보고 새로운 발전 방향을 모색하는 데 있어 중요한 의미를 가질 것이다.

이 프로그램 개발이 중도에 그치게 된 첫 번째 원인으로는 프로그램 개발을 지원하는 국가 정책이 일관되게 지속적으로 이루어지지 않았다는 점을 지적할 수 있다. 이 프로그램은 2017년부터 2019년까지 총 3년간 과학기술정보통신부의 지원을 받아 추진되었지만, 이 기간은 한문고전 자동번역 프로그램을 완성하기에 충분한 기간이 아니었다. 더욱이, 이 프로그램 개발을 주도하였던 한국고전번역원과 한국천문연구원 역시 국비의 지원 없이 자체적으로 이 프로그램 개발을 추진할 수 있는 재정적인 역량을 갖추지 못하였다.

두 번째 원인은 한문고전 자동번역 프로그램에 대한 기대와 수요가 그에 대한 시장성을 확장할 수 있을 만큼 크지 못하였다. 2010년대 중반에 들어서는 인공지능에 기반한 기계 번역이 크게 활성화되었고, 이 기계 번역의 대부분은 현대 사회에서 수요가 많은 언어를 중심으로 개발되었다. 그래서 전 세계적으로 여섯 개 대륙의 거점 국가들이 사용하는 현대 언어가 대다수를 이루게 되었고, 그중에서 한국 사회는 영어, 중국어, 일본어 등 시장성이 확보된 외국어 번역이 주류를 이루었다. 이러한 분위기 속에서 한문과 같이 死藏된 언어에 대해서는 많은 관심이 주어지지 않았다.

세 번째 원인은 한국 인문학계의 인지도 부족을 지적할 수 있다. 한국의 인문학자들은 전통적으로 한문고전을 기반으로 연구를 진행하는 경향이 있다. 그들은 자신의 연구를 위하여 가장 먼저 한문 해독 방식을 터득하고, 그러한 방식으로 해석된 고전의 내용을 통하여 자신의 견해를 밝히곤 한다. 1990년대부터 고전들이 전산화되기 시작하여 고전을 검색하는 방법이 더욱 효율화되고 다양화되기는 하였지만, 아직까지도 인공지능에 기반한 연구 방식에 대해서는 커다란 관심을 보이지 않고 있는 실정이다.

　이상의 원인과 함께 살펴봐야 할 대목은 한문고전 자동번역 프로그램의 개발을 추진하였던 기관의 내부 모습이다. 이 프로그램의 개발을 주도적으로 추진하였던 한국고전번역원은 민족문화추진회를 모체로 하여 2006년에 정부출연기관으로 변화한 기관이다. 민족문화추진회는 한국의 한문고전에 대해 전산화가 추진되던 초기부터 서울대 규장각한국학연구원, 한국학중앙연구원, 국사편찬위원회와 함께 한문고전의 전산화 사업을 주도하였던 기관 가운데 하나이다. 그리고 현재 한국고전번역원의 전체 예산 가운데 고전의 전산화에 쓰이는 예산 또한 결코 작은 규모라 할 수 없다. 그러나 그 내부 구성원의 모습을 살펴보면, 한문고전의 전산화에 특화된 인원은 많아야 3~4명에 불과하며, 이 인원 중에는 한문고전의 전산화와 인문 정보학에 관한 전문적인 학위를 취득한 사람은 전무하다.

　또, 한문고전 자동번역 프로그램이 개발되면, 그에 대한 혜택은 한문고전을 현대 한국어로 번역하는 사람들과 해당 기관에 주어진다는 사실은 자명하다고 할 수 있는데, 한국고전번역원 내부에서는 아직까지 이 프로그램에 대한 필요성을 간절히 인식하지 못하고 있다. 한국고전번역원의 전신인 민족문화추진회는 1965년부터 고전국역사업을 전문적으로 실시하였던 기관으로, 이 기관에서 활동한 인원들은 현대 학문을 습득한 사람보다는 한학을 전통적인 방식으로 습득한 사람이 많았다. 그래서 현대 학문에 대한 접근보다는 전통적인 한학에 치우치는 경향이 많았고, 이로 인해 오늘날까지도 현대의 학문적 흐름에 병행하려는 의지가 부족한 실정이다. 이러한 내부 분위기 속에서 한문고전 자동번역 프로그램의 필요성은 기대하기 힘들다고 할 수밖에 없다.

　그리고 한문고전 자동번역 프로그램을 개발하는 데 있어 또 다른 걸림돌은 한국고전번역원이라는 기관이 가진 폐쇄성이라고 할 수 있다. 이 기관의 구성원들은 주로 대학교에서 한문학이나 서지학을 전공한 사람들이 주류를 이루고 있다. 그리고 이들 중 상당수는 대학원에서 자신의 전공으로 학위를 습득한 사람보다는 그 기관의 부설 기관인 한국고전번역교육원을 이수한 사람일 경우가 많다. 그러다 보니, 한국 인문학계의 전체적인 흐름 속에서 자동 번역 프로그램의 개발을 고려하기보다는, 그 기관 본연의 사업에 미칠 영향을 염두에 두고 프로그램의 개발을 생각하게 된다.

이러한 기관 내부의 분위기 속에서 한문고전 자동번역 프로그램이 개발되면, 기관 본연의 사업이 확대되기보다는 오히려 축소될 것이라는 우려가 내부적으로 존재하고 있다. 심지어는 이 프로그램의 개발 초기에, 한문고전 자동번역 프로그램이 개발될 경우, 한문고전에 대한 번역 단가가 낮아질 수 있기 때문에 이를 경계하는 수준에서 개발해야 한다는 논의가 내부적으로 벌어졌다는 일화가 존재하기도 한다.

이상에서 밝힌 한문고전 자동번역 프로그램의 한계에도 불구하고, 이 프로그램의 개발이 가지는 의미는 분명히 존재한다. 그 의미를 좀 더 구체적으로 이해하기 위해서는 한국학계에서 한문고전에 대한 전산화가 추진되어 온 과정을 이해해야 하고, 또 한문고전의 전산화가 가지는 의미를 이해하기 위해서는 한문고전에 대한 번역이 처음으로 시작된 과정과 변천 과정을 함께 이해할 필요가 있다.

한국 사회에서 한문고전에 대한 번역은 그 역사가 참으로 오래되었다. 한반도에 사는 사람들은 본래 자신의 문자를 가지고 있지 못하였고, 이로 인해 역사적 어느 시점부터인가는 중국의 한자를 도입하여 문자로 사용하였다. 한반도 사람들이 한자를 사용하기 시작하였다는 기록은 삼국 시대부터 나타나는데, 그 후로 한반도 사람들은 일상의 언어와 문자가 일치하지 않는 현상을 극복하기 위하여 다양한 노력을 하였다. 삼국 시대의 鄕歌, 고려 시대의 佛經 口訣, 조선 시대의 吏讀와 諺解 등이 대표적이라 할 수 있다.

한문고전에 대한 현대적인 방식의 번역은 조선 시대 말기부터 출현한 것으로 알려져 있다. 조선 말기에는 외세의 침입에 의해 민족 정체성에 많은 혼란을 초래하였고, 이러한 혼란을 극복하기 위하여 민족의 영웅으로 알려진 乙支文德의 일대기나 李舜臣의 『亂中日記』와 같은 고전을 우리말로 번역하여 소개하는 일이 있었다. 조선 말기에 이러한 사업을 주도하였던 인물 가운데 대표적인 사람이 최남선으로, 그는 조선광문회에서 발간하는 회보에 연재하는 방식으로 한문고전을 번역하여 소개하였다.[23]

이러한 방식의 한문고전 번역 사업은 일제강점기에도 계속해서 이어졌다. 그러다가 1945년 해방 이후로는 개인 명의로 한문고전을 번역하여 출판하는 일이 생겨났고, 1950년 이후로는 동국대학교의 譯經院과 같은 한문고전 전문 번역 기관이 설립되었다. 하지만 한국학계에서 한문 고전에 대한 현대적 번역 사업은 한국고전번역원의 전신인 민족문화추진회에서 1966년부터 추진한 고전국역사업이 그 기원이 된다고 할 수 있다.

민족문화추진회라는 명칭은 '민족문화추진위원회'라는 명칭에서 비롯되었다. 당시 박정희 정권은 1963년 한일협정으로 인해 생겨난 민심의 분노를 달래기 위해, 이듬해에 '민족문화추진위원회'라는 기관의 설립을 추진하였다. 이 민족문화추진위원회는 단순히 한문고전을 번역하는 일을 시행하려는 데 목적이 있었던 것이 아니라, 학술계와 예술계에 소속된 연구 기관 전체를 한곳에 모아 설립하려는 것이었다.

이를 위해서 당시 국무총리였던 정일권 씨가 이 위원회의 위원장으로 임명되었고, 이 위원회에서는 국립중앙도서관, 국립중앙박물관, 국립극장, 국사편찬위원회 등 학술계와 예술계에 속한 기관을 한곳에 모아 대규모의 기관을 설립하려 하였다.[24] 이 위원회의 추진 규모는 당시 위원회의 위상을 통해서도 확인이 되지만, 1965년에 채택된 민족문화추진위원회 창립총회의 결성 취지문과 창립회원으로 참여한 50인의 면면, 그리고 창립총회 이후 당

---

23 임상석, 「1910년대 국역의 양상과 한문고전의 형성」, 『사이』 8, 64면, 국제한국문학문화학회, 2010.

24 동아일보사 편, 『동아일보』 1966년 4월 19일 기사, '민족문화센터, 拂下說이 떠돌고 있는 國立劇場·國立圖書館·藝總會館'.

시 대통령에게 건의된 건의문을 통해서 확인된다.[25]

　　민족문화추진위원회는 몇 차례의 회의를 거쳐, 남산 일대와 한남동 일대
를 이 기관의 설립 부지로 확정하였지만, 당시 국가의 재정적인 상황을 고려
하여 설립 계획을 철회하였다. 그래서 민족문화추진위원회는 그에 관여된
사람을 중심으로 하여 민족문화추진회로 이름을 변경하고, 그 후속 사업으
로 한문고전을 현대 한국어로 번역하여 민족 문화를 계승하려는 정신을 이
어가게 하였다.

　　그래서 민족문화추진회는 1966년부터 한문고전을 현대 우리말로 번역
하는 고전국역사업을 시작하게 되었다. 이 고전국역사업은 당시 정부의 국
무회의 의결을 통해 시작된 것으로 보이는데, 민족문화추진회는 이 고전국
역사업을 위해 향후 10년 동안 번역할 180여 종의 서목을 확정하였다.[26] 번
역 첫해인 1966년에 번역된 『동문선』, 『연려실기술』, 『퇴계집』은 현재까지
도 한문고전 번역의 고전으로 불리고 있다.[27]

　　이 시기 민족문화추진회에서 진행한 한문고전의 번역 방식은 번역을 위
한 기초 조사, 실제 번역 진행 과정, 그리고 번역 후 부수 작업으로 나누어 볼
수 있다. 기초 조사는 한문고전에 대한 번역 사업을 거시적으로 조망하면서
장기적인 번역 계획을 수립하는 단계이고, 실제 번역 진행 과정은 번역자의
선정, 번역 방식의 결정, 주석 작성 등을 가리키는 것이며, 번역 후 부수 작업
은 번역이 완료된 이후에 해제와 색인을 작성하고 교열과 윤문을 행하는 것
을 말한다.

　　그리고 이 시기의 번역은 번역자들이 한문고전을 번역하기 위해 다양한
공구서를 활용하면서 진행하는 방식이었다. 번역자들은 목록 및 해제 작성

25　민족문화추진회 편, 『민족문화추진회 30년사』, 59-61면, 민족문화추진회, 1995.

26　박종화, 「고전번역 제1집 『연려실기술』 발간에 즈음하여」, 『국역 연려실기술』, 민족문화추진회, 1966.

27　1966년 민족문화추진회에서 출판된 번역서는 아래와 같다. 徐居正, 양주동 등 역, 『국역 동문선』, 민족
　　문화추진회, 1968~1970.; 李肯翊, 이병도 등 역, 『국역 연려실기술』, 민족문화추진회, 1967~1968.; 李
　　滉, 권오돈 등 역, 『국역 퇴계집』, 민족문화추진회, 1968.

을 위하여 기존에 간행된 목록집이나 해제집을 활용하였고, 한자 및 어휘 문제를 해결하기 위하여 각종 한문 사전을 이용하였으며, 인명이나 지명과 같은 주제별 어휘를 해결하기 위하여 그와 관련된 공구서를 활용하기도 하였다. 또, 기존에 편찬된 번역서의 부록으로 실려 있는 색인을 활용하여 관련 어휘에 대한 보다 풍부한 용례를 찾아보곤 하였다.

각종 공구서를 활용한 이와 같은 번역 방식은 1990년대 말부터 시작된 한문고전의 전산화 이전까지 지속되었다. 하지만 1990년대 말부터 한문고전의 전산화가 본격적으로 시작된 이후로는 이전부터 사용되었던 공구서는 물론이고 한문고전의 원문과 이미지, 그리고 해당 한문고전에 대한 번역문 등이 데이터베이스로 구축되었고, 번역가들은 이 데이터베이스를 활용하여 한문고전을 번역하게 되었다.

한국의 한문고전을 데이터베이스화하는 작업은 사실 Edward W. Wagner (1924~2001)에 의해 처음으로 이루어졌다.[28] Wagner 교수는 미국 하버드대 동아시아언어문화학부에 재직하면서, 한국의 宋俊浩 교수와 함께 조선시대 문과 급제자에 대한 연구를 진행하였고, 이러한 연구를 위하여 문과 급제자들의 신상에 관련된 일련의 자료를 데이터베이스화하였다. Wagner 교수가 문과 급제자에 대한 자료를 전산화할 당시에는 전산 기술이 그리 발달되어 있지 않았기 때문에, 그는 당시 電信 부호(-일명 모스 부호) 입력 방식에 따라 데이터를 입력한 것으로 알려져 있다.

Wagner 교수가 한국의 한문고전을 전산화하게 된 배경에는 미국학계에서 이루어졌던 중국 역사 자료에 대한 전산화 작업이 많은 영향을 주었던 것으로 알려져 있다. 미국학계에서는 일찍부터 역사 자료를 전산화하는 작업을 시작하였고, 한자문화권의 역사 자료 중에서는 중국의 역사 문헌을 가장 활발하게 전산화하였다. 1980년대에 들어서는 미국학계의 영향을 받아

---

28 김현·이영상·김바로, 『디지털 인문학 입문』, 20-21·306-309면, HUEBOOKS, 2016.; 이재옥, 『조선시대 과거합격자의 디지털 아카이브와 인적 관계망』, 26면, 보고사, 2018.

대만학계에서도 중국의 역사 자료를 전산화하기 시작하였다. 미국 하버드대학교의 하버드-옌칭연구소(Harvard-Yenching Institute)에서 구축한 'China Historical GIS'와 대만 중앙연구원의 '漢籍電子文獻'은 한문고전을 전산화한 초기 데이터베이스를 바탕으로 구축된 것이라 할 수 있다.

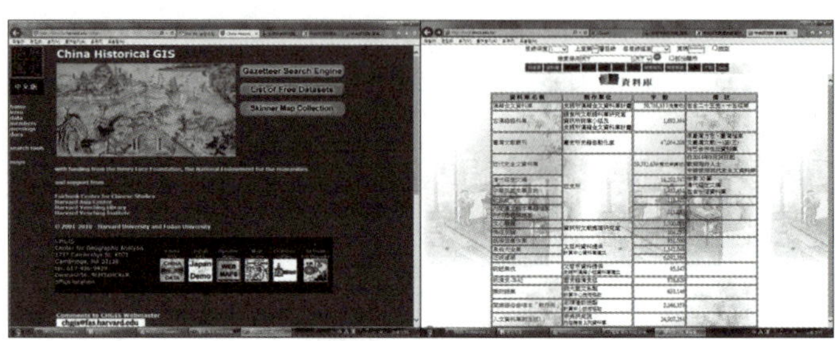

〈China Historical GIS와 漢籍電子文獻〉[29]

한국학계에서 한문고전에 대한 전산화는 '한국역사정보통합시스템' 구축과 함께 본격적으로 시작되었다. 당시 한국 정부는 1997년에 발생한 이른바 'IMF 사태'를 해결하기 위해 'IT 뉴딜정책'이라는 이름으로 공공근로사업을 시행하였다. 이 공공근로사업은 크게 과학기술 분야, 교육학술 분야, 문화 분야, 역사 분야 4분야로 나누어 실시되었는데, 그중 역사정보통합시스템 구축 사업은 역사 분야에 해당하였다.[30]

한국역사정보통합시스템 구축 사업은 국사편찬위원회가 중심이 되어 추진되었다. 국사편찬위원회는 이 사업을 추진하기 위하여 원내에 '한국역사종합정보센터'를 설립하였고, 그 안에는 국사편찬위원회 이외에도 한국고전번역원(-당시 민족문화추진회), 한국학중앙연구원(-당시 한국정신문화연구원), 그리고 서울대학교 규장각한국학연구원 등 4개의 연구 기관이 공동으로 참여

29　'China Historical GIS'와 '漢籍電子文獻'은 다음과 같은 인터넷 주소를 통해 확인할 수 있다. China Historical GIS : https://gis.harvard.edu/china-historical-gis, 漢籍電子文獻 : https://hanji.sinica.edu.tw/.

30　김현, 「역사정보시스템의 기술적 과제」, 『한국역사정보통합시스템 구축 사업의 성과와 그 활용』(한국역사정보통합시스템 구축 사업 심포지움 자료집), 5면, 국사편찬위원회, 2003.

하였다.[31]

이 4개의 연구 기관은 그들 기관의 성격에 맞춰 한문고전을 전산화하여 한국역사정보통합시스템 안에서 통합적으로 검색할 수 있게 하였다. 국사편찬위원회에서는 한국의 근현대사에 관련된 자료를, 한국고전번역원에서는 1966년부터 출간된 고전국역총서와 한국문집총간 시리즈 간행물을, 한국학중앙연구원에서는 궁중 문화 관련 역사 자료와 지방 명가 소장 고문서 및 향토 민속 관련 음성 자료를, 그리고 서울대학교 규장각한국학연구원에서는 규장각 소장 고지도 및 근대 정부 기록을 데이터베이스화하였다.[32]

1999년에 시작된 한국역사정보통합시스템 구축 사업은 초창기에는 국사편찬위원회, 한국고전번역원, 한국학중앙연구원, 서울대학교 규장각한국학연구원만이 참여하였지만, 시간이 지나면서 해마다 참여 기관이 늘어났다. 그래서 2012에는 20여 개 기관이 참여하게 되었고, 이 20여 개 기관들은 각기 자기 기관의 특성화된 웹사이트를 구축하여 관련 데이터베이스 자료를 제공해 오고 있다.[33]

이 웹사이트 중에서도 현재 가장 이용률이 높은 사이트는 국사편찬위원회의 '한국학데이터베이스', 한국고전번역원의 '한국고전종합DB', 한국학중앙연구원의 '한국역사인물종합정보시스템', 서울대학교 규장각한국학연구원의 자체 검색 시스템, 국립중앙도서관의 '한국고전적종합목록시스템', 그리고 한국국학진흥원의 '유교넷' 등이 있다. 이 웹사이트들은 각 기관의 성격에 맞춰 구축된 데이터베이스를 연구자는 물론 일반인들에게 무료로 제공하고 있다.

31　국사편찬위원회 편, 『국사편찬위원회 65년사』, 534면, 국사편찬위원회, 2012.

32　양창진, 「역사 정보화의 현황과 전망-한국역사정보통합시스템 구축 사례를 중심으로-」, 『한국역사정보통합시스템 구축 사업의 성과와 그 활용』(한국역사정보통합시스템 구축 사업 심포지움 자료집), 5면, 국사편찬위원회, 2003.

33　국사편찬위원회 편, 위 책, 534면, 2012.

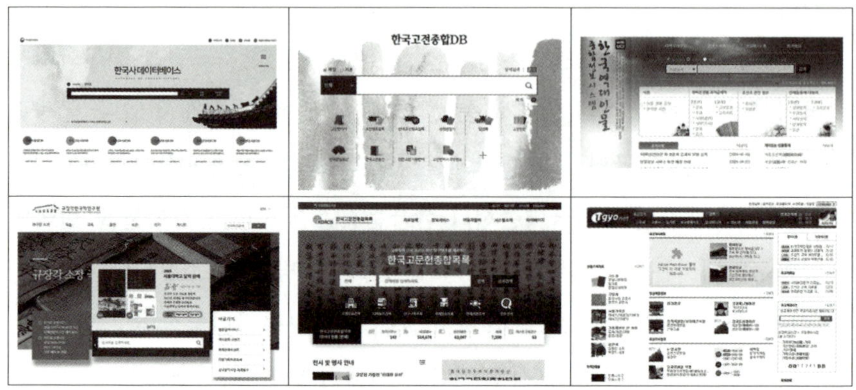

〈한국의 대표적 한문고전 데이터베이스 웹사이트〉[34]

　　한문고전에 대한 다양한 데이터베이스가 구축되면서, 한문고전을 번역하는 작업에도 많은 변화가 생겨났다. 첫 번째 변화는 한문고전을 더욱 효율적으로 번역할 수 있게 되었다는 점이다. 이전에는 번역에 필요한 각종 공구서를 한곳에 모아 두고 하나하나 관련 자료를 찾아가면서 번역하였다고 한다면, 데이터베이스를 활용하면서부터는 웹사이트를 통해 필요한 자료를 보다 신속하게, 그리고 보다 효율적으로 찾아볼 수 있게 되었다.

　　또, 한문고전에 대한 데이터베이스가 구축된 이후로는 난해한 문장이나 결락된 부분으로 인해 번역이 불가능하였던 한문고전까지도 교감을 통하여 번역이 가능해졌다. 그 대표적인 예가 조선 시대 李圭景(1788-1856)의 『五洲衍文長箋散稿』이다. 『五洲衍文長箋散稿』는 결락된 부분이 많아 번역이 불가능하였지만, 중국 『四庫全書』가 데이터베이스화되면서 이를 활용한 교감을 통해 번역할 수 있었다.

34　한국의 대표적 한문고전 데이터베이스 웹사이트는 다음과 같은 인터넷 주소를 통해 확인할 수 있다. 한국사데이터베이스 : https://db.history.go.kr/, 한국고전종합DB : https://db.itkc.or.kr/, 한국역대인물종합정보시스템 : http://people.aks.ac.kr/index.aks, 서울대학교 규장각한국학연구원 : https://kyu.snu.ac.kr/, 한국고문헌종합목록 : https://www.nl.go.kr/korcis/index.do, 유교넷 : https://www.ugyo.net/.

한문고전에 대한 데이터베이스 구축으로 인해 생겨난 또 다른 변화는 한문고전에 대한 학문적인 영역이 확대되었다는 점일 것이다. 데이터베이스가 구축되기 이전에는 단순히 서적만을 이용한 번역이 이루어졌다고 한다면, 전통적인 한문고전 번역 방식에 전산화라는 새로운 형태의 기술이 가미되면서, 고전의 전산화라는 새로운 학문 영역이 생겨났고, 이 새로운 학문 영역은 한문고전의 번역에 있어 필수적인 요소로 자리 잡게 되는 선순환 구조가 형성되었다.

한문고전 자동번역 프로그램의 탄생은 바로 이렇게 형성된 한문고전에 대한 선순환 구조에 또다시 '인공지능 학습'이라는 새로운 기술을 탑재한 것과 같다고 할 수 있다. 기존에는 한문고전에 대한 자료를 데이터베이스화하여 번역자가 하나하나 검색하여 번역하는 과정을 거쳤다고 한다면, '인공지능 학습'이 가능해지면서부터는 기존에 전산화된 데이터베이스를 이용하여 인공지능을 통한 초벌 번역이 이루어지고 이 초벌 번역을 번역자가 재검토하면서 번역의 수준을 더욱 향상시키게 되었다. 한문고전 자동번역 프로그램의 개발은 바로 이 점에서 그 의미를 찾을 수 있을 것이다.

하지만 앞서 설명하였듯이, 이 한문고전 자동번역 프로그램은 아직까지 완벽한 형태로 만들어진 것이 아니다. 2017년에 처음으로 기획되었던 전체 3단계의 과정에서 겨우 1단계만을 진행하고 중단된 것이다. 개발을 중단하게 된 원인은 국가 차원의 지속적인 지원 정책의 부재, 한국 인문학계의 인지도 부족, 그리고 개발 주관 기관의 개발 의지 부족 등을 지적할 수 있을 것이다.

1990년대 말부터 시작된 한국 한문고전의 전산화는 한국의 인문학 수준을 한 단계 제고하는 데 많은 공헌을 하였다. 특히, 정부의 지원을 받아 각 기관에서 구축된 한문고전 데이터베이스는 웹사이트를 통해 연구자와 함께 일반인들에게 공개되면서 누구라도 쉽게 한문고전에서 자신이 원하는 정보를 갖게 되었다. 그리고 현재는 한국의 한문고전 가운데 대부분의 자료가 웹사이트를 통해 관련 자료를 검색할 수 있는 수준이 되었다.

이러한 한국의 한문고전 데이터베이스는 전 세계적으로 그 유례를 찾아보기 힘들 만큼 최고의 수준을 이루었다고 말할 수 있다. 특히, 동일한 한자문화권에 속해 있는 중국이나 일본 그리고 대만과 비교해 보아도 이러한 사실은 분명해진다. 일본의 경우에는 한문고전을 디지털화하는 작업이 한국보다도 더딘 속도로 진행되었고, 중국이나 대만의 경우에는 특정 기관이나 업체에서 한문고전의 전산화를 추진하여 이용료를 지불하는 방식으로, 자신의 웹사이트에 가입한 회원들에게만 이용할 수 있게 하고 있다.

그러나 2010년대 중반부터 인공지능 학습 기능이 한문고전에 적용되면서부터는 이러한 국가적 위상에 변화가 나타나기 시작하였다. 그중에서도 중국의 변화는 가히 획기적이라고 할 만하다. 중국은 한문고전을 기반으로 전 세계의 네트워크를 재구성하는 작업을 국가적인 차원에서 시행하고 있다. 그래서 한문고전 역시 자국의 한문고전을 '精華篇'으로 구분하고, 그 밖의 지역의 한문고전을 '域外篇'으로 나누어 정리하고 있다.[35] 한문고전에 대한 전산화 역시 이러한 구분 방식에 따라 이루어지고 있다.

한국의 한문고전 데이터베이스가 2000년대 초반부터 본격적으로 출현한 데 비하여, 중국의 한문고전 데이터베이스는 2010년대부터 본격적으로 나타났다. 그리고 그 개발 주체 또한 한국의 경우에는 대부분이 정부의 지원을 받은 공공기관이었지만, 중국의 경우에는 공공기관보다도 민간 기업이 더욱 활발히 참여하였다.[36] 중국의 한문고전 데이터베이스가 중국 정부의 지원을 받은 공공기관보다도 민간 기업에 의해 활발히 개발되었던 이유는 아마도 중국 사회 내부에 존재하는 거대한 시장이 있었기 때문으로 생각된다.

그래서 인지, 인공지능 학습에 의한 한문고전 자동번역 프로그램 역시

35　대표적인 사례가 2010년대 중반에 北京大學 儒藏編纂中心에서 출판한 『儒藏-精華篇-』과 西南師範大學 出版部에서 펴낸 『域外漢籍珍本文庫』를 들 수 있다.

36　안광호, 위 논문, 59-60면, 2018.

민간 기업의 주도하에 이루어졌다. 중국에서는 전통 한문을 현대 중국어와 구분하여 '文言文'이라 칭하는데, 이 문언문을 현대 중국어로 번역하는 프로그램은 2010년대 말부터 '바이두(百度)'라 불리는 포털사이트에서 제공하고 있다.[37] 바이두에서는 문언문 번역 프로그램을 영어, 일본어, 한국어 등 외국어를 번역하는 프로그램에 추가로 설치하여 제공하고 있다.

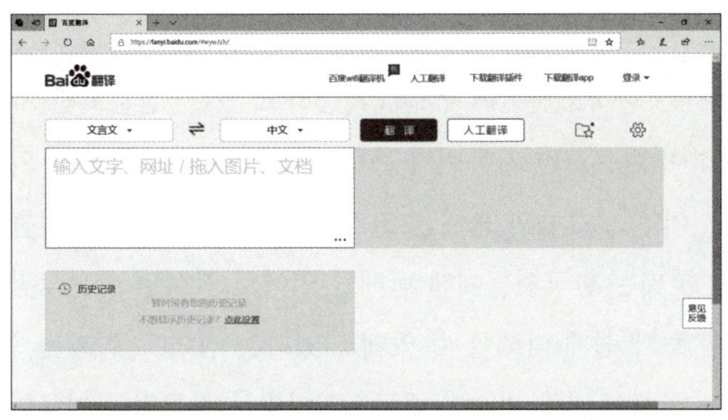

〈중국 바이두에서 제공하는 문언문 자동번역 프로그램〉[38]

　　한국학계에서 한문고전 자동번역 프로그램이 빠른 시일 내에 완성되어야 하는 이유도 여기에 있다고 할 것이다. 중국이 한문고전을 기반으로 해서 한자문화권의 고전을 통합하게 되면, 한국의 한문고전은 중국 고전의 아류로 전락할 수밖에 없게 된다. 더욱이, 중국에서 개발한 각종 문언문 번역 프로그램이 자동으로 표점까지 표시해 주면서 평이한 현대 중국어로 번역해 주는 수준에 이른 상황에서 한국학계에 한문고전 자동번역 프로그램이 존재하지 않는다면, 한국의 연구자와 일반인들은 중국의 문언문 자동번역 프로그램을 이용할 수밖에 없을 것이다. 한 집단의 이익 관계를 넘어서 범국가적

37　안광호, 위 논문, 272면, 2019.

38　이 프로그램은 중국 포털사이트 바이두(百度)에서 '百度飜譯'을 검색한 후 이용할 수 있다. 다음과 같은 인터넷 주소를 통해서도 직접 접속할 수 있다. 百度飜譯 : https://fanyi.baidu.com/mtpe-individual/multimodal#/.

인 차원에서 한문고전 자동번역 프로그램을 서둘러 개발해야 하는 이유도 바로 이 때문이라고 할 수 있다.

IV. 맺음말

이상에서는 한국고전번역원에서 제공하고 있는 '한문고전 자동번역 서비스'를 통하여 한문고전 자동번역 프로그램의 개발 과정과 그 의미에 대해 살펴보았다. 이 프로그램의 출현은 크게 두 가지 측면에서 의미를 갖는다고 할 수 있다. 첫째는 한국인들에게 난해한 언어로 작성된 한문고전을 연구자와 일반인이 보다 쉽게 이해할 수 있게 되었다는 점이고, 둘째는 인공지능으로 표현되는 현대의 과학 기술이 한문고전이라는 전통적인 인문학과 결합되었다는 점이다.

하지만 현재 '한문고전 자동번역 서비스'에서 제공되고 있는 한문고전 자동번역 프로그램은 여러 가지 측면에서 한계를 지니고 있다. 우선, 이 프로그램은 기존에 번역되고 전산화되었던 한문고전 가운데 『승정원일기』와 『조선왕조실록』 그리고 4종의 천문고전만을 활용하여 빅데이터를 축적한 것이다. 그래서 다양한 종류의 한문고전을 인공지능 학습에 기반한 기계 번역에 이용하기에는 명확한 한계가 있다.

또, 이 한문고전 자동번역 프로그램은 개발 초기에 설계하였던 총 3단계의 공정 가운데 첫 번째 단계만을 진행하고 중단된 것이다. 개발 초기에는 한문고전을 자동번역 서비스로 제공한 뒤에, 그에 따른 반응에 따라 자동번역 모델의 체계를 정리하고, 최종적으로 표준화된 자동번역 시스템을 구축하는 것이었다. 그러나 이러한 계획은 정부 지원의 부재, 학계의 인지도 부족, 그리고 개발 기관의 역량 부족 등으로 인해 중도에 좌절되고 말았다.

한국 인문학계의 전체적인 흐름 안에서 살펴봤을 때, 한문고전 자동번역 프로그램은 하루빨리 개발되어야 할 과제 중의 하나이다. 한국 사회에서 1960년대부터 본격적으로 시작된 현대식 한문고전 번역은 1990년대 말부터 시작된 한문고전의 전산화로 인해 보다 효율적이고 발전적인 방식으로 변화되었다. 그리고 2010년 중반 이후로는 이른바 '인공지능'으로 표현되는 현대 과학 기술이 한문고전에 접목되기 시작하면서 한국의 인문학에서 새로운 영역이 만들어지고 있다. 이런 시대에 한문고전에 대한 자동번역 프로그램은 반드시 필요한 것이라 할 수 있다.

또, 한문고전 자동번역 프로그램은 국가적인 차원에서도 서둘러 개발해야 할 대상이기도 하다. 한국과 함께 한자를 사용하고 있는 중국의 경우에는 한문고전을 통하여 자국을 중심으로 하는 새로운 세계 질서의 구축을 시도하면서, 한국보다 늦은 시기인 2010년대에 들어와 한문고전을 본격적으로 데이터베이스화하기 시작하였다. 그리고 중국의 한문고전 데이터베이스 안에는 자국의 한문고전뿐만이 아니라 한문으로 작성된 세계의 모든 고전까지 포함되어 있다.

더욱이, 2010년 말에는 인공지능 기능을 탑재한 문언문 자동번역 프로그램을 개발하여 일반에 공개하고 있다. 한국 사회에서 한문고전은 단순한 고전의 의미를 넘어, 민족의 정체성과 밀접한 관련이 있는 것이기도 하다. 이러한 상황 속에서 한문고전 자동번역 프로그램을 개발을 미룬다는 것은 한국 사회에 살고 있는 현대인들에게 자기 뿌리에 대한 접근을 어렵게 하는 일이 될 수도 있고, 자치 동일한 한자문화권의 또 다른 사회의 아류 문화로 전락하게 만드는 결과를 초래할 수도 있다.